U1070218

李景元 等■著

中国灰领

高职教育定位：动脑与动手技能人才

第二版

中国经济出版社
CHINA ECONOMIC PUBLISHING HOUSE
·北京·

图书在版编目（CIP）数据

中国灰领．高职教育定位：动脑与动手技能人才/李景元等著．2版．

北京：中国经济出版社，2013.4

ISBN 978-7-5136-1671-3

Ⅰ．①中… Ⅱ．①李… Ⅲ．①企业管理—生产管理—研究—中国 Ⅳ．①F279.23

中国版本图书馆 CIP 数据核字（2012）第 146183 号

责任编辑　余静宜
责任审读　霍宏涛
责任印制　常　毅
封面设计　任燕飞工作室

出版发行　中国经济出版社
印 刷 者　北京市昌平区新兴胶印厂
经 销 者　各地新华书店
开　　本　710mm×1000mm　1/16
印　　张　20
字　　数　274 千字
版　　次　2013 年 4 月第 1 版
印　　次　2013 年 4 月第 1 次
书　　号　ISBN 978-7-5136-1671-3/C·274
定　　价　38.00 元

中国经济出版社　**网址**　www.economyph.com　**社址**　北京市西城区百万庄北街 3 号　**邮编**　100037

本版图书如存在印装质量问题，请与本社发行中心联系调换（联系电话：010-68319116）

序

李景元教授撰写的《中国灰领——高职教育定位:动脑与动手技能人才》一书,是他1995年2月在我国首次出版灰领专著即《现代中国的灰领阶层》、2004年12月出版《中国灰领——知识经济时代高技能操作与现场管理阶层》、2006年以来两次再版《中国灰领——知识经济时代高技能操作与现场管理阶层》潜心研究成果的集成,这一新作在保留了原作以基层作业现场管理与专业技术人员的研究主体的同时,特别突出了灰领阶层崛起的知识经济时代的背景,在强调动手与动脑相统一的同时,体现了这一阶层依托信息技术的高技能运作与复合型素质的特征。并将高等职业教育培养目标定位于灰领,这是一个创造。

灰领为作业现场职业群体具有显著的技术经济学的特征。李景元教授作为我的学生,在攻读硕士、博士学位期间,对我主持创建的技术经济学科具有浓厚的兴趣,潜心研读与该学科相关的专业课程。而后进入高校从事经济管理研究与教学工作,并将专业理论知识延伸运用到企业现场管理与科研教学工作之中。曾出版数十部企业管理及基层工作方面的著作。他创造性地将技术经济学科知识及相关专业理论与企业现场管理有机结合起来,进一步拓展了技术经济学科及企业管理相关理论的应用领域。本书理论基础部分阐述了灰领主体“车间主任、班组长、经营计划、定额管理、统计核算、工艺技术、质量管理、设备管理、生产调度、安全监察”技术与经济岗位管理人员的运行操作过程中,渗透技术经济学的基本理论和相关知识,颇有独到之处,填补了这一领域的空白。实现了知识品格与实践应用价值的有机结合。

企事业单位的分厂、车间、场队、工段、班组、作业线等现场作业单元作为灰领工作环境，是生产任务和各项工作的落脚点。在社会主义市场经济及建立现代企业制度的进程中，加强企事业单位现场管理是深化改革、开发潜能、推行现代化管理最重要的基础工作，面对进入 WTO 的挑战，进一步增强企事业单位的整体素质、提高企事业单位的经济效益和社会效益具有重要意义。

而今天作者出版研究中国灰领专著，实质上是作者对企业基层建设的主体，即车间主任、分厂厂长、分公司经理、工段长、区队长、作业长、专业技术主管、班组长等这一群体深入研究，从职业群体层次进行全新表述，颇有创意。“企业千条线，现场一根针。”企业管理的所有管理职能最终都要由现场来实现，也就是说由灰领阶层来实现。这是由现场自身的任务、地位、作用所决定的。从工作任务上讲，企业现场作业单元是根据企业内部劳动分工与协作的需要或不同的产品（劳务）而划分的。它的任务主要包括：根据生产计划具体安排作业进度，保证按质、按量、按期完成生产或工作任务；强化生产纪律和职业道德，保证安全生产；积极开展劳动竞赛与合理化建议活动，努力提高劳动生产率；全面开展经济核算，注意保管和合理使用设备、工具和材料等，不断降低产品与劳务成本，切实提高经济效益；做好各项原始记录，及时为企业职能部门提供准确、完整的数据，努力建设标准化的企业现场作业组织。这是现场管理者从事基础工作的着眼点、出发点、立足点、突破点，同时也是在企业生产经营活动中提高劳动效率的重点、难点、关键点。这就要求强化企业现场管理，采用现代化管理技术，构成科学先进的管理技术体系。这种先进的管理技术体系必然要实现技术与经济的交叉，必然以技术经济学科理论知识为基础。这样才能以经济效益为中心，把强化企业管理、深化改革、推进科技进步紧密结合起来，继承优良传统、努力开拓创新。按照建立现代企业制度的目标，采取积极有效的措施，全面提高经营管理水平，逐步实现经济增长方式由粗放型向集约型转变。因此，灰领阶层的作用是显而易见的。

序

目前伴随我国高等教育快速发展，高等教育由精英化教育向大众化教育转变。特别是高等职业教育的目标定位问题是急需解决的问题。而灰领概念的提出恰恰能科学界定这一困扰高等职业教育发展的目标定位与属性问题。这就要求高等职业技术学院要适应经济全球化要求，面对21世纪中国作为世界制造工厂的现实，变中国制造为中国创造，培养既动手又动脑、心智合一、体脑兼容的高技能操作与现场管理人员。本书中各级领导、不同专家学者都各自围绕灰领属性与高教定位问题撰文论述，其论述内容对我国高职教育定位，具有重要的借鉴指导作用，必将推动这一研究的深入开展，取得更多的研究成果。

从高等职业教育人才培养定位来讲，灰领作为社会基础层次企事业单位作业单元的高技能操作者与专业管理者，其现场作业的职业具有技术与经济的二重性，其工作性质要求他们具有技术与经济管理的复合功能。该书揭示了现场专业技能人员的运作规律，开拓了企业管理学科新的方向和研究领域。这一创造性研究工作，必将对我国高等职业教育目标定位产生重要影响，同时也必将对我国经济与管理学科领域人力资源优化产生重要影响，并预示以本研究为基础的作业技术经济学与人力资源经济学、职业教育经济学即将诞生，望作者再接再厉，潜心研究取得新的研究成果。

中国工程院院士

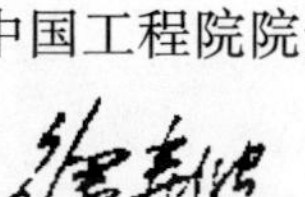

2012年8月8日

目　录

社会聚焦篇

延伸探索篇

理论基础篇

第一章　灰领含义及其属性

李景元

中国灰领①作为知识经济时代的高技能操作与现场管理阶层，是对西方“白领”“蓝领”阶层的对称，是对中国各行业特别是知识经济时代的高技能操作与现场管理人员的地位、作用及其职能进行长期研究实践所得出的客观的、符合建设有中国特色社会主义理论的结论。在社会主义市场经济条件下的现场技能与管理人员，既不是单纯的“白领”，也不是单纯的“蓝领”，而是介乎于二者中间的灰领阶层。通过分析现场管理工作的内容特点及工作途径来进一步阐述现场灰领阶层的管理地位与作用，对企事业单位现场作业单元这个层次的管理控制，进而提高管理与技术开发整体效益具有重要意义。

一、灰领与企事业单位作业层次

企事业单位基层的现场管理指的是作业单元的车间、场、站、队、作业区、分厂、商店、门市部等（本书以下称现场）基础层次的管理。这个层次是生产作业、经营管理控制层次，在知识经济条件下的灰领就是这个层次的工程技术、经营管理的技能人员。特别是在当代高新技术产业条件下，他们处于生产现场，是基本的现场管理与技能操作者。

---

① 这一概念是作者经过多年研究，于 1995 年 2 月出版的《现代中国的灰领阶层》一书中对企事业单位现场技能与管理人员的属性首次做出的科学表述。

1. 生产作业现场

生产现场通常指企事业单位中直接从事产品生产或其他生产业务活动的基本生产单位和行政管理单位，由若干工段或生产小组构成。按其生产活动的性质和所起的作用，可分为基本车间、辅助车间、附属车间、副产品车间等。它的主要任务是：根据公司及厂部下达的计划任务编制车间计划，组织均衡生产；贯彻执行各项技术管理制度和工艺规程；合理安排车间的劳动组织，严明劳动纪律，保证安全生产；解决日常生产中出现的技术问题；组织车间经济核算；开展技术革新；做好机器设备的维护保养工作，等等。车间的生产行政工作主要负责人是现场作业主管，并设置若干职能组或职能人员协助现场作业主管。

2. 现场管理

现场管理是为实现企事业单位生产经营目标，完成企事业单位下达的生产、工作任务和各项经济技术指标，对现场生产、技术、经济活动所进行的组织、控制、协调、指挥和调度工作的统称。现场管理是企事业单位内部管理的重要组成部分和基本环节，在企事业单位管理中占有重要地位，是企事业单位各项管理在车间的具体体现，也是顺利实现企事业单位管理职能的重要前提。加强现场管理，是提高企事业单位管理水平的主要途径之一。企事业单位实行统一领导、分级管理原则，在把主要权力集中在厂或公司一级的同时，要给予作业现场相应的管理权力，使现场能从本企业和车间的实际情况出发，灵活机动地工作，最大限度地调动现场职工的积极性，充分利用作业现场的生产技术能力，高效率地完成各项生产工作任务。

3. 现场管理的任务

现场管理具有以下基本任务：(1)根据厂部下达的计划，为本车间各工段和小组安排生产作业和工作任务；(2)做好各项生产技术准备工作，组织车间正常生产；(3)推行全面质量管理，组织开展 QC 小组活动，保证产品或零部件质量；(4)贯彻执行各项技术管理制度和技术性法规，严格执行工艺记录；(5)合理组织职工劳动，贯彻执行劳动纪律，保证安全生产，不断提高劳动生产率；(6)组织职工开展技术革新和合理化建议活动，推广应用新工艺、新技术;(7)保护环境,减少或消除污染和污染源;(8)组织经济核算,厉行节约,不断降低能源、原材料消耗和车间生产成本。此外,现场管理还有组织职工开展岗位技术练兵和文化知识学习、不断提高职工素质、负责及时向企事业单位报送各项基本统计数据和反馈信息等职能和任务。

4. 现场管理的形式

在我国企事业单位中,现场管理主要采取以下形式:(1)作业主管负责制。作业主管对经理及厂长全面负责,党组织(党总支、党支部或党小组)负责思想政治工作和党的基层建设工作,对现场的生产、行政工作起保证、监督作用。(2)生产区域责任制。现场内设立若干工段、小组或作业组,工段长或组长对车间主任负责,按照现场生产作业计划组织工段或小组职工在相应的工作或生产区域进行生产、工作;作业主管则对分管部门经理及副厂长直接负责,对经理厂长间接负责。(3)现场承包责任制。由作业主管(或车间内外部的任何职工)按照企事业单位或国家的有关规定与厂长或分管副厂长签订承包合同,现场按合同条款组织各项生产技术活动,企业则根据合同完成情况对现场或作业主管实行奖惩或利益分配。现场承包责任制有完全承包、局部承包和单项承包等多种形式。完全承包,即对现场生产、技术、经济活动及最终经济效果负全面责任,并实行完全的厂币核算,使现场类似于一个分厂,其最终形式是现场租赁制。完全承包和现场租赁制在集体所有制企业、乡镇企业、试行租赁制的国有所有制企业、交通运输企业、矿山、森工和建筑企业中采用较多;局部承包是对车间的部分生产、工作或某几项经济技术指标实行包干;单项承包,是对某一阶段的生产、工作任务或某几项经济技术、经济指标实行包干,如施工任务包干、设备检修包干、产品质量包干等。现场承包责任制在我国各行各业的现场管理中被越来越广泛地采用,并卓有成效。例如,建筑、矿山企业中普遍推行的百元产值工资含量包干(按厂币价格核算),各类加工企业中的产品合格率包干,邮电企业中的通讯差错包干,流通、服务企业中的营业额(或营业额变动率)包干,等等。以上三种主要形式中,现场作业主管负责制是基本形式,而现场承包责任制则是企业体制改革中出现的新形式。随着社会主义市场经济及现代企业制度的建立，企业现场这个层次的管理进一步与市场接通，把市场效应及产品劳务的市场认可程度作为现场经营管理的最终目标，伴随着生产现场与市场的接通，现场这个层次更多地实行独立核算（或相对独立核算）、自负盈亏、法人经营或模拟法人经营。但是无论何种管理形式及其核算形式，灰领阶层的管理地位、管理作用是不会改变的，其灰领的作用不会模糊、削弱，而且会越来越明显、越来越重要。

二、现场管理与灰领阶层

企事业单位现场生产经营管理中的灰领阶层是针对西方的“白领”“蓝领”阶层而界定的。对于我国企事业单位，特别是我国社会主义多种所有制企业现场的管理、技术人员与生产高级操作工人，简单地套用“白领”与“蓝领”极不妥当。我国企事业单位中从事现场生产经营管理的是既具有“白领”功能，又有“蓝领”功能的技术与管理人员，定义为灰领就更为确切。

1. 西方企业的“白领”、“蓝领”概念及缺陷

（1）白领工人，它是西方国家对“蓝领工人”的对称，属于企业技术管理人员的范畴。它是西方社会对无需从事大量体力劳动的工作人员的通称。主要包括技术人员、管理人员、打字员、事务员、推销员、会计、文书、店员及自由职业者。这些人员的工作条件较为清洁，上班时可穿日常的白领衬衣工作。

（2）蓝领工人，是西方国家对“白领工人”的对称，属于生产操作人员范畴，是西方社会对从事生产、维修和服务工作的体力劳动者的统称。包括企业中的工头、技工、手艺工匠，服务性行业雇工（私人家庭雇用的工人除外），农业劳动者以及其他靠体力为谋生手段的劳动者。这些人的工作条件较差，工作时一般要穿蓝色工作服。

把企事业单位现场从事生产经营活动的员工划分成为截然不同的“白领”与“蓝领”，这显然存在缺陷：从意识形态上看，不符合我国企业职工的价值观念；在实践上，更不利于缩小脑力劳动与体力劳动的差别。就是在西方

国家的企业里，随着高科技、高技术的发展，管理与操作、动手与动脑、一线与二线的界限也越来越模糊。因而可以说“白领”与“蓝领”划分的缺陷是十分明显的。

2. 我国企事业单位现场生产经营管理人员的构成

我国企事业单位现场生产经营管理人员主要由两部分构成，一部分是指现场从事行政、生产管理工作、计划、统计、会计等经济管理工作以及宣传、政治思想工作和群众团体等工作的人员。一般仅有作业主管、党支部书记和工程技术人员为干部系列管理人员，其余人员由工人兼任。另一部分是指在现场中担负工程技术工作并具有相等能力的人员，包括：(1)已取得工程技术职称，并担负工程技术工作的人员（包括由工人晋升的技师）。(2)无技术职称，但从大学、中专理工系（科）毕业，已担负工程技术工作的人员。(3)无技术职称或相应学历，从工人群众中提拔或从其他非工程技术工作岗位调来并实际担负工程技术工作，具有中专以上水平并能处理相应技术工作的人员。(4)已取得工程技术职称或大学、中专理工系（科）毕业，在企业中担负工程技术管理工作，如主管生产的厂长、作业主管，担负计划、生产、生产准备、检查、安全技术、设计、工艺、劳动定额、工具设备、动力、基建、环境保护等专业技能操作与管理工作等的人员。以信息技术为依托的高科技产业现场技能与管理人员是现场作业灰领的主体。

3. 确立灰领阶层的依据

根据中国现代企事业单位特别是高新技术产业现场生产技术与经营管理人员的构成及实践，我们将上述两部分人员定义为灰领阶层，是有客观依据的。

首先，这是由我国企事业单位的技术与管理聘任制度决定的。随着企事业单位的劳动、工资、人事制度的改革，企事业单位技术与管理人员实行聘任制，而且是竞争上岗、动态管理。原先是工人身份的员工可以竞争技术管理岗位，已有技术与管理身份的员工在竞争中落选就自然到操作岗位，这种技术与管理岗位是动态的，不是一成不变的，今天的“白领”，明天根据需要就要变为“蓝领”，而过一段时间，则根据需要又会变为“白领”。这种落实企事业单位用人自主权、打破专业人员职务终身制的聘任制，对于调动技术与管理人员的积极性具有重要作用。这样，对于专业技术与管理人员，在整个工作期间就很难区别谁是制度上的“白领”，谁是制度上的“蓝领”，而谁属于“白领”与“蓝领”相融合的灰领。

其次，从企事业单位现场生产经营的工作性质来看，“管理者参加劳动，操作者参加管理”这是具有中国特色的模式，这是以信息技术为依托，以高新产业为主体的企事业单位管理的主要特征。而从事企事业单位的现场生产经营的技术、管理人员，这种特征就更为突出。生产一线的具有创造性工作的工程、质量、工艺、设备、安全、环保等技术人员，多数时间和大部分工作是在现场处理解决问题，他们具有极强的动手操作能力，这是我国企业技术人员与西方白领的基本区别。服装上很难区别专业技术管理与操作人员，只有到档案名册上才能区分。就是从事计划、统计、核算、财务、劳资、材料、行政的经营管理人员，他们也有相当的时间在现场从事管理工作，根本不存在单纯的办公室内的“图上作业”及“纸上谈兵”。这样，把他们定义为灰领阶层就更为确切。

再次，从他们承担技术与管理工作的形式来看，企事业单位现场的生产技术、经营管理及思想政治工作人员，除作业主管、党支部书记、工程技术人员为在编的技术与管理系统的人员，其余人员均由岗位工人兼任，这部分管理人员是“既工又干”的兼职人员，他们只是部分时间或业余时间从事管理及社会群众团体的工作，如工会主席、团支部书记、思想宣传员、环保人员等都属于由岗位操作工人兼任。他们集“白色”与“蓝色”于一身，实质呈“灰色”形式。

最后，我国在建立社会主义市场经济及建立现代企业制度的过程中，高新技术迅猛发展，传统的一、二、三产业及新兴产业中所有行业的企事业单位的生产过程信息化、网络化、智能化、自动化、专业化水平进一步提高，企事业单位员工的文化技术水平逐步提高，脑力劳动与体力劳动的差别正向着逐步消失的方向发展，取而代之的则是具有二者特征的复合类型、创新行为新型的管理者与劳动操作者，即灰领阶层。

第二章　灰领现场运作技能

李景元

一、灰领阶层的管理内容

生产现场从事生产调度、工程技术、工艺质量、劳动定额、经营核算、物资供应等专业的灰领人员，他们在作业主管的领导下履行职能管理，同时在现场的思想工作中发挥重要作用。作业主管根据管理工作的需要设置管理机构和编制定员，并要求机构具有技术专业管理与思想工作的"一岗双责"的双重职能。专业技术职能人员的专业构成与编制不尽相同，大型及技术业务比较复杂的现场专业与人员编制可以多些，反之则可以少些，总之，管理机构设置要以精简效能为前提。

现场专业技术与职能管理人员的工作内容，概括起来就是，执行企事业单位主管部门及作业主管的指令，协调配合作业主管工作，做作业主管组织指挥生产、协调监督控制经营管理活动的助手和参谋。他们通过各自的工作，使管理职能分解细化、实施操作，因而使现场的生产管理过程标准化、程序化、系统化；不断增强企事业单位在市场经济变化中的适应能力，使组织管理系统处于高效率、高质量、高效益状态；在专业技术与业务上各负责一块，尽职负责，行使权利，为企业主管及车间主任的正确决策收集整理各种信息资料，并出谋划策参与制定经营方针、工作目标及规划计划，从事具体的控制处理，于细微之处见管理职能。总之，"上面千条线，现场一根针"，各层级的专业技术与管理职能都要经过他们来实现。

二、灰领阶层的管理方法

现场管理的内容与特点决定其管理方法。分析现场管理的内容特点，可以充分体现出现场管理的实践性、操作性、直接性、统一性、结合性、交叉性，而在现场的直接的专业技术与技能管理的交叉操作又十分细小零散，包罗万象，甚至"婆婆妈妈"，无事不为。这样在这个层次上的技术与管理方法不可能是厂长经理的"运筹帷幄，决胜千里"，也不可能是党委书记的"引经据典，精辟演讲"，而是在生产管理过程中结合各自的专业技术特点，结合专业技术职能与业务范围管理实际来开展微观经济管理。就中国石油天然气管道及基层车间站队等现场作业单元管理现状来看，现场专业技术管理分解操作的工作量占整个企事业单位管理工作量的85%以上，是具有专业技术创新的工作。其技能操作与管理方法可划分为现场专业与管理的十个环节，具体有：

(1)开发创新。现场作业场所是技术与管理创新的前沿部位，是技术与经济的结合点，更是灰领手脑并举的用武之地，是改造革新的重要环节，这就是灰领在现场发挥自身优势及操作技能强的特点，把产品与服务、管理的开发创新落到实处。

(2)协调关系。协调是企事业单位管理的主要职能，在一线现场主要体现在协调关系上，它包括专业协调与思想协调，职能人员之间、职能人员与工段组之间及工段工序之间、职工之间的关系协调。通过职能人员的工作，在生产管理过程中经常进行思想交流，消除误解，加强团结，增进友谊，使生产现场的人际关系保持在最佳状态。

(3)规范制约。专业技术职能管理在很大程度上是通过规范制约来实现的，它包括严格执行管理标准、工作标准、技术标准及其操作规程、工艺纪律等。通过严格执行制度规范，把违章作业、放任操作、有章不循、管理失控的现象消除在萌芽状态。如果制度不健全、执行不认真、处理不严肃，就会危害生产过程，产生管理的负效率。对安全生产、劳动纪律等方面的规章制度，贯彻执行就更应严格。这就要求职能管理人员在协助作业主管及企事业单位主管部门制定规范时，要坚持标准化，对于可能重复出现的问题，都明文规定出共同遵守和依据的执行细则，使制度规范有利于调动和发挥人的积极性。

(4)知识启迪。知识启迪就是利用专业技术职能管理人员与职工之间的知识"落差"来开展管理。职能人员具有一定的文化素养，掌握一定的专业技术知识，相对工段、班组的生产工人有一定的知识优势。职能人员要通过这种优势进行现场一线管理，在职工教育、专业培训、岗位练兵、技术表演等方面，通过言传身教、寓教于管、启迪心灵，提高技能，来构建学习型组织，达到强化管理的目的。

(5)榜样示范。榜样示范就是指专业技术职能管理人员的自身模范行为与影响感染，渗透到管理过程中，使职工自觉地去仿效。结合调研实践，可以看出，"喊破嗓子，不如做出样子"，"给我上"，不如"跟我来"。作为各个专业行家里手的职能人员不论在业务上还是在思想上，都要为人表率。

(6)以法律人。宣传法制，对职工进行法制教育，是职能管理人员的责任和义务，各种责任和义务表现在管理上就是以法律人。车间的部分职能人员具有执法职能，如劳资、公安、环保、计量、标准等管理人员就必然要结合各自的业务工作对职工进行《劳动法》《合同法》《治安处罚条例》《环境保护法》的教育，增强职工的法制观念，提高职工遵纪守法的自觉性，用法规来调整人们之间的关系，在生产经营过程中约束职工的工作行为。

(7)评价激励。职能管理人员可利用对现场进行综合考核测评的手段激发职工的工作热情。通过日常与定期的工作考核，把考核结果与工资收入挂钩，既可对工段、班组工作起督促作用，又可不断增强现场管理的效果。这样经过准确记载考核结果，通过台账或计算机将评价信息储存起来，以备查考。

(8)政策调动。正确地贯彻党和国家的方针政策及企事业单位的规章制度、标准条例，能够引起职工心理和行为上的积极响应。职能人员的工作过程就是贯彻政策法规的过程。如工资调整、奖金计算、成本列支、工程预审、劳保发放、费用核销等，都有明确的政策规定。正确贯彻执行政策，在某种意义上讲比做若干次报告和讲话的作用还要大。

（9）评比竞赛。职能管理人员要把各专业管理与评比竞赛结合起来，把专业管理活动变为各工段、班组、工序、工程之间的竞赛活动。如开展“一流班组”、“标兵岗位”、“无事故工段”、“优质工序”、“工程能手”等活动，就能够进一步提高管理水平。

（10）与人为善。职能管理人员直接与工段、班组的职工打交道，应该关怀、信任、尊重职工，从工作、学习及完成生产任务等各方面关心职工，耐心帮助职工解决思想与技术问题，对职工绝不可冷淡、嘲弄、斥责，要改变“门难进、脸难看、事难办”的官差作风。

三、灰领阶层的管理特点

通过分析列举现场机构设置、工作内容及其现代信息技术、局域网络的管理方法，我们可以看到现场灰领的职能管理有如下特点：

（1）手脑并举。灰领的专业技术与管理职能表现为既管理又操作，既动手又动脑，既做专业技术管理又解决职工的操作运行问题。对于生产过程中职工出现的专业技术问题，专业技术职能人员不能袖手旁观，置之不理，也不能将矛盾上交，而应就地解决、现场处理，才不影响生产过程的连续性。因而专业技术职能人员在实际工作中是随时随地地观察分析，结合生产，掌握心理，注意作风，化解问题，综合信息，及时反馈。这充分体现了“一岗双责”，管理与操作融为一体、职能交叉，把管人与理事统一起来，把动手与动脑统一起来，这样现场管理的职能分解与操作才能变为现实。

（2）执行指令。专业技术职能人员按业务主管部门的作业主管的指令管理生产现场。按照作业主管的要求把工作计划、任务，安排布置到生产作业线的各道工序及其各个班组、岗位和个人。他们在生产过程中随时解决处理管理问题，并及时进行信息反馈，使管理过程达到闭合回路。

（3）考核评价。现场的专业技术职能人员根据岗位经济责任制的要求，要定期对工段、班组的生产任务、成本控制、能源材料、工艺质量、安全生产、文明作业、班组建设、遵章守纪等方面的工作进行定量定时的考核评价。除了生产业务的考核，也要对职工的行为规范状况进行客观的状态分析与评价。

(4)过程分析。通过局域网分析现场生产任务的完成进度，分析经济技术指标的完成情况，分析生产过程中的不均衡的原因，这是现场职能管理人员的主要职责。与此同时，要在整个生产经营活动中分析职工的思想情绪及波动，及时向作业主管提供分析结果，采取对策，制定措施，弥补现场管理过程中的薄弱环节。

(5)汇总综合。作为工作计划的结果，职能人员要在网络终端做好生产经营结果的汇总综合。按年、季、月的不同要求，把生产、技术、经营、财务等指标完成情况，由各工段、工序、班组直接收集、整理、加工、校核、统一分类，综合汇总，经作业主管审阅后上报给业务主管科室，通过数据整理可以从“数字上发现问题”，针对问题来改进工作。

第三章　灰领专业技能特点

李景元

一、灰领专业分解与技能特点

现场专业技术与管理人员即灰领人员的职能管理工作，是在专业技术职能管理之中，运用计算机及网络平台通过职能管理的专业活动来进行的。各专业技术与职能人员有如下特点：

1. 生产调度员

生产调度员的职责是按照上级生产部门和作业的指令来调度管理生产的日常工作。一是指导班组编制生产作业计划和制定完成生产任务的措施，帮助解决生产过程中的前后衔接，使班组实现均衡生产。二是指导班组搞好在制品的管理，协助班组制定在制品储备定额，帮助班组定期盘存、确保班组在制品的合理储备。三是指导班组搞好文明生产，经常检查、督促班组建立文明的生产秩序。四是指导班组做好生产作业统计，协助班组对生产任务进行考核分析。生产调度员通过这些途径要帮助班组职工充分认识统一生产调度的重要性，克服一些班组和岗位职工中存在的各行其是、各自为政的本位主义思想，以便班组岗位生产紧密衔接；引导职工树立现场生产活动一盘棋的思想，克服生产安排要条件、布置任务讲价钱的行为，避免争备品备件、在制品积压及产品入库以次充好、降低等级标准等现象的发生，使整个生产过程顺利进行。

2. 计划经济员

计划经济员的职责是按企业要求分解下达生产经营计划并进行检查考核。他们工作的内容主要包括:一是制定现场生产经营计划和经济技术考核标准。二是通过编制班组、岗位生产经营计划,帮助班组实现经济技术指标的分解落实。三是通过考核,检查班组生产经营计划的完成情况,帮助班组解决完成计划过程中遇到的困难。四是通过贯彻执行经济责任制,指导班组正确处理国家、企业、职工三者利益的关系。计划工作是通过这些途径,使职工明确经济责任,引导职工自觉承担现场分解下达到班组、岗位的生产任务和各项经济技术指标,克服班组存在的"利大大干、利小小干、无利拖延"的错误思想,以保证计划的统一性,指标的整体性,考核的严肃性,使职工甘心适应严格的计划管理。

3. 安全监察员

安全监察员的职责是安全生产的日常管理、安全教育、责任事故的处理以及对安全规程的监督执行。他们工作的内容主要包括:一是指导班组贯彻国家有关安全生产、劳动保护、环境保护等方面的方针政策,指导监督班组严格执行安全生产操作规程。二是指导和协助班组安全员调查了解生产中的不安全因素,提出改进意见和防范措施,组织班组及岗位的安全教育和安全活动。三是指导班组落实环保与 HSE 管理制度,制定环保规划,检查环保现状,制止污染并提出防治措施。四是通过监督检查班组贯彻安全生产责任制,实行要害岗位承包,开展文明生产。五是指导班组进行各类事故调查分析、处理和统计上报工作并制定防范措施。安全监察员通过这些途径,深入贯彻落实党和国家的劳动保护政策,以及"预防为主、安全第一"的指导方针。要纠正职工对安全生产"说起来重要、干起来次要、忙起来不要"的思想,查处污染环境、野蛮作业的行为。在班组岗位责任事故处理中,对那些"大事化小、小事化了"的避重就轻、欺上瞒下的行为要进行严肃批评,并追究当事人的责任。对于因为事故受到处理产生自暴自弃的消极情绪的职工,要进行耐心、细致的疏导,帮助他们总结教训,轻装上阵。

4. 工程技术员

工程技术员的职责是负责工艺、设备、电器、仪表、能源、质量等专业技术开发与管理工作。他们的工作具有创造性。他们工作的内容主要包括：一是指导班组贯彻执行技术标准及有关规程、检查技术管理制度和工艺纪律执行情况、协调相关专业管理。二是通过对班组的生产和新产品试制开发过程中的现场技术指导，帮助班组解决技术问题。三是指导班组开展技术革新和合理化建议活动以及对有关项目的考核、鉴定及奖励。四是指导班组开展产品质量升级、创全优工程项目等工作，帮助解决技术难点。五是指导班组专业技术基础管理、开展企业升级达标活动。工程技术员通过这些途径，帮助职工明确认真贯彻执行操作规程和技术规范的意义，明确标准、规范是生产技术管理的依据。克服职工中存在的忽视工艺纪律、忽视产品质量、忽视节约能源、忽视设备维护保养、忽视班组专业基础工作的错误思想。对于玩忽职守、违章作业、质量低劣、废品超限以及浪费能源的行为，要给予必要的批评教育，使职工牢记技术规范是准绳，产品质量是生命，遵章守纪是保证。

5. 劳动定额员

劳动定额员的职责是劳动管理、消耗定额、工资奖金计发分配工作。他们工作的主要内容包括：一是指导班组贯彻国家劳动工资政策及有关规定，根据生产需要调整配备生产人员，稳定生产秩序；二是通过指导班组实行按劳分配的原则，完善改进工资奖金分配办法，调动职工生产积极性；三是指导班组提高定额管理水平；四是指导班组考勤员掌握出勤状况，检查劳动纪律执行情况；五是通过班组机构调整及职工的调出调入，做好人员调动时的思想工作。劳动定额员通过这些途径，要善于发现职工在劳动管理中的思想问题，消除“斤斤计较、按酬付劳”的现象。对于班组中存在的争工时定额、争费用定额、争材料定额、争奖金基数的讨价还价行为，要进行批评和指导，帮助职工提高思想觉悟，树立奉献精神。要坚持考勤、纪律、规章制度的严肃性，在对违纪职工进行处理时，要首先使其思想上提高认识，促使其他职工也受到教育，保证职工队伍的稳定。

6. 综合统计员

综合统计员负责生产经营活动的信息收集，生产任务、经济技术指标完成情况的汇总上报。他们工作的主要内容包括：一是通过收集各专业人员的原始数据基础资料，建立台账，及时发现问题。二是通过收集班组生产经营情况，指导班组进行日常管理。三是通过月、季的综合统计分析，认真筛选、归纳各个班组的生产经营情况，纠正偏差，过滤水分。这样，在收集数字中发现职工存在的思想问题，在汇总数字中分析现场的生产状态，把生产的动态与职工思想的动态有机地联系起来，发挥统计工作综合反映职能人员工作的作用，为领导及主管决策提供依据。

7. 内勤管理员

内勤管理员的职责是搞好职工生活管理，他们多数是在事业单位或公用单位，做好后勤工作。他们工作的主要内容包括：一是制定后勤工作计划，落实生活管理措施，加强后勤人员的管理教育。二是指导食堂、浴池、卫生室、托儿所、招待所等服务岗位开展优质服务。三是调剂职工生活，组织安排职工的粮、油、菜、蛋、肉等生活必需品的供应。四是指导组织农副业生产，开展多种经营活动，搞好集体福利。五是通过对职工生活管理，解除职工后顾之忧。内勤管理员通过这些途径，要教育后勤服务职工牢固树立服务意识，树立“二线保一线、后勤变先行”的思想，使从事后勤工作的职工做到热情周到、优质服务。要协调处理好由于服务质量和服务态度问题而产生的后勤人员与职工之间的矛盾、纠纷，避免出现对立情绪。要协助领导关心维护后勤工作人员的利益，解决他们的实际困难。

8. 会计稽核员

会计稽核员的职责是财务管理、资金使用、经济核算。他们工作的主要内容包括：一是指导班组执行财务制度，制定班组费用定额及正确计算生产成本。二是通过指导班组经济核算，开展“双增双节”活动。三是通过维护财经纪律，审查财务费用开支。四是帮助班组经济核算员的业务学习，提高班组财务管理水平。五是指导班组资产管理及工具备件使用消耗，使职工树立增产节约、增收节支、过紧日子的思想。会计稽核员通过这些途径，教育职工树立勤俭节约、当家理财、少花钱多办事的思想。教育职工自觉地维护财经纪律，克服一些班组存在的乱摊成本、超支挪用、化大公为小公的错误思想。对于职工因为职能管理人员执行财经纪律和规章制度而产生的抵触情绪和不满行为，要进行积极疏导。要认真把关，严格审查现场各项费用开支是否合理，堵塞“跑、冒、滴、漏”，纠正不正之风。

9. 材料保管员

材料保管员的职责是物资器材采购、供应及仓储管理。他们工作的主要内容包括：一是通过指导班组执行物资管理制度，加强班组材料管理。二是通过对班组材料员的业务培训，提高班组材料管理水平。三是指导班组材料核算，掌握消耗定额，开展修旧利废活动。材料保管员通过这些途径来严格执行物资采购供应政策，正确处理供需矛盾和产销矛盾。材料员要自觉地当配角，为班组生产活动排忧解难，用真诚的服务取得职工信任。要教育职工充分利用原材料及备品备件，开展修旧利废、重复使用，搞好旧物回收工作，克服大手大脚、铺张浪费的现象。

10. 职工培训员

职工培训员的职责是组织职工文化技术培训，开展业余教育工作。他们工作的主要内容包括：一是通过贯彻国家职工教育的方针政策，完成职工培训任务。二是通过构建学习型组织，指导班组岗位培训，技术练兵活动，调动职工学技术的积极性，提高培训和练兵效果。三是指导班组技术等级达标考试，搞好工人技术职称评定，提高职工技术水平。职工培训员通过这些途径，宣传党和国家有关职工教育的方针政策，对职工进行技术发展、知识更新的教育，克服部分职工存在的“混日子”及“片面追求学历”的错误思想，提倡干一行、爱一行、钻一行，鼓励自学成材、岗位成材，提高职工学习科学技术的自觉性。

上述十个综合专业技术与职能管理人员，适应一、二、三产业及新兴高技术产业所有行业的企业，也适应事业、政府机关和社区及中介组织。具体地讲，上述范围的动漫画设计员、游戏制作员、信息防御员、模具设计员、智能分析楼宇布线员、服装设计师、色彩搭配、装潢设计、会展设计、广告设计、物展技术、电子商务、网页制作、包装设计、首饰设计、多媒体制作、数字音像、数据编程、物流运输及高级技师等都具有灰领的专业技能特点。

二、灰领专业与职能细化分析

灰领在专业领域中具有较强的操作能力；具有一定的管理能力；“灰领”的管理能力与“白领”的管理能力有重大区别，“白领”的管理对象主要是人，而“灰领”的管理对象主要是“被数字化了的管理对象”、具有设计能力，工作富有创造性，体现动手与动脑、管理与操作的统一。上述灰领专业可作如下职能分解：

1. 生产过程作业与社区职能分解

（1）生产现场管理员。如前所述在生产现场进行管理的人员。生产现场管理就是运用科学管理思想、方法和手段，对生产现场的人员、机器、物料、方法、环境、能源信息等生产要素进行合理配置、周密计划、组织与控制，使其处于良好结合、高效运行的状态，为实现优质、高效、低耗、均衡、安全、文明的生产目标所进行的管理要件。生产现场管理是整个企业管理系统的一个尤为重要的环节。包括车间主任、工段长、作业长、班组长、站队长、场站长，等等。

（2）监理工程师。监理工程师是指取得国家信息化工程监理工程师执业资格证书并经注册的监理人员，也包括造价师、定额师、工艺师、设备师。

（3）生产流水线长。负责整个生产流水线的正常生产，处理流水线在生产中发生的各种问题的人员。包括过程控制师、质量检验师等。

（4）家庭健康顾问。受雇于家庭，负责其家庭成员的健康咨询、保健、治疗的人员。

（5）社区健康顾问。在社区中从事健康、保健咨询工作的人员，也包括居委会、村委会的管理人员。

（6）家庭护理专员。受雇于家庭，负责家庭某个成员的护理、辅助治疗工作的人员，这些人特别要体现专业技能。

（7）育婴师。受过专业训练对婴儿进行专业护理和教育的人员。

（8）喜庆策划员。在喜庆活动中，根据顾客的要求作出个性化的安排，策划、设计整个喜庆活动的人员。

（9）模型制作员。制作建筑物、汽车等模型的专业人员。属于这一类的还有教学工艺设计、创意人员。

（10）色彩搭配技术。对个人进行色彩诊断以及对家庭装潢提出色彩建议，体现化学、化工理论知识，又能够进行装璜设计。

（11）宠物美容技术。根据宠物特点为宠物美容。专业宠物美容护理包括剪指甲、清洗耳眼、洗澡、挤肛门线、剪毛等。宠物赛前美容则包括化妆、上油、上色、上粉、漂白等。

（12）精油调理技术。在美容院根据顾客的体质特点和护理要求，调制满足其健身需求的按摩精油。

（13）汽车装潢设计制作技术。根据顾客要求，为汽车提供各种个性化装潢设计。

2. *以信息技术为依托的灰领分解*

（1）印刷设计员。从事印刷媒体制作，将设计师理念制成成品的专业人员。包括平面设计、拼大版等工序。

（2）立体仓库管理员。使用和维修计算机和机器人等先进设备，实现仓储管理自动化。

（3）第三方物流配送员。使用 ERP 管理软件，启用 GPS 卫星定位系统，在物流信息和配送网络基本辐射服务范围的同时，进行物流配送的人员。

（4）动漫设计员。利用计算机设计漫画、动画的专业人员。继承动漫画传统，体现多媒体技术。

（5）游戏制作员。制作电脑游戏和网络游戏的专业人员。要充分体现三维虚拟世界及广阔的空间。

（6）数字音乐制作员。利用软件进行视频处理的技术人员。

（7）音频处理技术。利用软件进行音频处理的技术。

（8）动作捕捉技术。将人的动作数字化的技术，要体现模拟与创新思维。

(9)信息防御员。从事计算机安全工程和安全产品开发的技术人员。要能够有开发防盗、防御侵犯及病毒袭击的能力。

(10)污水处理员。采用各种工艺进行污水处理的专业人员。要充分体现计算机及自动控制。

(11)污水水质化验员。具有一定水、煤、油分析技能,能够运用计算机控制适应给水处理与污染处理设备运行、监督、管理、改造、维护、销售、服务的专业人员。

(12)首饰设计制作员。从事首饰设计、制作的专业人员。要保持传统风格、体现现代信息技术。

(13)广告设计制作员。充分运用多媒体和现代传媒手段的人员。

(14)水晶内雕设计制作员。要用计算机自动化手段进行控制。

(15)产品设计制作员。体现传统工艺设计思想和现实社会市场需求。

(16)包装设计制作员。要具有包装设计新的理念和多媒体操作技术。

(17)会展设计制作员。要具有政治观念意识、社会和艺术的综合知识、能运用现代科学技术。

(18)环境设计制作员。要有环境、卫生、保健的基础知识和自动化设计能力。

(19)室内设计制作师。要有人文知识和高雅的生活品位与环保建设知识及自动化设计能力。

(20)可视媒体设计制作师。要有创意思维、环境艺术和多媒体运用能力。

(21)园艺规划制作师。从事园艺生产、花卉培植的专业人员,能运用现代化的信息技术。

(22)果品检测师。从事果品质量检测的人员。运用自动化处理设备和仪器。

(23)植物养护师。从事对绿化苗木、花木、盆景、草坪的培育、生产、养护的人员,懂得自动化生产过程。

(24)服装制版师。专门从事服装版型制作的技术人员。这类人员要把握心理学、社会学、美学和现代信息技术。

(25)服装设计师。从事服装成衣，个人定制服装，戏剧、影视、舞台艺术服装设计的专业人员。这类人员要体现艺术与现代设计技术。

(26)数控加工中心程序员。利用数控机进行编程的人员。他们要懂生产过程、工艺原理和计算机编译语言等网络知识。

(27)机械测量技术。进行机械测量与误差分析的技术。这类人员要十分了解生产工艺过程，懂得设备与产品的运行原理及相关测量分析仪器。

(28)电子商务师。通过专业的网络商务平台，帮助商家与顾客或商家与商家之间完成商务买卖活动的中介人员，也可以说，是融 IT 与商务于一身的复合型人才。

(29)网页设计员。从事网页设计、制作的专业人员。这类人员要有综合政治、经济、美学观念，把握计算机通讯网络的基础知识。

(30)网络管理员。专门为整个网络的用户提供服务的人员。他们要十分精通计算机软硬件知识以及网页制作、网站制作与维护的过程。

查阅国家职业大典，还可以列出一些属于灰领的职业。

随着社会主义市场经济的逐步确立和高新产业的发展，以及企事业单位进一步转换经营机制，企事业单位内部的组织、计划、控制、协调、监督职能日益强化。但是如何将企事业单位的整体职能分解到现场——车间(站、队、场、库、店、部)这个基础层次，这是微观经济管理取得成效、落到实处的关键。因而，企事业单位灰领阶层的专业技术与管理职能对于实现企事业单位的管理目标具有决定性意义。

现场管理的基本要求是解决职能分解与现场管理的专业技术操作方法。这要涉及管理过程中的职能机构、人员配备、管理内容、操作控制等问题。简言之，就是“现场怎么去管、由谁去管、用什么方法去管”的问题。运用思维向微观收缩的方法，把思维的触角延伸到企事业单位的现场，这就要求灰领具有较高的知识素养与技术水平，较强的实践经验，掌握现代科学技术，具备多重复合功能的综合素质。这也是灰领自身的专业技能特点。

三、灰领的管理与操作技能要求

1. 体现现场管理的特征

根据上述论述可以看出，现场这个层次具有如下特征：

(1)它是企事业单位的基础，任何企事业单位都是由现场这个基础组织形成的。

(2)现场是企业的成本费用中心，企事业单位的绝大部分财力、物力、人力都消耗在现场作业场所，它的物化劳动与活劳动形成物质产品。

(3)现场在生产力结构中，是人、物质资料及技术的统一体。

(4)现场的生产过程构成了人机过程的主要环节。

因此在现场这个环节上，根据管理状况既可产生效益，也可以产生亏损。由现场特征可以得出如下结论：

(1)现场管理是微观的经济管理。

(2)微观经济管理是立体分层构建的。

(3)各层级、各角度的管理职能是通过现场管理来实现的。

(4)现场的管理职能是可操作、可控制的。

(5)企业的管理职能分解到现场才是可操作的。

(6)履行现场操作职能的有专业技术管理的职能人员。

(7)灰领人员的操作方法具有显著的一线实践特点。

(8)灰领按照现场工作内容、工作性质、工作特点、工作方法进行操作才能将微观经济管理落到实处。

综上所述，要将微观经济管理落到实处，就要十分重视企事业单位现场专业职能人员即灰领阶层的现场运行操作，把现场管理作为企事业单位管理的着眼点、出发点和落脚点。

2. 灰领阶层的现场操作

现场专业技术与管理操作就是灰领人员把管理内容及管理要求分解成操作要素而形成操作标准和操作规范。标准和规范也就是可分解作业的操作规程。

（1）管理标准。企事业单位标准是企事业单位的重要基础工作之一，是企事业单位实际科学管理的基础和前提，是考核企事业单位管理水平的重要指标。搞好标准化工作，对提高产品质量、降低物质消耗和增加经济效益具有十分重要的作用。企事业单位标准化水平，表明了企事业单位的生产技术和经营管理水平。制订管理人员工作标准，是把各部门和各类人员的工作范围、工作任务、工作内容和所要达到的要求、具体考核条件，以标准的形式确定下来，并进行定期的检查和考核，以衡量各部门和各类工作人员工作任务完成的质量和程度。

建立健全岗位工作标准，使现场的各项工作逐步实现信息化、智能化、科学化、定量化、数据化、效率化和规范化，建立正常的工作秩序，做到关系顺、责任清、目标明、办事有依据，可以充分调动各部门、各类工作人员的积极性，使现代先进的管理方法和技术得以推广和应用，从而不断地提高管理水平。因此，管理及工作标准是现场管理人员的专业操作依据。

（2）岗位规范。岗位规范是管理标准与专业技术标准的细化和操作形式，是人事制度改革逐步走向制度化、科学化、规范化的管理工作基础建设内容之一。它是企事业单位的用人标准，是灰领工作考核和功能测评的依据，同时也是灰领教育培训的前提和基础。对员工人事管理工作各项制度的建设都要以此为基础逐步展开，并逐步配套和完善。切实实施岗位规范，对提高企事业单位灰领队伍的素质、提高灰领的管理水平和工作效率、提高企业的经济效益，将产生重要的影响。各专业系列岗位规范的岗位设置原则，是按业务管理分工，以相对独立的工作内容划分岗位的。各单位要根据各个岗位工作量的大小安排定员，工作量大的岗位可以一岗多人，工作量小的岗位可以一人兼多岗。

岗位规范的指标体系由四部分组成，即岗位职责、任职资格、培训与录用要求、晋升或职业变动的可能性。①岗位职责，是指灰领在该岗位工作必须履行的主要职责，其内容包括工作范围、工作内容和要求、权利和责任。各级各类灰领都必须把认真贯彻执行党和国家的方针、政策、法令、法规作为本岗工作的首要职责，忠于职守，并创造性地做好本岗位工作。②任职资格，明确规定了从事各岗位工作的灰领必须具备的最基本的素质条件，即企事业单位灰领岗位用人的标准。③培训与录用要求，对现已在岗位上工作的灰领，根据岗位规范任职资格的要求和本人的素质条件，本着“干什么学什么”、“缺什么补什么”的原则，采取措施，进行教育培训，限期达到企事业单位提出的灰领文化素质起点要求和本岗位规范的要求。对不符合岗位规范任职资格要求者，应分批分类调整其工作岗位。④晋升或职业变动的可能性，其“晋升”部分是灰领提级、提职应具备的最基本的条件；“职业变动的可能性”部分是调整岗位参考。

根据管理工作标准，岗位规范的操作要求，在现场管理操作中，还可以把职能管理工作划分为若干管理操作环节、工序及操作要点。

四、灰领阶层的内在因素与效率要求

灰领人员的作用的发挥除了时代、环境等客观条件外，主要取决于内在因素。归纳起来主要有：

(1)立志。人贵有志。高尔基说：“一个人追求的目标越高，他的才能就发展得越快，对社会就越有益。”立志是成才的前提。没有志气、理想，学习工作就没有动力。法国生物学家巴斯德说：“立志是件很重要的事情，工作随着志向走，成功随着工作来，这是一个规律。立志、工作、成功，是人类活动的三大要素，立志是事业的大门，工作是登堂入室的旅程。这旅程的尽头就有个成功在等待着。”

(2)事业心。事业心表现在对事业的热爱和忠诚，对事业的开拓和钻研。从事任何一种事业，都有苦和乐。一个企业里的计划员、调度员、质量管理员、定额员、推销员、采购员、统计员和核算员，只要对工作认真负责，苦在其中，乐在其中，把心血浇注在事业上，就一定能做出成绩来，成为一名叫得响的业务人员，继而逐步提高；相反，好高骛远、见异思迁、事业心不强，终将被淘汰。吴玉章同志说：“人生在世，事业为重。一息尚存，绝不松动。东风得势，时代更新。趁此时机，奋勇前进。”

（3）勤奋。勤奋是企事业单位灰领阶层成功的最基本的内在因素。人的禀赋条件虽然有所差别，但是，主要是靠后天实践、所受教育和求知上进的程度。华罗庚有句名言：“勤能补拙是良训，一分辛劳一分才。”灰领需要勤奋，应该勤奋。所谓勤，就是勤劳、辛勤、艰辛，为搞好企事业单位生产经营的管理，不辞劳苦，兢兢业业。勤奋、苦干是做好工作的基础，也是获得知识、增长才干的最根本途径。

（4）品德修养。企事业单位灰领阶层担负着企事业单位生产经营的重要业务工作，担子是很重的，如果没有优良的品德修养和训练有素的业务基本功，是很难挑起这副担子的。要在事业上成功，道德品质是基础，优良品德出良才，德与才是统一的。企事业单位灰领阶层的品德修养，包括政治思想修养和业务道德修养。政治思想修养主要表现在：有坚定信念，坚持四项基本原则，有较高的政治思想觉悟，品德高尚，诚实正直，奉公守法，大公无私，有宽厚容忍的风度，善于听取各方面的意见，锐意创新，永不满足。业务道德修养主要表现在：有强烈的事业心和责任感，实事求是，作风严谨，谦虚热情，善于沟通协调，善于传授知识和合作，乐于出主意、提方案，勇于克服各种困难，整洁、文明、礼貌，不虚不夸，苦练业务基本功。

灰领阶层所担负的各项专业技术与管理，是大量的重复性工作，可以按照客观要求，找出规律来，规定其标准和工作方法，用流程图的形式表示出来，用制度固定下来，使企业业务管理科学合理，有条不紊，忙而不乱，大大提高经营管理效率，保证经营管理的准确性、及时性和全面性。

第四章　中国灰领概念界定

李景元

中国现场灰领作为与西方蓝领、白领的对称而提出，有特定的含义和内容。其内涵与外延有其自身的描述。灰领为社会群体范畴，它有其属性特征及其存在空间；作为专业技能的群体，它有属于不同产业、行业所涵盖的相应作业单元；作为职业群体，它属于不同的社会层次；作为现场作业专业技术与管理主体，它又存在于管理客体以及相应的管理环境之中。其专业技能操作与管理特征是由自身的现场主体性质、相应的作业组织、现场运行职能、技术方法及所处现场环境等要素所构成的。因此，灰领作为现场技术操作与管理主体，体现了其特有的专业技能操作与管理属性，由此，可科学地界定灰领概念及其相应的内涵与外延，并形成以灰领概念及科学定义为基础的理论框架体系。

一、中国灰领概念的科学界定

这一概念的表述依据是本书作者在我国首次提出灰领的概念，并体现在作者在我国的第一部专著《现代中国的灰领阶层》及其相应的理论体系。

1. 首次提出中国灰领概念的背景

20 世纪 80 年代至 90 年代初，我国已确立了社会主义市场经济框架，加工制造业得到进一步发展，具有灰领阶层的职业特征的阶层初现雏形。本书作者敏锐地察觉到这一变化，于 1994 年 3 月与时任中国企业管理协会常务副理事长、中国企业报社长陈重研究员，中国企业管理出版社编辑部主任李东汉编审，在进行"现代企业基层建设的综合评价与开发"课题的评价，谈到企业现场管理与专业技术人员如何界定属性，以及如何对其行为评价时，认为企业基层生产现场的工艺、设备、统计、定置、质量等技术人员既动脑又动手，既管理又操作，既做专业工作又做思想工作，体现了"一岗双责"的复合功能，即管理与操作、知识与技能、理论与实际的统一。很难套用他们是蓝领还是白领。本书作者当时提出可以将这一阶层界定为"灰领阶层"，李东汉主任认为这一概念体现了现场管理人员的特点，陈重理事长、李东汉主任并建议作者申报选题，出版灰领阶层的著作。企业管理出版社批准选题后，作者在中国企业管理协会、中国企业报、企业管理出版社的具体指导下，利用一年的时间，于1995年2月由企业管理出版社出版了《现代中国的灰领阶层》，这是我国的第一部灰领专著，也是国家图书馆到目前收藏的唯一灰领专著。该书包括两篇，即上篇"灰领阶层管理理论与技术方法"，下篇"灰领阶层的职能与分解操作"，分为18章、60节，共38.8万字。这一灰领专著首次提出现场专业技能与管理人员的灰色属性，并构建相应理论体系，开创了管理学科的研究领域，填补这一领域的空白，"中国灰领"被普遍认同。

2. 灰领概念表述及科学内涵

灰领有广义和狭义之分，它既包括企业也包括事业，既包括政府也包括社区，涵盖整个社会。本书作者9年前在《现代中国的灰领阶层》中的第一章——灰领阶层的管理地位和作用中就明确提出：中国的灰领阶层是对西方"白领"、"蓝领"阶层的对称，是对中国现场专业技能操作与管理人员的地位作用及其职能进行长期研究实践所得出的客观的、符合中国特色社会主义理论的结论。社会主义市场经济条件下及其高新技术迅猛发展，全球经济一体化已逐步形成，中国现场管理与专业技能人员既不是单纯的"白领"，也不是单纯的"蓝领"，而是介乎于二者中间的灰领阶层。这一概念的提出是通过分析企业现场专业技能人员开始的，通过分析企业的现场管理工作的内容特点及工作途径来进一步阐述企业灰领阶层的含义及管理地位与作用等。同时，结合中国现代一、二、三产业及其以信息技术为依托的新兴产业的各行业，特别是企业事业的现场情况进行相关分析，并对西方提出的

“白领”、“蓝领”对中国现场专业技能管理人员的属性难以解释的问题进行了探究,在分析西方的“白领”、“蓝领”概念后,对中国现场管理与专业技能人员进行了科学描述。指出:现场专业技能操作与管理中的灰领阶层是针对西方的“白领”、“蓝领”阶层而提出的。对于我国不同行业的企事业单位,特别是我国现代社会主义市场经济及信息技术条件下现场的管理与专业技能人员,简单地套用“白领”与“蓝领”,极不妥当。我国从事现场生产经营管理的是既具有“白领”的功能,又具有“蓝领”功能的技能操作专业与管理人员,定义为灰领更为确切。该书介绍了西方企业的“白领”、“蓝领”概念及特点。即白领工人,是西方国家对“蓝领工人”的对称,属于企业室内管理人员范畴,是西方国家对无需从事大量体力劳动的室内工作人员的统称。主要包括室内技术人员、管理人员、打字员、事务员、会计员、文书、店员及自由择业者。这些人员的工作条件较为清洁,上班时可穿日常的白领衬衣工作。蓝领工人,是西方国家对“白领工人”的对称,属于室外作业现场生产操作人员的范畴,是指从事生产、维修和服务工作等体力劳动者的统称。包括各行业中的熟练工、手动工人,服务性行业雇工(私人家庭雇佣工人除外),农业劳动者以及其他靠体力为谋生手段的室外现场劳动者。这些人的工作条件较差,工作时一般要穿蓝色工作服。

在分析了西方“白领”、“蓝领”特点后,作者在本书指出,对中国现代从事管理和操作,既具有管理专业技能,又具有操作技能的现场专业人员应进行科学界定。把现场从事生产经营活动的员工划分成截然不同的“白领”与“蓝领”,这显然存在缺陷,从价值观念上看不符合我国国情,在实践上更不利于缩小脑力劳动与体力劳动的差别。即便是在西方国家的企业中,随着高科技、高技术的发展,管理与操作、动手与动脑、一线与二线的界限也越来越模糊,对专业管理及技能操作人员简单地以“白领”与“蓝领”划分的缺陷是十分明显的。

对于这一灰领的概念,作者在书中是这样表述的:以企业为研究对象,我国在建立社会主义市场经济及建立现代企业制度的过程中,伴随着信息技术时代的到来,高新产业迅猛发展,而且知识经济与智能资本的作用、人本管理、企业再造、学习型组织逐步形成；在信息社会，管理与操作信息化智能化，互联网技术、电子商务的推广及局域网络、计算机辅助设计及在管理中的普及；数据技术在加工制造业中的普遍应用，企业的生产现代化技术水平逐步提高，脑力劳动与体力劳动、复杂劳动与简单劳动、精神劳动与物质劳动、管理与操作的界限明显缩小，在生产现场，单纯的脑力劳动与单纯的体力劳动的界限向着逐步消失的方向发展，取而代之的则是以专业技能为基础，智能型、创意型、文化型的具有特征的新型的管理者和劳动者即灰领阶层。

这一表述适应一、二、三产业及新兴产业行业的企业，也适应不同类型的事业单位和政府社区。这一表述，深刻揭示了现场专业管理技能人员的特点及属性，具有可靠依据和前瞻性，科学地回答了中国现场管理与专业技能人员灰领阶层的属性问题，厘清了与西方“白领”、“蓝领”在本质上的区别，具有鲜明的中国管理特色。

二、中国灰领定义与特征

通过上述对灰领概念及属性的分析，可以描绘出其定义轮廓。《现代中国的灰领阶层》的概念表述及其定义范畴处于当今这一领域的领先地位。作为系统阐述灰领理论与实践的专著，在我国国家图书馆仅收藏这部《现代中国的灰领阶层》。1995 年此书出版后，作者应英国谢菲尔德大学邀请就这一专著及其理论、概念的界定与英国专家进行交流，同时也与日本集团力学研究所就这一概念表述进行交流，得到普遍认同。通过检索也可以看到国内外有关灰领概念的描述散见于一些刊物中，但没有系统的专著。

1. 国内外对于“灰领”的描述

(1)在美国，“‘灰领’当时是指负责维修电器、上下水道、机械的技术工人，他们多穿灰色的制服工作，因而得名”①；“专科文凭在海军从‘蓝领’劳

① 引自《中国人才热线》：http://www.jobsdb.kudo.cn.

动力到‘灰领’劳动力的转变过程中起着越来越重要的作用”[①];“灰领”是半专业的“白领”劳动者[②];“灰领”是服务业的雇员[③];“灰领”是公共部门的体力劳动者[④]。

“灰领”包括护理人员、电工、基层管理人员、消防队员、保安、侍者、水管工人等[⑤];“灰领”工人都有高中文凭,也许还上过大专[⑥];“灰领”属于技术员,比如计算机支持人员、问询台工作人员、修理工、医疗设备操作员、个人护理、健康援助员[⑦];“灰领”是指穿灰色制服的人[⑧]。

(2)在其他国家,“‘灰领’是熟练的技术员”[⑨];“灰领”集中在制造、运输、迎宾人员、儿童看护、卫生保健、专业服务等领域[⑩]。

(3)在国内除本书作者外近几年才有极少人对灰领含义进行表述。2003年11月以来,首先从上海开始,一些培训机构相继提出进行灰领阶层的岗位培训。这是在市场经济条件下,人才市场的客观需求,由于企事业单位及人才市场对具有灰领技能的人很是抢手,一瞬间,各种培训机构纷纷打出培训灰领阶层的旗号,一时泥沙俱下,鱼目混珠,纷纷炒作,“灰领”、“灰领阶层”、“灰领培训”成为诸媒体的热门话题,也是网络点击量最多的关键词,解释的含义五花八门,歧义百出。虽然有些提法具有一定的可操作性,但多数是随声附和,或是片面摘抄,或是对作者第一部专著某些观点的剪切。“灰领是指维修者、知识产业开发者和营销者”[⑪];“灰领可以描述为:在制造企业生产一线从事高技能操作、设计或生产管理以及在服务业提供创造性

---

① 引自美国海军个人发展司令部的官方网站:http://www.cjol.com,2008-01-28.

② 引自《美国人的工作》:http://www.cjol.com,2008-01-28。

③ 引自美国Louisville大学校园网——论文《劳工组织的变迁》:http://www.louisville.edu.

④ 美国MoneyGlossary公司网站:http://www.moneyglossary.com.

⑤ 美国Meritins公司网站:http://www.meritins.com.

⑥ 引自美国在线技能培训网。

⑦ 引自美国Heidrick&Struggles咨询公司网站:http://www.heidrick.com.

⑧ 引自美国IUE-CWA District8官方网站:http://www.iued:strict8.org

⑨ 引自加拿大安大略省西南部通讯技术——《时事通讯》2000年第6期。

⑩ 引自俄罗斯圣彼得堡《商业在线》2001年第1期。

⑪ 引自李长久《世纪经济已迈入知识经济时代》,《世界经济》1998年第8期。

服务的专门技能人员”①。从上述国内外对灰领的表述来看，它随着经济发展和人们认识的改变不断发生着变化，由最初的维修工人到后来的知识开发者。但都是从工作范围及相应操作能力的表层现象来论述，基本没有涉及科学概念及内涵。有的说法是作者与英国、日本等国学者进行交流在国外传播后又通过有关媒体反流回国内的。如同有的出国旅游者在国外买的“洋玩意”，但回到家里被孩子认出的英文是“Made in China”（中国制造）。有的是照抄照搬作者 1995 年的专著，甚至还有一些十分荒谬的说法。所有的提法不仅是对本书作者观点的仿效，而且与作者 1995 年出版专著的科学表述具有相当距离。

2. 中国灰领科学定义的表述

根据 1995 年前作者《现代中国灰领阶层》中的定义表述，结合 10 年来高新技术特别是信息技术的迅猛发展，中国灰领可以定义为：在我国社会主义市场经济条件下，处于国民经济所有行业现场的专业技能操作与组织管理的人员。具体地讲，是作业现场劳动群体中既有理论素养，又有实践经验；既能借鉴继承，又能创新开发；既有专业知识，又有熟练技能；既善于动手又勤于动脑；既懂组织管理，又会运行操作；既有较强的专门技术，又有文化知识底蕴；既能从事设备硬件维护，又能从事运行系统软件应用与开发；既会做业务管理工作，又会做思想及行为调解工作。总之，他们既不是单纯的白领，也不是单纯的蓝领，而是二者功能的动态融合，职业特征交叉渗透、作业运行手脑并举、智力体力统一的复合型的现场专业技能操作与组织管理的主体即是灰领阶层。这一灰领阶层在当今信息技术时代处于传统一、二、三产业的生产作业现场的主体地位，而且更突出地在新兴产业现场作业系统中发挥着举足轻重的作用，伴随知识产业、智能经济、高新技术的普及，社会组织结构的流程再造，组织结构朝扁平化方向发展，灰领的作用将更为显著，无论是从专业技能上，还是从就业人数及社会地位上，逐步会发展成为整个国民经济所有行业的技术专业管理的主体。

---

① 上海市劳动与社会保障局，2003 年 11 月。

3. 中国灰领阶层的分类

中国灰领作为最重要的社会群体，根据上述概念表述和定义界定有不同的分类方法。

(1)以灰领所处的社会环境，可以将其分为：企业作业现场灰领；事业单位作业现场灰领；政府基层管理现场灰领；城市社区街道管理灰领；农村乡镇现场灰领。上述不同社会环境不宜进一步细化分类。

(2)按产业经济，可分为第一产业现场作业灰领；第二产业现场作业灰领；第三产业现场作业灰领；新兴高科技产业现场作业灰领。如果在各个产业内进行细化分类还可继续延伸分类，如第一产业内可分为农园艺植体现场作业灰领、林业双体现场作业灰领、农业经济管理灰领等，其余产业都可细化分类。

(3)按生产作业现场主体层次，可分为现场作业主管；作业区域工长；不同专业技能操作专业管理人员，等等。

(4)按工作内容与性质可分为，现场作业组织与管理者；现场产品创意设计开发者；现场专业技能运行操作者；现场员工行为思想规范者；现场生产过程调度者；现场作业控制者；现场质量安全控制者，等等。

(5)按生产过程控制层次角色分类，同一层次现场作业技能与管理人员对于上级而言是管理，对于系统而言是被管理者，对所管辖范围而言是管理主体即管理者。

4. 中国灰领的基本特征

从作者出版我国第一部灰领专著《现代中国的灰领阶层》这一概念首次提出内涵界定、外延表述，及其理论体系被普遍认同，以及以这一概念为理论基础的各类灰领培训的广泛开展，特别是伴随着我国全面小康建设、现代化建设的深入，灰领人才供不应求，缺口较大，在人力资源开发实践中又可以看出中国灰领具有如下特征：

(1)独特性。这一特性通过对国内外对灰领描述的比较可以看出，它指的是，作为阐述灰领的专著及其相应专业体系是独特的，即具有中国管理特色，而且这样全面、系统、准确、客观地界定灰领概念及涵义的著作是唯一的。因而体现了作者在这一领域研究的前沿地位和领先水平。

（2）一线性。这一特性体现在中国灰领所处的作业环境即工作场所为不同产业的所有行业的生产现场及其体现这一现场形式的车间、现场、区队、门市、工段、社区、街道、乡镇、班组等基本工作单元，而这些工作单元都处于基础层次的生产一线。

（3）主体性。面对灰领作业环境的现场定位，客体即工作对象，无论是物化的还是活化的，灰领均处于主体地位，发挥着支配作用，对管理客体具有相应的计划、组织、控制、指挥、管理、激励、协调职能，灰领在作业现场的主导作用是不可替代的。

（4）知识性。灰领作为生产现场的智能型技术与管理者，特别是在知识经济时代，它的前提是具备与其功能相匹配的文化基础知识，这一知识是广义的，也是通过正规教育理论训练和实践环境熏陶积累形成的，在灰领身上，这种文化有历史的沉积，又随着时代发展而进一步充实升华，并以此为基础形成具有主导意识形态的价值文化观念。

（5）专业性。灰领作为技能操作型人才，具有专门的业务技能，而且这种技能充分体现在生产作业现场的工艺、设备、质量、开发、改造、计划、组织、控制及其信息处理、网络使用、计算机操作、硬件维护、软件开发等各个环节，这一专业性是理论与实践的统一，是实际技能的运作，绝不是“纸上谈兵”、“图上作业”的空洞的专业理论。

（6）操作性。灰领的专业技能发挥体现在动手能力即运行操作上，在生产作业系统的各个部位、各个环节即灰领所处的任何环境，只有将其所具有的智能在生产过程中进行操作，才能使专业理论形式的潜在技能物化为现实技能，转为生产能力，产生作业效益。

（7）融合性。灰领概念是针对西方白领、蓝领概念提出的，是兼容了白领、蓝领二者职业特征的。灰领在专业技能与管理运作上交叉渗透，使一线与二线、室内与现场、理论与实践、动手与动脑、继承与创新、硬件与软件、主体与客体融合统一，并体现在生产作业现场的智能创意、设计构思、思维延伸、行为扩展的双重作用与复合功能及其创造开发上。

(8)规范性。作为现场作业主体的灰领,既要对自身专业技能操作与管理行为进行规范,又要对基础环境的管理客体即工作对象进行规范。其规范体现生产过程中的工作、技术与管理标准、运行操作的工艺守则与作业规程及其体现这些内容的规章制度的总和,这一规范具有强制性和约束性即现场作业的工艺规程与纪律是现场作业的保证条件。

(9)动态性。生产作业现场环境属于管理的主微观范畴,它受到开放性的中观、宏观环境的制约,因而灰领的作业环境处于动态变化中,无论是投入产出,还是信息的转控都是动态的。这就要求灰领在现场作业中培养应变能力,来适应环境的动态变化。

(10)社会性。灰领阶层作为承上启下的现场作业载体,按社会群体结构划分属于中间阶层,这一中间阶层的性质具体表现在社会经济地位上,随着社会与经济的发展,高新技术产业的兴起,后工业化即全面现代化及小康社会的实现,这一社会中间层即中产阶级的特点就会越来越明显,而且会成为现代文明社会的主体。

三、中国灰领概念及理论体系的社会影响

本书作者的专著《现代中国的灰领阶层》一书的出版,标志着中国灰领概念及其理论体系的形成。书中所界定的体现中国管理特色的灰领阶层概念及其科学含义产生了广泛的社会影响,引起了国内外专家的普遍关注,原中国思想政治工作研究会会长、中国企业联合会会长、中国企业家协会会长袁宝华同志谈到这一概念界定时说:“对于在社会主义市场经济条件下,从建立现代企业制度出发,着眼生产现场,体现企业内功,抓基层、打基础、改进基层建设具有重要意义,这是具有开创性的工作”;著名经济学家、中国工程院院士徐寿波教授指出:“灰领阶层概念的界定是对现场多重岗位专业技能与管理人员职责的科学归纳与总结,体现了技术与经济学科的专业特征,在一定程度上揭示了现场管理专业技能人员的管理运作规律与发展脉络,开拓了企业管理学科现场管理方向的领域,填补了我国在这一方面的空

白”；中国质量协会会长陈邦柱同志强调：“灰领阶层的管理工作体现了现场的群体管理、民主管理、质量管理、设备管理、成本管理等内容”；中国企业联合会、中国企业家协会常务副理事长陈重研究员指出：“这一概念的提出，在管理界具有深远的影响，对现场管理人员的地位、职能及作用进行了清晰的表述，对专业技能人员的地位、职能及作用进行了清晰的表述，对专业技能人员的定位具有创造性的含义”；原大庆油田党委副书记、中国石油天然气集团公司政工办主任王福印同志说：“这一概念的提出，在现场管理领域实现了新的突破，使现场管理理论具有可操作性”；中国企业报李东汉社长在圈定中国企业报刊发的作者的《企业灰领阶层的界定与作用》论文时指出：“符合国情、体现特色、界定科学、表述规范、很有意义。”《中国质量》杂志、《现场管理》杂志、《车间管理》杂志及众多专家学者都从不同角度给予充分肯定。

作者在以此内容为主题，出访发达国家和接待国外同行专家时，对这一概念进行交流，得到 PM 理论创始人、日本群体动力研究所所长三隅二不二教授、英国谢菲尔德大学工作经济研究所所长麦克·维斯特博士等发达国家专家学者的高度评价，认为这一研究成果已处于管理学科前沿地位，具有国际先进水平，并就这一问题多次交流切磋。

除此以外，以灰领阶层理论为基础的著述被诸多企业列入现场管理培训教材；中国质量协会将其作为向全国推荐的现场管理教材；中国企业联合会培训中心曾多次发文将此书作为各类现场培训教材使用；中国石油西气东输项目部等建设单位、河北沧州大化集团等上市公司、开滦矿务局等特大型国有企业、中太集团等诸多民营企业多次聘请作者举办灰领阶层的管理讲座，取得巨大的社会效益。除国家图书馆、各省市高校科研院所普遍收藏《现代中国的灰领阶层》一书外，中国经济学科研教育网、新浪、雅虎、搜狐等大型网站都对作者以灰领阶层为基础的论著进行了广泛介绍，并被中国企业联合会、北京鲲鹏管理技术培训中心录制为 VCD 教材，其影响广度与深度远远超出作者出版此书的预期。

四、中国灰领形成、发展的现实意义与存在的问题

《现代中国的灰领阶层》一书中所确立的中国灰领概念及其理论体系，对中国灰领阶层的发展壮大起到了积极的理论指导与推动作用，其意义已经远远超出学术专著的含义范畴，为打造以信息技术为依托的产业灰领奠定了坚实的理论基础。

但是我们必须清醒地看到，提高高新技术产业的制造业企业劳动生产率和产品的技术含量，是我国加入世贸组织后，面对新一轮国际产业转移和升级的机遇与挑战的必然选择。技术的先进性对劳动力素质提出了很高的要求。对于新兴高技术产业的发展，人力资源中灰领的作用是至关重要的。

在全球制造业向中国转移的过程中，全球经济一体化将促进竞争力体现在劳动者素质上。因此，培养高素质的既掌握理论知识又有很强动手能力的灰领人才，对于我国在国际市场竞争中建立人才高地战略、提升核心竞争能力与高新制造产业水平显得非常迫切。然而目前的“灰领”人才严重不足，就全国而言，灰领是不完全统计人员数量的2/3配置在第三产业，第二产业只占1/4，其中制造业仅为1/6。1995年以来，中国制造业从业人员开始下降，第三产业从业人员迅速上升，并超过第二产业从业人员的比重。第三产业从业人员的迅速增长和制造业从业人员比重的减少，表明劳动力配置并不是按照工业化的发展轨迹运行的。而在全球化范围内的主要工业化国家，美、德、日、英等国专业技能人员在制造业中的比重远远高于中国，其中德国高出中国的一倍。灰领人才短缺问题非常突出。

1999年高等教育扩大招生规模以来，大学毕业生就业压力越来越大，就业率呈逐年下降之势。解决大学生就业问题成为政府工作的一个重点。但是另一方面，却存在着许多企业的一些岗位难以招到合适人才的现象。原因主要在于大学毕业生动手能力不强，达不到灰领人才的专业技能要求。而市场需要的是既有较高文化水平又有很强动手能力的应用型灰领人才。

因此，研究“灰领”人才对于打造全国“灰领”高地、缓解高校毕业生就业

压力、提高我国高新产业及制造业的核心竞争力具有深远意义。同时，我国普通高等教育、专业技术教育面临着市场灰领人才需求的严重挑战，这一挑战对普通高等教育及专业技术教育的人才培养理念、专业标准设置、教学实践环节均提出了新的标准，应引起教育主管部门及高等院校的高度重视，进而采取相应的对策。

五、中国灰领人才严重缺乏

1. 背景与现状分析

2002 年 9 月国务院做出《国务院关于大力推进职业教育改革与发展的决定》（以下称《职业教育决定》），2003 年 12 月中共中央、国务院做出《中共中央国务院关于进一步加强人才工作的决定》（以下称《加强人才决定》），上述两个决定充分体现了党中央国务院对推动职业教育和加强人才工作的高度重视，从关系党和国家事业发展及全面建设小康社会、优化国民素质的战略高度，全面进行了“职业教育改革与发展”、“进一步加强人才工作”的部署。通过全党和各级政府的不懈努力，两个决定的内容、目标、要求得到全面贯彻落实，效果明显。但是，通过客观全面的分析，不难看到，《职业教育决定》中指出的“对发展职业教育缺乏足够认识；投入不足，基础薄弱，办学条件差；管理体制、办学体制、教育质量不适应经济建设和社会发展的需要”的问题，以及《加强人才决定》中指出的“人才的总量、结构和素质还不能适应经济和社会发展的需要，特别是现代化建设急需的高层次、高技能和复合型人才短缺”的问题，还没有从根本上解决。特别值得提出的是，高技能操作型与现场专业管理型人才缺乏的问题普遍存在，有的单位和部门十分突出。

所谓高技能操作型人才，如本书所列述的是在企事业单位基础层次的专业技师、高级技工、专业技术员、工程师，生产作业线工艺、设备控制管理员，各专业一线设计师，信息产业作业操作者如软硬件开发、动漫画及游戏设计等；而现场专业管理型人才是指在企事业单位基础层次的党支部书记、车间主任、工段长、作业主管、场站长、区队长、班组长、门市台前经理，一线作业安全员、质管员、调度员、定额员、统计员、核算员等，以及城乡自治组织的居委会与村委会组成人员等。灰领的特点是以知识经济为背景，以信息技术为依托。这两类人员的社会活动与工作场所是企事业单位一线车间、工段、生产线、工区、班组、场站、掘进区、门市柜台等生产经营作业现场与乡镇村委会、街道居委会等社会自治组织。他们直接从事现场工艺设备控制运行、员工作业管理与直面村民、居民的管理工作，现场就地解决技术与管理的实际问题。对于这两类企事业单位社会基础现场层次的人才，本书作者在1995年《现代中国的灰领阶层》一书中界定他们为灰领阶层，即以产业组织及企事业单位为研究对象，伴随知识经济的到来与生产技术水平不断提高，高新技术产业迅猛发展，脑力劳动与体力劳动、管理与操作的界限明显缩小，在作业现场单纯的脑力劳动和单纯的体力劳动界限正朝着逐步消失的发向发展，取而代之的则是具有二者特征的高技能操作型与现场专业管理型的新兴劳动者和管理者即灰领阶层。这一界定适应各行业的企业，也同时适应不同类型的事业单位和政府社区。灰领阶层是对西方蓝领、白领阶层的对称，是对我国高技能操作型与现场专业管理型人才的地位、作用及其职能进行较长时间的研究得出的客观的、符合中国特色社会主义理论的结论。灰领阶层，是知识经济时代以接受普通高等教育及职业技术教育为背景，能进行高技能操作与现场专业管理运行的动手与动脑、管理与操作相统一的知识技能型、管理技能型的复合型人才。

目前，这两种人才缺乏的问题严重，出现“找博士硕士容易，找高技工难”，“找市场策划开发者容易，找现场专业管理者难”，“找熟练壮工容易，找八品工头(车间、科级)难”，“找白领、蓝领容易，找灰领难”等怪现象，在东南沿海地区的有些人才市场，灰领是其有价无市的“香饽饽”，专家们惊呼“中国灰领断层”、“中国灰领告急”、“用人市场最缺灰领人才”、“制造业遭遇灰领荒”、“中国制造中心急切呼唤灰领阶层”、“中国缺少数千万灰领”。目前，“灰领、中国灰领”已成为互联网上的热门话题，点击一下可出现几十万甚至上百万条有关灰领的信息。“中国城镇企业共有职工1.4亿人，其中初中级技术工人7000万人，高级技师只占0.41%，技师也只占3.1%。据一项对全国3000多家企业进行的调查结果显示：58.5%的企业现场专业管理人员短缺，与此相对应的是近80%的企业缺乏专业技术人员，特别是缺少具有动手能力的高技能操作人员。”“就建筑行业来讲，高级技师仅为0.3%。有96%的企业缺少机电方面的技术人才，88%的矿产企业采矿作业面缺少专业技术人员，各行业都存在灰领短缺现象。”①

与上述现象对应的是，一方面，高技能操作岗位与现场专业管理人才存在严重缺口，另一方面，大学生就业压力大，高校毕业生一次就业率不足70%。以2003年为例，毕业大学生270万人，毕业博士、硕士研究生近30万人，而全国高级技师总体存量仅有28.7万人。大学毕业生千军万马应聘“公务员”，应试“注册会计师”……大学生在招聘会上碰壁的主要原因是无实用技能、无实际经验，而被用人单位拒之门外，从而出现部分大学生“毕业就是失业”的现象。这为我们敲响了人才结构失衡的警钟。我国工业目前以制造业为中心，制造业增加值一直占GDP的40%以上，财政收入近一半来自第二产业，将近一半的城市人口就业机会是由加工制造业即第二产业提供的，目前中国加工制造业已拥有相当规模，也初具竞争力，中国正在成为21世纪的世界制造中心，发展领先的制造业是我国经济发展的重点。灰领人才在三次产业的各行业，特别是制造业中具有不可替代的重要地位，是衔接经营决策与现场作业的重要阶层，他们是生产作业和科技成果转化的技术骨干，并且是生产现场运行管理的纽带环节和控制中枢。因此，加快我国灰领人才的培养刻不容缓，必须引起高度重视，否则将会影响我国社会与国民经济的健康发展。

2. 问题突出的表现

近几年，党和各级政府已注意到这一问题，采取了相应的措施，但收效不甚理想。上述问题没有从根本上得到解决，而且问题愈加突出，主要表现在以下几个方面：

---

① http://finance.sina.com.cn. 2003年12月7日。

(1)高技能操作型人才匮乏尚未缓解,而呈现出愈加严重的局面。自2011年2月到2012年5月,笔者在承接中国质量协会立项的"我国企业现场作业系统管理现状与对策研究"课题时,组织教师、研究生、本科生,到机械制造、石油天然气、石油化工、煤炭、建筑、运输、冶金等行业的28家国有和国有控股大中型企业进行现场调研,并委托中国质量杂志社对中国质量协会会员单位抽样问卷调查,通过对调查资料进行统计分析,80%以上的企业认为"高技能操作型人才匮乏尚未缓解",60%以上的企业认为"这一问题愈加严重"。生产现场除了见习者外,很少见到普通高校本专科生,而技术骨干多为"40、50"人员中获得成人学历的人员和近10年的中专、技校毕业生。环境越是艰苦、条件越是简陋的生产作业现场,问题就更为严重。例如,某油气储运工程专业(中专)毕业生,被分配到石油管道局某一输油站,因为文革十年人才断层,实习3个月就被指定为工艺技术员,毕业不到一年于1983年就被任命为输油站长。2012年7月22日,因出差路过这个输油站,笔者吃惊地发现,担任站长的与20多年前担任站长的一样是中专毕业生,而且全站职工中无一普通高校本专科毕业生。当谈到这一问题时,站长苦笑着说:"大学生分到企业就进机关科室,来现场也就是两三个月,最多半年,镀一下金就走了。"由于职工文化素质差,因而造成对工艺改造后设备很难掌握,也就难免出一些事故。据调查,这一问题并非个别现象。

(2)现场专业管理人员缺编严重。通过现场和发函问卷调查发现,机关超编,而基层现场的车间、工段、工区、场站等作业场所的专业管理人员严重缺编。我们发现某特大型上市石化企业的一个分厂,600多名职工中竟没有一名专职安全员和质管员,而均由车间主任或副主任兼任。该分厂2003年曾多次出现环保及质量事故,曾被国家环保总局在全国通报。我们在某矿务局调研时,发现许多区队作业面的安全员竟由只有初中文化的农民工担任,别说是普通高校的本专科毕业生、成人本专科毕业生,就是有"铁饭碗"的正式职工也很少下井,有的掘进队除队长外,清一色是农民工。与这一矿务局的某位矿长交谈时,他无奈地说,大学生已有几年不下井了。他们基本上挤在二三线,或在各级机关当白领。联想起煤矿频繁发生的恶性事故,井下作业面管理薄弱、专业管理人员缺编，也不能说不是直接原因之一。

（3）政府机关公务员、国有企业（含控股）事业单位白领爆满。某些企事业单位机关、政府机关扩充编制或变相扩充编制的现象时有发生，或利用“政事分开”、“政企分开”、“企事分开”、“资产重组”划小单位、增加职数，实际上扩充了编制。这样，有些本应充实到现场做灰领的，却留在了机关或在二三线继续当白领。某一行业性企业自1999年重组以来，几番机构改革，由一个厅局级（虽国家有关部门对企业已取消行政级别，但国有及其控股企业仍沿用原有行政级别进行机构设置）单位改成6个厅局单位，厅局级职数增加5倍，县处级职数增加4倍，科股级职数增加了3倍。但通过减员，一线职工减少了50%，一线专业管理人员减少了60%，美其名曰“精干效能”、“一专多能”。所以某些政府、企事业单位机关“一杯茶、一盒烟，上网看报一整天”的人浮于事的问题不是个别现象，政府机关及企事业单位机关冗员普遍。

（4）科研成果转化受到影响。由于生产一线高技能操作型人才紧缺，引进和改造的工艺设备的效能达不到预期要求。某些有现实和潜在效益的科研成果及专利项目，由于无法按设计要求绘制作业图与改进加工工艺，迟迟开发不出来新产品，引进技术无法消化，自主开发的项目经过鉴定就躺在抽屉里，其原因就是缺少既能动脑、又能动手的高技能操作型人才。“能说善辩、纸上谈兵、图上作业”的人才并不少，可是他们下不了车间、进不了现场，面对高技能的动手操作却有劲用不上。一线职工称他们是“天桥把式，光说不练”；而他们自身也感到为难。笔者访问英美发达国家时，发现他们的管理者与技术人员的动手能力很强，科研成果转化率高于我们2～3倍。可见，高技能操作型人才紧缺应该是我国科研成果转化率低的原因之一。

（5）蓝领、白领很难转化为灰领，这也是灰领匮乏的原因之一。当今许多行业的蓝领工人多是进城的农民工，绝大多数仅有初中文化，还有一部分是小学文化或文盲，只有个别的具有高中文化。这一文化基础制约了他们的职业生涯，很难成为技工，更不用说是高级技工。而成为高技能操作型人才与现场专业管理人才的只是个别现象，建筑、煤炭等行业尤为突出。另外，白领放不下架子，不愿到基层现场工作，机关减员只是安排到二、三线，相当一部分的机关人员“宁当文员，不当工长”，失去了应有的动手锻炼的机会，同时使作业现场缺乏必要的灰领人才补充渠道。

(6)大学生就业观念与认识偏差，造成奔城市、进机关，不去基层，更不去条件艰苦的基层。城市街道办事处、农村乡政府不是大学生的主要选项，基层居委会、村委会自治组织内如有大学生，理所当然会“上电视、见报纸”成为新闻。这样应具有综合素质的复合型管理岗位很难充实高素质人才，当然也就制约了国家基层政权建设和社会自治组织的结构优化，也很难精简人员，提高效率。

3. 存在问题的主要原因

造成上述问题的原因是多方面的，综合分析主要有以下几点：

(1)传统观念及思维定势。在我国几千年封建思想和传统观念中，“学而优则仕”、“君子动口不动手”、“劳心者治人，劳力者治于人”的思想，还占有相当市场，很难在短时间内消失，读书就是望子成龙，读书就要做官，陷入了“睦官是向”的误区。受社会局部范围内的一些不公平现象和阴暗面的影响，一些具有一定学历而且做出一定业绩的员工，就容易想当然——自然应当做官，享受相应的待遇，从而导致员工盲目攀比和心态失衡，产生各种急功近利的浮躁情绪。不择手段地往“官堆”里挤、蹭、钻。简单地将技能与官能混为一谈，狂妄自大，不求上进，荒废了专业与管理技能的提高，当然也就无法成为知识技能型、复合技能型、高技能操作与现场专业管理人才。

(2)职业层次与就业宣传导向偏差。有时宣传媒体存在着镜头、版面对准决策层、管理层，而为数不多的作业操作层的宣传报道也是陪衬。突出一些大款大腕、名星企业家以及一些高级白领，媒体充斥名车、豪宅、酒店谈判，招商引资交流等画面。作为现场作业主体的灰领阶层时常被忽视。这样社会、家庭教育包括高等教育，对工人乃至技术工人，即便是高技能操作型工人的社会角色也颇有偏见，毫无缘由地在就业与人的“尊严”、“能力”和“才华”之间画上等号，被认为当工人是没有前途的表现，从而用激将法以藐视“工人”的地位与作用来激发及勉励学生和子女奋发向上、学业有成，不当工人。这也是大学生不愿到基层、不愿到作业现场的根源所在。

（3）高等院校发展的某些环节错位。1995年以来，高等学校发展的某些环节出现错位。一是片面地升格，10年前的工科学院多数升格为多学科综合大学；10年前的专科学校大部分升格为本科学院，而现在的高职高专大部分是由10年前的中专技校、职工大学翻牌而来，中专学校出现“良莠不齐、滥竽充数”的现象，多数达不到应有的水平，就这样，进行高技能训练的院校被蒸发了。二是片面强调发展研究型大学，本来是教学应用型的学院也定位于研究教学型、教学研究型，因此，“揠苗助长”般地拼命增加博士、硕士授权点，忽视了多数学生基本操作技能的训练。三是专业设置忽视市场需求。在专业设置上求全，强调学科综合性，分散了有限资金的使用。进行技能培训的设施老化，体现现代化与信息化技能的设施不能更新，“老牛破车”、“敷衍凑合”，有些院校教学发展实际是“老机器、新标签”，办学实力和适应市场需求方面根本没有进展。

（4）业绩评估导向存在偏差。国家的本科水平评估和社会民间机构综合评估及各个单项评估的形式主义严重。本科水平评估强调专业技能训练的内容不足，社会评估有时片面强调某些指标排行榜，也未涉及学生实用性、技能性、操作性的评估指标，更不顾及市场需求。某个进入百名大学综合排名榜的学校，竟然就业率达不到50%，这种综合评估岂非咄咄怪事。有的专家和老师说社会民间综合评估作用不大，添乱不少。高校的主要力量都应付评估了，哪还有更多的精力抓专业技能训练。

（5）忽视高等职业教育，缺少必要的投入，技能训练设施脆弱。高等职业教育既要有专科层次，也应有本科层次，现在专科层次的职业院校重视理论教学，忽视技能训练的现象很普遍，本科层次的高职院校，对于职业技能训练多数无发展规划，更缺少基础设施，更为严重的是由于扩招，专业型教师缺乏，双师型（讲师、工程师）的教师就更为缺少。本来最后一学期专业实习与毕业设计（论文）要强化技能型训练，许多学校是“散摊了”、“放羊了”，学生把注意力放在找工作上，一个专业训练的学期就浪费了，专业技能没有任何长进。所以，学生进入招聘市场，屡屡受挫。因无操作技能和实际经验而被拒之门外，造成毕业生一次就业率不高，就业压力很大。

(6)用人机制与分配政策存在问题。一是用人机制存在缺陷。社会上盛行的“本科起步、硕士达标、博士吃香”的用人思路与格局，使人们的就业眼光和精力聚焦在学历文凭上，往往容易忽视最重要的操作技能水平。此外，政府机关、企事业单位在提拔干部时舍本逐末，唯学历、文凭录用，容易挫伤和打击员工锤炼高技能与专业管理水平的自觉性和积极性，这也是灰领稀缺的原因之一。二是分配机制存在缺陷，由于较长时间批判脑体倒挂，也产生出一些负面影响。在两方面造成收入反差。一方面技工待遇低，如今一个毕业四五年的大学生，与一个工作二十几年的中专、技校背景的技术工人即使是技师或是高技能操作型人员，在工资待遇方面几乎没有差别。往往在晋级等方面名次还会超前。这和职称评定有关系，一个大学毕业生工作五至七年可评中级职称，可是一个高职高专、中专技校、高中毕业生背景的工人，经过十多年的苦熬才能有资格评个相当于中级职称的技师，因而提升学历层次就成为员工提高地位和待遇的最佳捷径，导致员工学技术、学管理不如考学历来得快的急功近利的思想。另一方面，分配收入向机关管理岗位倾斜，一线现场技术工人，就是高技能操作型与现场专业管理型员工的收入也远远低于机关一般管理人员。某特大型企业机关中，厅局级年收入 30 万元，县处级年收入 8 万元，科长级年收入 5 万元，一般管理人员年收入是 3 万元。而一线现场操作人员年均收入 1 万元左右。车间主任、班组长、专业主管年收入才 15000 元，不足机关管理人员的一半，更值得注意的是相对应的工资层次，则是高级工程师低于处长，中级专业职务低于科室长。这种用人与分配机制制约了灰领人才的成长。

(7)职业院校发展受制约。现有专科层次的职业技术院校，由于多数是由中专和职工大学翻版而来，存在设施、师资、经验等方面的先天不足，加之缺少投入，造成后天营养不良，很难发展起来。而承担高技工培训的中专技校，除存在上述问题外，其困境还表现为生源危机，相当一部分学生宁愿以高中毕业身份就业，也不愿进职业院校。原因是技术工人普遍待遇不高，使用时受歧视，或遭受不公“待遇”。再者职业院校师资力量薄弱，缺少高级技工培训的条件。高级技工培训周期长，费用相对较高，一般企业很难提供相关的培训机会，支持高昂的费用。因而，灰领人才后继乏人。

4. 解决问题的对策与思路

针对上述问题及原因分析，提出如下对策和建议：

(1)全面贯彻落实两个决定。在全面贯彻落实《职业教育决定》《加强人才决定》中，要把造就高技能操作型与现场专业管理型人才工作列入各级党委政府的议事日程，国家各级教育和劳动技能培训部门要有专门人员负责，并制定切实、可行的发展培训计划，并在国民经济和社会发展的五年计划中有所体现。使其作为各级政府及主管部门的职责规范和考核内容。形成全社会重视，党委政府、企业事业单位、普通高等学校、在职成人教育、中高等职业教育齐抓共管的综合运行方式，坚持不懈地形成长效机制，为培养适应国民经济和社会发展及满足中国这一世界制造业中心培养优良灰领人才提供组织与制度保证。

(2)充分认识中国灰领阶层的社会背景、职业特征、社会地位与作用。灰领这一新兴社会阶层的界定，对中国的人力资源经济学、人力资源开发管理产生深刻的影响。中国成为WTO成员国，世界经济一体化步伐的进一步加快，科学技术国际化的进一步加强，一个经济国际化、技术现代化、社会信息化、信息产业化的知识经济时代的到来，我国高科技产业化与依托信息的现代工业化，急需大批高技能操作型与现场专业管理型的灰领人才，他们在国民经济与社会发展中具有不可替代的作用。他们是我国社会基础层次的骨干和中间力量，是工人阶级的重要组成部分。伴随着学习型社会的形成与社会组织扁平化的发展趋势，灰领阶层必将成为中国专业技术与现代化管理群体的主体。因而，必须注入强大的精力，发展壮大这一新兴社会阶层。

(3)宣传导向要向培养高技能操作型与现场专业管理型人才方面调整。主导媒体的声音、画面、版次、镜头要给这一灰领阶层的培养留一些空间。对于他们的职业特征、专业技能、地位作用、社会贡献及主流意识、思维方式方面进行宣传。

(4)加强高等院校发展的某些环节,充分认识高等职业教育的重要性。无论是本科学校、高职高专,都要把突出技能教学与训练摆在重要位置,要明确就全国来讲,研究型大学毕竟是少数,无论是本科院校,还是高职高专培养目标应侧重于基础性、高技能、应用型人才的培养,本专科专业设置要充分与市场接轨,特别强调就业与社会需求。中专技校要定位培养初中级技术工人,有条件的可以培养高级技工。在资金投入、设备配置方面要充分考虑专业技能的提高,形成强大的满足社会需求的灰领人才的培养基地。

(5)借鉴发达国家的经验,完善用人与分配机制。欧美国家作业现场一线管理者中心论、日韩生产现场低成本控制永恒论的思维方式值得借鉴,并且美国等西方国家社区学院模式有效仿之处。给高技能操作型与现场专业管理型人才与其功能相匹配的社会地位和相关的待遇。以用人与分配机制的改进完善来推动灰领人才的茁壮成长。

(6)切实加强对大学生的思想政治教育。按照党中央国务院召开的改进大学生思想政治教育工作会议要求的《进一步加强和改进大学生思想政治教育的意见》的安排,"以理想信念教育为核心,深入进行世界观、人生观、价值观的教育"。同时要对他们进行人才观、事业观、择业观、就业观的教育。并且使他们自觉投身于社会不同层次之中,构建职业择业、就业的人才、社会协调关系。使目前相当一部分大学生择业认可的灰领这一就业社会效果进一步巩固,从而使大学生形成正确的事业生涯的设计观念。

(7)制定相关政策要吸收这一层次代表或熟悉这一层次的专业人员参与。从《职业教育决定》《加强人才决定》的出台可以看出,这两个决定无论是从战略高度还是从运作层面,都比较完善,但是也能看出灰领这一层次的代表和熟悉这一层次的专业人员参与的力度不够,对这一层次重视程度不足。《加强人才决定》,主要是以党政人才、企业经营管理人才、专业技术人才为主体,重视高层次,忽视了现场作业层次。只是在第 19 条把高技能人才和农村人才队伍相提并论稍作描述。而在《职业教育决定》对推进职业教育改革与发展的认识、资金投入、办学条件、管理体制、办学体制等方面做出决定,这一决定虽提出高级技术工人的培训问题,但是对企事业单位及社会自治组织现场层次及其管理问题几乎没有涉及。从两个决定存在的某些不足中可以看出，文件的形成过程，是从中央到地方各个层次的机关人员的广泛参与制定，而作业现场一线这一层次的代表或熟悉这一层次的专业人员参与是个盲区，建议今后制定任何相关政策都应充分考虑这一社会阶层的存在，并关心他们的成长和切身利益。

第五章 高职教育灰领定位

李景元

灰领概念的提出及其理论体系的形成，为高职教育定位提供了科学的理论基础，这一理论的形成及逐步完善，为高职教育定位于灰领提供了可操作的运行方法。这就是为全面建设小康社会服务、加快培养社会紧缺的高技能操作与现场专业管理人才，即知识型、技能型、应用型的中国灰领阶层，这是高等职业院校乃至于中等职业学校培养人才的方向。

一、高职教育灰领定位与社会经济发展需求

1. 党和国家高度重视

党的十八人政治报告明确重申了党的教育方针，即：坚持教育为社会主义现代化建设服务，为人民服务，与生产劳动和社会实践相结合，培养德智体全面发展的社会主义接班人和建设者。高等职业教育实际上是教育事业当中与社会经济发展和人民群众利益联系最为直接、最为密切的一部分，切实贯彻教育方针、贯彻教育为现代化建设事业服务的宗旨，是我们办好高等职业教育的指导方针。在新时期、新阶段，高等职业教育有很多的机会、很大的空间为现代化建设服务，是可以大有作为的。当前我国经济发展速度很快，而且进入了全面建设小康社会的新的历史阶段。在过去的25年内，我国经济一直保持着较高的发展速度，CDP增长率年均9%以上；在今后的20年内，如果还能继续保持每年7%以上的增长率，到2020年，我国的国民生产总值将再翻两番，实现全面建设小康社会的宏伟目标，为中国的基本现代

化奠定牢固的基础。为了实现全面建设小康社会和国民生产总值再翻两番的历史任务，中央明确提出要走新型工业化道路，要把经济增长方式转移到依靠科技进步和依靠劳动者素质上来。中共中央十六届三中全会及国务院有关会议都提出的一个重要问题就是要认真对待经济结构调整问题，要认真地把经济增长方式转移到依靠科技进步和依靠劳动者素质上来。中共中央国务院召开的全国人才工作会议，党中央将要明确提出人才资源是第一资源，我们要实行人才强国战略。之所以这样强调人才，是因为我们要全面建设小康社会，需要数以千万计的专门人才和一大批拔尖创新人才。实际上，高等职业教育就是担负着培养数以千万计的高素质劳动者的重要任务。从我国的经济发展形势来看，各行各业都需要这一层次的人才，这为高等职业教育快速、健康、持续发展奠定了良好的基础。以我国的制造业为例，在当前经济全球化和加入世界贸易组织的格局下，面临着前所未有的发展机遇，我国正在由跨国公司的加工组装基地向制造业基地转变，极有可能成为世界制造业的中心。而要真正实现这样的愿望，除了需要政策环境和廉价劳动力等方面的支撑外，更需要大批高素质的专门人才，特别是大批具有较高素质的技能型、应用型人才。在这方面，高等职业教育负有义不容辞的责任，必须加快发展。

教育部曾于2003年提出了一个加快培养制造业和服务业紧缺人才的培养计划，实质是培养灰领计划。这个计划也被写进了今后五年我国教育行动振兴计划及国家“十一五规划”。对此，中央领导同志曾多次指示并再三提倡：现在一方面高等职业教育就业情况不是特别好，另一方面对高职人才的需求又非常迫切，我们有没有可能把高等职业教育好好抓一抓，争取能够在比较短的时间内培养出一大批为市场所需要的、社会所紧缺的制造业技能型、应用型人才。根据党中央国务院的要求，教育部曾做了专门调研，结论是：第一是需要的，第二是可能的。所以，教育部提出了要实施制造业、服务业紧缺技能型人才、应用型人才培养计划，并且将这个计划列入了五年全国教育行动振兴计划。这个计划强调高等职业教育要为培养紧缺的制造业人才（比如数控技术专业人才等）服务，要以就业为导向，大力倡导产学研结合。对此,不仅提出数量要求,而且还要质量合格,就是说要创造条件,建立一些确实能够培养出高素质紧缺人才的基地。大家都说现在很缺高级技术工人,如果采取一些措施,我们完全有可能、有条件培养出这些急需的高级技术工人。现在的高级技术工人比之以前的高级技工,应该说要求更高了,但从培养的角度来看,需要的时间是可以缩短的。以前要培养一个八级工人(比如机加工工人)需要10年、20年的时间,由于对手艺和感觉的要求非常高,没有10年、20年的磨炼是很难培养出来的:而现在要加工一个产品,在很大程度上要依赖数控机床和先进的装备,所以,对于高级技术工人的培养、文化的要求比以前提高了很多,但是对于技能的培养,则有可能在现有文化的基础上,经过一段时间的集中培训即可达到标准和要求。我国有一大批高职学院,各省也急需这样的人才,我们有条件实现这样的人才培养目标。根据这一思路,教育部计划从2003年到2007年,5年时间里培养30万至50万高质量的制造业高级人才。大力推进制造业紧缺人才即灰领的培养,这实际上是加大高职教育人才培养专业结构调整力度,为社会主义现代化建设事业服务的重要一步。

2. 培养以就业为导向,加快打造灰领

党中央、国务院多次发出文件强调就业是民生之本,以实现就业是人民群众最直接的问题入手把加大就业放在更加突出的重要位置。高校毕业生是整个社会中充满活力、富有创造力的群体,是国家宝贵的人才资源,是全面建设小康社会、实现中华民族伟大复兴的生力军。他们的就业问题,更是关系现代化建设、社会政治稳定和实现人民群众根本利益的一个重大的全局性问题。而在整个高等教育就业工作问题当中,现阶段最为突出的还是高职毕业生的就业问题。2004年,全国共有280万高校毕业生,其中150万是高职毕业生,如果这一批高职毕业生的就业率仍然上不去,就会成为制约毕业生就业甚至是高等教育改革发展的大问题。当然,就业难有教育外部的问题、整个形势的问题、政策不配套的问题,等等,但对教育工作者来说,我们有责任切实做好就业工作,同时使我们教育教学工作主动适应现代化建设的需要,主动服务于国家经济发展和社会进步的方方面面。教育工作者的根本任务是培养人才，我们的一切工作都是为了学生的健康成长，就业是民生之本，当然也是学生的人生之本，所以，我们要继续认真地抓好这个工作，加快打造大批灰领。

几年来，我国高等教育取得了举世瞩目的巨大成就，特别是高等职业教育发展速度非常快，满足了人民群众对子女接受高等教育的迫切希望，受到了人民群众的衷心欢迎。1998 年，我国高等学校招生数量是 108 万人，2003 年是 382 万人，短短的 5 年间，我们在投入增加不是很多、教育质量不断提高的前提下，招生规模已是 1998 年的 3.5 倍，应该说实现了历史性的跨越式发展，创造了世界教育史上的一个奇迹。但是我们也要清醒地看到，在大发展中很多深层次的问题会逐渐地暴露出来，其中一个问题就是就业问题。其实，就业问题在任何一个教育发达的国家都是一个普遍的问题。以前，在我们国家，这个问题不成为问题，因为当时教育是卖方市场，而现在虽然还是卖方市场，但是在局部上已经出现了结构性的供过于求。高等教育从精英教育走向大众化教育的过程中，必然会遇到这样一个困难，这个困难并不是因为我们培养的大学生太多了，相反我们的大学生还是太少了。国家要实现现代化，首先要求教育要实现现代化，人不现代化，怎么可能去跨越式地实现全面现代化呢？从这个意义上讲，我们的教育还要有更大的发展，但是与此同时，我们必须考虑一些深层次的问题。今后几年内，教育的指导方针是八个字——“巩固、深化、提高、发展”，在巩固成果、深化改革和提高质量的工作当中都涉及就业这一问题。试想一下，在高等教育持续发展之下，如果是因为教育的质量问题，大学生毕业后找不到工作，老百姓巨大的教育投资得不到回报，老百姓“望子成龙”的愿望难以实现，人民群众对扩招的感激之情就会变成对政府的“抱怨”之声，就会影响党和政府的形象，也会影响高等教育的形象。教育质量能否最大限度地满足毕业生就业的需要，直接关系到我们扩招成果的巩固和人民群众对高等教育的评价，更重要的是直接关系到我们能不能够为全面实现小康社会、实现社会现代化作出贡献。

而且随着形势的发展，整个教育都要以就业为导向，因为所有毕业生都要走向社会，都有一个就业问题，过不了多久，我们的本科教育也会从卖方市场走向买方市场,届时本科教育的就业问题也会非常突出。如果我们不及时进行深化改革,不及时适应市场的需要,本科生、研究生的就业也会遇到困难。但在当前,就业问题最突出的还是反映在高职教育方面,所以在这个问题上给予足够重视,提出高职教育要以就业为导向并不是歧视高职教育,相反是非常重视高职教育。

(1)从就业为导向出发解决定位问题。在当前提出高职教育要以就业为导向主要基于两个方面的考虑:第一,高职教育的就业情况不够理想,这实际上和我们的定位有很大的关系。第二,从另外一个角度来考虑,办得好的高职专业就业情况非常好,这说明社会需要大量紧缺技能型人才,高职教育还有很大的发展空间。高职教育以就业为导向,并不是要把高职教育发展的步伐停下来,相反还要积极发展,要面向社会需求发展,围绕学生就业发展。以就业为导向,首先要解决的是定位问题。要增强高职毕业生的就业能力,关键在于高职教育本身要准确、科学地定位。目前高职高专教育的定位存在着两种倾向:一种倾向是一些学校在教育中强调学科型的倾向,表现为沿用本科的教学模式、教学计划和课程体系,其中根据本科相关专业进行删减和压缩,就是李岚清同志多次批评的"压缩饼干"式的教育。这种"压缩饼干"式的培养方式和我们学校的培养目标定位有很大的关系。一种倾向是盲目追求"专升本"升学率的倾向。一个时期以来盛行中职升高职、高职升本科、本科升硕士、硕士升博士,这是全国的一股风。当然,在大发展阶段,这是需要的,也是可以的。但是进入巩固、深化、提高、发展的现阶段,必须要重新审视这个问题。各级各类学校必须要准确地、科学地定位。

现在的高等职业教育,就是要定位在技能型、应用型人才的培养即打造中国灰领阶层。我国对这一类人才的需求是非常大的,高等职业院校要安心于培养这一类型的灰领人才,定位不科学、不准确,找不准市场的切入点培养出来的人才没有自己的特色,就业自然就困难,这就是现在一方面高职学生无业可就,另一方面很多专业领域又紧缺技能型应用人才的原因所在。因此,所谓"以就业为导向",关键就是要定好位,就是要培养市场真正需要的人才。

（2）从高职定位出发调整培养方案。以就业为导向，还要求高职教育调整人才培养方案，特别是要倡导推行订单式人才培养。所谓订单式培养就是以企业的用人订单为导向，确定教学目标，开展教学活动。湖南湘西有一中等职业学校，是民办的，办得非常红火，非常兴旺。它就是在珠江三角洲一带找订单，获得订单后就在湘西找劳动力，对他们进行一些职业训练后送到订单的企业就业。有好多企业，也是这样办的。这种办法实际上体现了为社会主义现代化建设服务，也解决了现在就业的基本矛盾，它有利于学校做到教学过程的三个协调，即：专业设置与企业需求相协调、技能训练与岗位要求相协调、培养目标与用人标准相协调。这三个协调奠定了高职高专院校实现其技术应用型人才即灰领培养目标的重要基础。订单式人才培养的关键是对市场需求的快速响应，因此培养周期应该比较短，三年太长，要重新设计一个教学方案。有的职业技术学院是这方面的试点院校，它准备了两个方案，一个2年制的方案和一个3年制的方案。

公共课、基础课学时要按比例缩减，最好还要有半年时间到工厂去实习。总而言之，我们培养技能型、岗位型、应用型的灰领人才，一定要面向当前各行各业的实际人才需求，一定要迅速行动，市场需要什么样的专业就设置什么样的专业，以培养社会紧缺人才为导向，快速地培养一批社会急需的人才。因此，以就业为导向，就要求我们的高职教育从培养目标、培养模式都要有一个向打造灰领的方向来一个根本性的转变。

（3）实施灰领定位要采用双证书制。除了要订单式培养，在高职教育中还要大力推行"双证书"的做法，要让学生在毕业的同时获得职业准入资格，帮助其顺利就业。在这方面，有些地区已经积极行动起来了。比如，重庆市教委、市劳动和社会保障局，在2002年就联合下发了"关于在重庆高等学校学生中实行职业资格证书制度的通知"，2003年在9个大类专业开展大学生职业资格认证工作。上海市从2006年起实施的为期三年的上海"技能振兴计划"，将大力造就一大批符合知识经济要求的"灰领"职业技能人才，以适应上海城市发展中产业定位的要求。为此，上海将在大专以上学生中通过推行"双证书"——学历证书和职业资格证书并重，提高其动手能力和职业素质。在这里要说明一下,我们所说的"双证书"除学历证书外,不仅包括劳动部门的技术工人系列职业资格证书,也包括人事部专业技术系列的职业资格证书,同时还应该包括其他行业部委及企业的职业资格证书。另外,要积极开发新领域的职业资格证书,参与到标准的制定中去,把教学计划和证书标准有机结合,用证书推动培养模式的改革,推动教学内容的改革。

因此,我们要采取一个重要的措施,就是要建立广大的就业指导队伍和就业服务队伍,帮助学生就业。当然,正如笔者前面讲的,抓好就业工作的关键还是以就业为导向,调整培养目标定位和培养模式。按照市场需求进行合理化的转型,就业好的,要进一步加强训练,特别是加强双证书制度,帮助我们的学生学好技术和手艺,从而提高他们的就业能力。这是我们当前落实"以就业为导向"的重要一步。

3. 高职教育定位灰领要坚持产学研相结合

(1)充分发挥这一有效形式。党的教育方针一贯要求高等教育教学、科研、生产三结合。这就要求学校和企业建立起更为密切的联系,有机地形成学校和社会双方的优势。产学研结合的灰领人才培养不是学究式的、学科式的培养,培养出的人是社会各行业国民经济各产业领域所急需的。目前灰领培养重点在制造业,学校和社会集中各自优势,进行产学研结合的范围十分广泛,各个高职院校不要关起门来办学校,要努力地走向社会。以有限的资金办好高职教育,学校就必须积极探索校企合作进行人才培养的全新途径和方式。要通过产学研结合这个重要途径,大力吸收社会的物质资源和智力资源,增强办学活力,采取"走出去"、"引进来"的方法,积极开拓教育服务市场。

(2)配备双师型的教师。通过产学研结合,以找到高素质的老师,有助于建设一支双师型的教师队伍。企业中有很多高级别的工程师已经退休,可以用聘用制的方式请他们来当老师。与企业建立依存关系以后,还可以帮助学校迅速增强实力。在这方面,青岛职业技术学院设立的海尔家电培训中心就是一个很好的例子,学校为海尔集团培训维修人员,海尔集团为学校不断提供最新的家电设备供培训使用,实现双赢。又例如,宁波职业技术学院的"联通通讯系"，由浙江联通总经理任系主任，联通公司为学校提供最新的通信设备，也收到了很好的效果。另外，上海第二工业大学以"零租金"的方式引进企业的研发部门到学校，也很有思路。所以说，产学结合大有可为。包括证书制度，也要通过产学结合才能推行。因为，学生要获得职业技能，就必须动手操作，而企业能够为他们提供这样的机会。教育部门要通过评估等手段引导和促进学校主动与劳动、人事以及行业、企业的职业技能鉴定机构相结合。如制造类高职人才的培养就一定要让学生真正地动手去做，并且力争在他们毕业的时候，其操作技能达到相应岗位的中级、高级要求。

(3)扎实推进教学基本建设。产学研结合不是口号，关键是切实用好这个途径，扎实推进各项教学基本建设。高等职业教育实施产学研结合，不仅是体制、机制等制度层面的变革，其出发点与归宿都要落到高职高专院校的各项教学基本建设当中去。其中一个很重要的工作就是实习、实训基地建设，基地建设是高等职业教育教学基本建设中非常重要的一个环节。要根据技术应用型灰领人才培养的需要，通过与企业的合作不断更新教学设施和仪器设备，形成教学科研相结合的多功能实验室和实验基地。政府要采取措施在中心城市的高职高专院校和中职中专比较集中的地区，分类创建一批高等职业教育的综合实训基地，实现地区教学资源的共享，担负起地区学生实训、教师培养以及职业技能鉴定的任务。对这项工作，国家教育部门推进一个计划，在全国集中力量建设一批实用的、确实能培养社会急需人才的实训基地，而这些实训基地应该是开放式的，不是每个学校都建，应该共用。比如说一个制造业的数控实训基地建在这所学校，电子实训基地可建在那所学校，实习时两所学校可以互相借用，这样让实验设备能够充分利用。如果能够在全国建100个基地，每周工作6天，每天工作2个小时，就可承担很多的教学任务。但现在一方面学生没有地方实习，另一方面大量的设备空闲着，这就需要有机地把它们组织起来，还是要靠机制来解决问题，即有偿地进行使用。对于实训基地的建设，我们想实行一个计划：在2012年建设100个数控实训基地，这些基地要开放，要有高水平，这就要求我们在建设上更好地规划。

总之，高职教育要努力通过产学研结合，更有效地培养高等应用型人才，为广大企业生产一线的工作现场的职业岗位群输送具有综合职业能力的应用高技能操作与现场管理的人才，来满足社会现代化建设的需要，同时促进高等职业教育质量和效益的提高。

4. 打造灰领与高职办学特色

为社会主义现代化建设事业服务，要求高等职业教育走有特色的办学之路，是体现高等职业教育定位与发展的生命力所在，特色就是战斗力，特色就是竞争力。可以说，失去特色，在某种程度上就会失去存在的价值。在社会主义市场经济条件下，高等教育作为准公共产品，是服务的一种特殊形式，也应讲究“个性化”。建立特色鲜明的高等职业教育人才培养体系，无论从满足社会主义现代化建设对各类人才的需求方面，还是从实现不同类型学生的充分发展方面，都有其必要性与迫切性。

（1）面向经济建设突出专业特点。特别是在专业建设上要适应市场需要，进行调整。上海第二工业大学在专业建设上始终坚持这一做法，该校2003年12月举行的校内招聘会，吸引了来自开发区的200多家企业，他们向该校2400名高职毕业生提供了4000多个可供选择的职业岗位，显示出了其专业教学与改革的强大活力。他们的做法就是将专业与职业紧密地结合起来，通过校企联动了解市场并主动适应市场。在专业设置过程中与用人单位合作，开展充分的调研，不仅看市场的短期需要，更分析市场的变化趋势，了解人才的中、长期需求以及相适应的教学要求，保证专业发展的适应性。

（2）建立优质资源共享机制。我国的教育资源非常有限，必须要实现资源共享。共享的机制要大家来创造，不要搞重复建设，钱要用在刀刃上。当然，许多学校都希望自己有漂亮的实验室，但应把注意力更多地放在培养高质量的学生上去。

（3）变革管理制度和教学运行机制。对于学制，在高职中有许多不同的认识，但要坚定不移地推进这个问题，并在一段时间内到位。造成高职高专定位不清、盲目升格、本科压缩型的原因很多，其中共同的客观因素是3年制。3年制与4年制在学制上很接近，客观上使很多高职高专院校忽略了培养计划和课程体系的改革，而出现“压缩饼干”现象。另外，一些利益因素，使一些学校开始盲目地升本科。根据我国当前的国情以及高职教育的培养目标，应该吸收国外的经验，积极探索高职教育2年制的改革，突出职业教育的特色，彻底打破传统的学科式教育模式，建立具有高职特色培养模式。建立示范性软件职业技术学院和先进制造技术人才培养基地，在技能型灰领紧缺人才领域中开展2年制试点工作，取得经验后逐步推行。由3年制向2年制转换，在学校规模不变的情况下，意味着每年毕业的人数将有所增加，这对就业工作增加了更大的压力，也对我们的教育教学改革提出了更高的要求。如果定位在知识型、技能型、应用型即高技能操作与现场管理的灰领人才的培养上，要尽快在是3年制好还是2年制的问题上统一思想，推进改革。需要特别指出的是，从3年制到2年制不是简单地把课程再压缩一遍，而是从高职院校灰领定位的人才培养模式、课程模式、教学内容和教学方法等各个方面进行深刻的改革。

5. 打造灰领与质量保证体系

当前，整个高等教育正由规模的迅速扩张，逐渐走向以提高教育质量和结构调整为主要任务的发展阶段，要求全面、可持续、健康地发展。所以，高等职业教育即灰领的培养发展也要从注重数量发展、以审批学校为主转变为注重质量、以加强评估和质量监控为主。建立科学规范的高等教育质量保证体系是促进整个高等教育健康发展的重要保障，国家已经决定所有高等学校每五年都要接受一次教学工作评估。

(1)质量体系与评估。通过评估要达到三个目的：一是为各级各类高等学校营造公平的竞争环境。评估的重点将逐步转向引导学校规范管理，树立并强化品牌意识，突出本地或本校的特色，就是建立起高等职业教育也能办成一流的教育水平的意识。所谓一流的教育，至少应包括：先进的办学定位与理念、先进的管理和服务、优质的办学条件、高质量的人才，其中，最主要的标准是能培养出受社会欢迎的高质量人才。一流的教育与学校层次和类型没有直接的关系，每所高职学校都应结合地方和行业的需要，办出水平,办出特色,培养出高质量的人才,以较高的就业率赢得社会的认可和尊重。湖南永州职业技术学院、辽宁农业职业技术学院、贵阳商业高等专科学校、上海电机技术高等专科学校等一大批学校由于定位正确,注重产学合作,办学欣欣向荣,毕业生受到社会的高度认可,就是这方面的典型代表。浙江省、上海市在高等职业教育的发展上坚持高起点准入、高标准建设,坚持以就业为导向,大力推进产学结合加强规范管理,高等职业教育呈现了良好的发展态势,高等职业院校就业率平均达到80%以上,为全国高等职业教育的健康发展提供了有益的经验。二是促进地方政府和学校在发展高等职业教育上实现权利与责任相统一。从全国讲,地方在设置新学校上积极性很高,但是在经费投入和规范化管理上做得不够,就是权利用得比较充分,责任没有完全落实。《国务院关于大力推进职业教育与发展的决定》中明确规定:"各级人民政府要加大对职业教育的经费投入、各级人民政府要制定本地区职业学校平均经费标准,并依法督促各类职业学校举办者足额提供职业教育经费。"通过评估,国家要把某一地区高职高专院校的办学水平,特别是毕业生就业情况与当地院校设置挂钩,以解决一些地方的学校举办者在高等职业教育办学上权利与责任不统一的问题,促进投入,规范管理,提高质量。三是起到社会监督和整合教育资源的作用。举办高等职业教育的学校除了独立设置的高职高专院校外,还有本科学校、部分成人高校以及一些中职学校,有一部分学校特别是中职学校和部分成人高校办学条件差,管理不规范,影响了培养质量。目前高等职业教育的整体就业率不高的一个重要原因是这几部分学校的毕业生质量不高,拉了整个高等职业教育的后腿。事实上,这种现象也影响了高职社会的认可度。国家已出台了相关政策,加强规范管理,整合教育资源,建立规范的高等职业教育的准入制度和淘汰制度,对办学条件差或名不副实的学校要收回他们举办高等职业教育的权利。今后,中职学校一律不得办高职,高职学校也不要办本科,以避免教育资源的浪费,维护高等职业教育的社会形象。

评估的标准是全面按照党的教育方针,为社会主义现代化建设事业服务,为人民服务,与生产劳动和社会实践相结合,培养全面发展的社会主义事业接班人和建设者。所以，高职评估说到底是能不能培养急需的灰领人才，能不能就业，就业之后表现好不好，这与我们培养过程中的专业设置、培养模式、课程体系、培养内容、培养方法以及实践教学基地建设、实践能力的培养都紧密相关。我们要注重这些内容的评估，千万不要把过去的一整套拿来，片面强调英语、数学、物理等。高等职业教育定位灰领要面向市场，面向经济，面向社会，走产学结合的道路，这是高职健康发展的必由之路。高等职业教育是一个朝阳事业，随着我国经济和社会的发展，高等职业教育将会显示出勃勃生机。

二、灰领阶层的社会影响与高职教育的要求

1. 灰领问题提出的背景

社会学者告诉我们目前国内最稀缺的高技能操作与现场专业管理阶层——高智能、高技术的技术工人和管理者。这类掌握较高的现代科学知识又具有较高操作技能的复合型职业技能人才，也正是目前备受关注的一个阶层，这个阶层也是被各大媒体热炒的词汇“灰领”。有一大批发展中的大小企业需要他们就如龟裂的土地需要甘洌的清泉一样。当前信息化和数字化的浪潮，给产业结构调整和产业技术升级带来了革命性的冲击。一方面，传统产业与数字化相结合，出现了一些知识含量、技术含量较高的新职业，如与“核心制造业”相关的数字化设计人员、数控机床操作人员等；另一方面，知识经济催生了以“高新技术”和“文化内涵”为特征的新兴产业和创意产业，如动漫制作、广告设计等。新兴的职业不断出现，原有职业出现了调整和转化，出现了许多要求劳动者既具有理论和专业知识，又具有很强的动手能力的岗位，这就造成了“灰领”产生的契机。从某种意义上来说，是城市的发展孕育了“灰领”。之所以将灰领人才作为一个类别提出来，是因为现代制造业正大步走向信息化，电脑、网络已与现代制造密不可分，传统意义上的蓝领无法适应制造技术的新需要。传统的技术人员工作的环境比较糟糕，同时工作基本上都是靠双手去做。但现在发生了巨大的变化，不仅工

作的环境清洁、明亮，更重要的是工作已经逐渐以电脑等现代化设备代替双手。不过，这也对高级技术人员的能力提出了更高的要求，不仅仅是掌握一门单一的手艺，更重要的是在情况复杂的设计方案的前提下，能根据实际情况进行设计和创新，以最佳方式将设计方案付诸实施，为公司创造出最大的经济效益。因此，高级技术人员的工作是集脑力和体力于一体的复杂劳动，其被称作"灰领"。记者、医生，以杨利伟为代表的航天员等，根据本书灰领的定义，都属于灰领。

2. 国内外专家观点综述

如前所述"Gray Collar"（灰领）在美国，原指负责维修电器、上下水道、机械的技术工人，他们多穿灰色的制服工作，因而得名。人们把高级管理人才叫做白领，把产业工人叫做蓝领，而把技师——技术工人叫做灰领。国际劳工组织就业战略司司长邓肯·科林·坎贝尔，2003 年底曾参加了以"灰领职业与经济发展"为主题的"首届上海市职业培训国际论坛"，他认为，作为知识劳动者群体，国际上"灰领"的基本特征有：85% 的"灰领"掌握信息技术；77% 的"灰领"没有固定办公场所；80% 的"灰领"习惯团队合作；75% 的"灰领"自己决定做什么。我们所说的"灰领"，就是指具有较高的知识层次、较强的创新能力、掌握熟练的心智技能的新兴的技能操作与现场管理人才。简单来讲，就是既能动脑又能动手的复合型人才。根据工作的行业和工作性质，"灰领"可以理解为在制造企业生产一线从事高技能操作、设计或生产管理以及在服务业提供创造性服务的专门技能人员。2003 年 12 月，上海市劳动和社会保障局推出了第一批 25 个"灰领"职业，它们分别是动漫设计技术、游戏制作员、IT 程序员、模具设计员、数控编程技术、广告设计员、IC 版图设计员、内雕设计员、现代工艺美术设计、工业产品设计制作、包装设计制作员、首饰设计制作员、色彩搭配技术、会展设计员、机械测量技术、服装制板师、服装设计师、立库管理技术、视频处理技术、多媒体制作员、动作捕捉技术、数字音乐制作员、智能楼宇布线员、信息防御员和印前设计员。本书前节所述劳动部职业大典中，也有相当一部分岗位属于灰领。以上海为例，随着上海产业结构的进一步调整和产业结构的不断提升，新兴职业也将继续涌现，同时“灰领”职业也将不断得到充实。美国经济学家罗伯特·赖克在《国家的作用》一书中指出：“灰领”、“白领”和“蓝领”构成了职业人群中三个不同的群体。形象地说，“灰领”、“白领”和“蓝领”并不处于同一条直线上，而“灰领”也并非介于“白领”与“蓝领”之间，不是“蓝领”向“白领”的过渡阶层，更不是两者的平均值，三者是一个等边三角形的三个点，没有谁比谁高之分。“灰领”具有“蓝领”和“白领”的共同特征，是一个有独立的智能结构、职业特征的人才类型。今后职业的分布将呈现菱形结构，中间最庞大的部分是“灰领”队伍，两头是“蓝领”和“白领”阶层。

也就是说，“白领”和“蓝领”的比例会逐渐降低，灰领将越来越壮大，成为社会的主要群体。这样的结构趋势将直接指导我们的教育体系、职业体系，引导社会求职取向。有关人士认为，“灰领”说法的意义在于：它打破了城市与农村、办公室与车间之间的“身份”障碍，重在用“岗位”和“才能”划分城市人群。某些专业人士不赞同拿“灰领”与人才类型匹配。

“灰领”应该指高新行业的技术人才。如果“能工巧匠”被纳入“人才”范围，这预示着一种“大人才观”的形成，即个人无论学历、职称高低，只要为社会作出贡献就是“人才”。上海市有关人士的说法是，“灰领”是指具有较高的知识层次、较强的创新能力、掌握熟练技能的人才。事实上与本书的概念——既能动脑又能动手的复合型技能人才意思相近。根据工作的行业和工作性质，“灰领”可以理解为在制造企业生产一线从事高技能操作、设计或生产管理以及在服务业提供创造性服务的专门技能人员。中国就业培训技术指导中心主任、劳动和社会保障部职业技能鉴定中心主任陈宇说，如果我们把决策层（上层）叫做白领，把操作层（下层）叫做蓝领，那么，把两者之间的中间层叫做灰领，也是顺理成章的事情。从英文看，Grey 这个词本身就有介于两者之间的意思。

3. 灰领阶层的内涵及特征

本书提示灰领阶层的内涵及特征。其实灰领阶层有广义和狭义之分，中国的灰领阶层是对西方“白领”、“蓝领”阶层的对称，是对中国现场管理与专业技能运行人员的地位作用及其职能进行长期研究实践所得出的客观的、符合中国特色社会主义理论的结论。在社会主义市场经济条件下的现场管理与专业技能人员既不是单纯的“白领”,也不是单纯的“蓝领”,而是介乎于二者中间的灰领阶层。对中国现代从事管理和操作,具有管理专业技能,又有操作技能,在企事业单位现场、政府社区基础层次从事生产经营活动的专业技能人员划分成截然不同的“白领”与“蓝领”,这显然存在缺陷,从价值观念上看不符合我国国情,在实践上更不利于缩小脑力劳动与体力劳动的差别。就是在西方国家的企业里随着高科技、高技术的发展,管理与操作、动手与动脑、一线与二线的界限也越来越模糊,对专业管理及技能操作人员简单地以“白领”与“蓝领”划分的缺陷是十分明显的。从灰领阶层界定的依据来说,首先,随着劳动、工资、人事制度的改革,管理专业干部实行聘任制,而且是竞争上岗、动态管理,今天的“白领”,明天根据需要可以变为“蓝领”。这样,对于管理技术人员从整个工作区间很难区别谁是制度上的“白领”,谁是制度上的“蓝领”,而是属于“白领”与“蓝领”动态融合的灰领性质。其次,从现场工作性质上来看,生产一线的工程、质量、工艺、设备、安全、环保等技术人员多数时间及大部分工作是在现场处理问题,他们具有极强的动手操作能力,这是我国企业技术人员与西方“白领”的显著区别。就是从事计划、统计、核算、财务、劳资、材料、行政的现场经营管理人员,他们也有相当的时间在生产现场从事管理工作,不存在单纯的办公室内的“图上作业”和“纸上谈兵”。这样,把他们定义为灰领阶层就更为确切。再次,从他们承担工作的形式来看,企业现场的生产专业管理大部分由岗位工人兼任,这部分管理人员是“既工又干”的兼职人员,他们只是部分时间或业余时间从事管理。他们集“白领”与“蓝领”于一身,实质上是“灰领”。

4. 中国灰领和知识经济

灰领职业是与知识经济社会的发展相伴而生的,现在,11 类灰领代表职业已经在天津出现,并引领着天津市职业发展趋势。历史已经告诉我们:知识劳动的敌人不是“非知识劳动”,而是“反知识劳动”。可以这样说,劳动之船,如果没有知识压舱,任何风暴都可能将其打翻。而未来也告诉我们:今后竞争的主导力量,必定是知识劳动者。以著名经济学家、工程院院士徐寿波教授为代表的许多经济学家预言，具有较高的理论知识水平和较高的操作技能水平，动手动脑相对平衡的复合型人才——“灰领”将成为知识劳动社会的主力军。以后白领、蓝领和灰领的比例将成椭圆的橄榄形状，中间的灰领会越来越多，两头白领和蓝领会逐渐减少，这就是结构优化的“正态分布”。

“知识经济”社会是以知识产业为核心的社会，而知识产业以各种尖端技术产业、信息产业、文化产业（包括创意产业）以及高技能服务业（专业知识提供型的服务产业）为代表。新生的“灰领”主要集中在新产业、新职业。创意产业和核心制造业是今后产业发展的核心，而支撑这个核心的必定是“灰领”阶层。有人说，在农业社会里，位于社会中心的是“绿领阶层”，工业社会里是“蓝领阶层”，在20世纪的工业化社会里，则是“白领阶层”，而21世纪“灰领”将成为“知识经济”社会的主力军。

5. 灰领的发展趋势与对高职教育的影响

（1）灰领的发展趋势。对不少人来讲，蓝领时代已经是很久远的过去了，而灰领时代的到来，意味着新的时代的来临。

我们不妨来看一些数据：深圳一家企业以6000元/月的薪酬未能如愿找到高级钳工；浙江一家企业用年薪70万元从日本请来一名高级技工；而2002年上海市需求高级职业技能人员1.38万人，供给却只有3800人。现在，不少企业是“有米”难寻“巧妇”。企业梦寐以求的“巧妇”就是高级技术人员，不管多么先进的设计和设备，没有手艺高超的技术人员去实施都是“一纸空想”。据专家预测，中国正在成为继英国、美国、日本之后的下一个世界制造业中心。然而，有“米”无“巧妇”，是中国制造业的尴尬！我国目前技能人才严重缺乏，特别是高级技工和技师等高级技能型人才更是短缺。全国高级技工人数只占技工总数的3.5%，与发达国家占40%的比例相差甚远。近来，许多企业管理人和专家学者频频发出一个声音：中国制造业正在急切地需要突破瓶颈：“灰领”人才短缺！不仅是钢铁业，各个行业中都存在着灰领人才短缺的现象，直接影响了我国工业在现代化技术方面的吸收，影响了我国企业对高技术附加值产品的生产和企业正常的生产，严重影响了我国打击假冒伪劣产品的工作。综合起来,灰领人才的短缺危机有可能严重影响到我国经济持续健康发展。可以用“人才危机”来形容“灰领”人才缺乏的程度。而且因为稀缺所以人才的市场流动非常快,往往在一个公司里,跳槽最快、最频繁的就是这个公司的具有高知识、高技术的产业工人。

有需要必然会产生新生的力量,很显然,在市场经济的大潮中,已经出现了英雄式的“灰领”弄潮儿——机械工人许振超。他坚信“知识改变命运、岗位成就事业”,立志“当不了科学家,也要争当一名优秀工人”,刻苦学习,锐意进取,自学成才,攻克了许多技术难关,熟练掌握了桥吊驾驶、维修技术和港口装卸管理知识,成为一名工程师和“有突出贡献的工人技师”。他坚持“不论干什么,干就干一流,争就争第一,拼命也要创名牌,为企业增效,为国家争光”,带领桥吊队先后两次创造了世界领先的桥吊装卸纪录,为我国集装箱运输的发展做出了突出贡献。山东省宣传部认为“许振超同志是新时期产业工人的优秀代表,是我们各行各业广大干部职工学习的榜样”。此外,还有诸如李斌等类似于许振超的优秀、有知识的工人存在于目前中国社会的现代化人潮中,时势造就英雄,时代需要英雄。

(2)灰领的职业前景。灰领和白领,他们之间究竟有什么区别,到底谁将是新时代的弄潮儿呢?EDS 亚太区总裁路翰的话解答了疑问,他曾经说过:20 世纪初,欧美社会的就业结构是一个非常尖的金子塔,一小部分人是白领精英,他们控制着下面“卖苦力”的广大蓝领阶层。白领和蓝领之间的隔板非常厚,很难跨越。而现在却不同。随着技术的发展,很多蓝领的工作已经被机器代替。此时就需要有一批人——他们能改进流程,掌握技术,同时动手操作,这就是灰领。这样人们就看到,这个“金字塔”扁平化了。同时,灰领的社会流动性比较强。蓝领可以变成灰领,灰领也可以变成白领。这个架构,对很多人来说是更有希望了。具体说,在企业中,白领的任务是确定“WHAT”,决定公司要做什么——他要知道客户的需求,制定这个公司的业务内容、发展方向;蓝领则是解决“DO”的问题——要动手去“做”,去实施。而灰领呢?这些设计师、分析师、生产制造规划员、市场营销人员、客户关系管理员、维修专家、质量控制专家等专业人员,他们的职责是决定

"HOW"——如何去做,如何去满足客户的需求。但是,笔者认为,就目前的状况来看,在中国,灰领阶层无论从知识、技能、对社会的贡献、社会对他们的需求度,还是从收入水平和消费上来说,均不亚于白领。灰领阶层的社会地位应该与白领平等,白领阶层和灰领阶层只是社会的不同阶层,应该是分类不同,而无传统意义上的等级差别。如果说,学历可以说明问题,那么在灰领中不乏高学历者,比如在IT业中,大量的博士、硕士从事的是软件设计或者网络管理工作。白领中也不乏低学历者,不少公司的文职只有大专学历。所以单从学历上来讲两者不分上下。假如从收入水平来讲,目前大部分灰领阶层的收入和消费远远超过白领阶层。诸多灰领职业富有时代气息,充满挑战性,有许多灰领的月收入超过了中层管理人员。所以,我们应该认识到灰领的价值,给予应有的尊重和待遇,这样才有利于事业的发展。不过,目前"灰领"阶层被各界广泛地关注,一些专家学者也多次将"灰领"阶层的社会问题纳入自己的研究范畴,这恰恰也是在现代社会需求下的一种改变。这也正说明了整个社会正在转型,正在由"学历"社会转向"资格"社会。也就是说,在将来,决定社会地位和职业待遇的将不再是学历的高低,而是取得的职业资格的高低。这样的社会转型不仅更加务实,而且就目前来讲,将解决很大一个问题,那就是就业的问题。

目前我国的就业形势比较严峻,"一方面由于人口过多,就业总量过剩,出现供大于求的现状;另一方面是就业结构失调,结构性失业比较突出"。所以需要大量人才分流充入"灰领"阶层。一部分的蓝领产业工人需要重新培训或者学习,掌握更高的技术,以满足"灰领"阶层的大量需求;另一方面,一些原本拥有高知识、高技能的人才,需要从白领阶层中分流出来,也充入到"灰领"阶层。这样,结构性的失业必将得到改善。而当"灰领"阶层被大部分人所接受,并且确实意识到这个职业的重要性以及从事这个职业待遇丰厚的时候,大量的人才将从千军万马过独木桥——考大学中解脱出来,努力地掌握好一种技能,争取成为一名高智能的灰领。这一个阶层的崛起,恰恰是中国这个制造业大国现代化进程中的必经之路。但是,要成为一名灰领也不是一件容易的事,专家认为,假如一个蓝领只是初中毕业,那么从蓝领变成灰领的这个过程需要20年,如果先读了中专或者高职再进制造类型的企业,那么这个过程虽然会缩短但也需要专业的培训。而环球培训师们认为:要成为“灰领”并不是要求什么都会做,而是要求在自己的领域至少是全亚洲一流。所以,更为重要的是提高自身的素质。而对于一般的蓝领工人来说,学会技术比较容易,但提高个人的素质则很难。这个素质,包括整个团队组合的水准、所具有的职业精神和互相合作的精神。所以,从蓝领到灰领这个过程是比较难的,甚至需要有一定程度上的飞跃。但是,在中国现代化的过程中,灰领队伍的崛起和壮大将是必然的。

(3)灰领发展对高职教育要求。认识到灰领发展趋势与前景的中国人,早就开始着力培养壮大中国的“有知识的工人”阶层。怎样造就“灰领”,这必将引申出对另一个领域的思考,那就是高等职业教育。“灰领”要求大学生进车间,“灰领”概念在向中国本科教育提出挑战,它要求大学生在读书期间就走进车间,站到机床第一线,在实际操作中运用从书本上学到的各种知识。大学教育应该呈螺旋型,它应该具备一个可延续的发展,所培养的应该是有较强理论基础,有爆发力的人才。而我国高等职业教育在近两年来也获得迅猛发展,这将为中国灰领阶层的壮大打下坚实的基础。加入WTO之后,中国将成为全球制造业的中心之一,职业资格证书较学历证书更能适应市场需要。为此,上海将在在读大专以上学生中通过推行“双证书”——学历证书和职业资格证书并重,提高其动手能力和职业素质。为适应“灰领”人才的培养目标,2004年上海市职业培训工作要以数字制造业和创意产业等新兴产业作为职业培训的主攻方向,2004和2005两年,上海建立10多个市、区级公共实训基地加快培训“灰领”人才的步伐,2005年,使上海的高级职业技能人才占到技术性从业人员的15%左右。按照这样的发展趋势,“灰领”将成为新生代上海人发展的方向,尤其是大学生就业的主流。这些改变不仅出现在教育界,有相关媒体报道有不少公司将其有关部门平时积累的教案整理成企业内部系列培训教材,制定了进阶教育课程进行培训;同时,建立各岗位的证照制度,使员工都能持证上岗;要求外来员工做到一专多能。这种进阶培训与专业岗位技能考核的方式,使“灰领”阶层脱颖而出。

《中国灰领》及其再版，并以此为基础撰写指导大学生就业成才的丛书，和现场作业管理培训教材立足于WTO这一背景，吸收“人本管理、企业再造、学习型组织、知识产权、信息社会、管理信息化、计算机辅助决策、互联网技术、电子商务、知识经济”等领域的最新研究成果，结合党中央国务院关于高职教育的决策，将对中国灰领阶层的内涵表述得更为深刻，必将对灰领阶层的概念及理论产生更为深远的影响，进而对中国灰领阶层这一领域人力资源的开发产生重要的作用，为高职教育定位于灰领阶层奠定坚实的科学理论基础。

三、发达国家就业能力教育——以英国为例

当代发达国家视教育的要点是进行就业能力教育。以英国为例，英国教育就业部(DFEE)在社会经济发展中充当重要角色。

1995年，当英国教育部和人事部宣布合并时，笔者想这个消息肯定让人们大吃一惊，甚至连当时的国务大臣也不例外。许多人都心存疑虑，不知道这样一种联姻以何种事实为根据，并纷纷揣测这段“婚姻”将在几个月后结束。虽然培训项目之间的相互重叠是显而易见的，但是由于经济社会对更高水平技能的需求越来越强，让一个部门对经济供应承担某项主要责任的做法还是有其理论依据的，而且这一理论依据在过去几年里不断演变，并且不断得到强化。但由一个部门来行使以前多个部门承担的责任真的能起作用吗？答案是肯定的——在新知识经济时代，这确实有用。政府所充当的角色以及教育就业部如何工作才能满足新经济需要，为促进国家繁荣昌盛而进行供给性投资。教育政策如何才能融入到这种体制当中来，以及新型(和已有的)职业教育课程——如此经常地被院校、政客和媒体忽视——如何才能增加个人的就业机会和促进经济增长。正是由于教育部与人事部的合并，才使得这种机会成为可能。当然，还存在许多可供选择的政府机构配置，但是，一个根据承诺而不是依靠旧式粗暴干涉来采取行动的政府能够把握并利用目前的结构，从而采用一种激进的、全新的、综合性的方法。首先

确保我们政策的一致性和协调性，涉及成人技能培训和培训政策的关键问题和经济方面的因素，如何才能将所制订的一个综合的投资议程付诸实施，并使之最终转化成劳动市场的效率。

1. 技能投资促进经济增长

英国政府正日益为对经济供应进行投资。在20世纪中期，凯恩斯传统经济学说认为政府应该增加在那些传统行业——煤炭业、钢铁业、船舶制造业的投资，因为这有助于增加国家的财富、增加社会的就业机会。但是，我们的经济是在不断发生变化的，而且变化得非常快。今天，它的社会基础是知识、创意、创造性以及将它们转化为货物和产品的能力。目前政府所面临的需要是为社会提供一种更高水平的技能基础，从而更好地为个人提出各种想法、进行各种设计以及制造各种产品等活动服务。在各级学校、大专院校和大学里，以及在对失业人员和穷人进行培训时，我们的任务就是为个人和整个国家提供各种技能以及各种创造性的、爱追根究底的思想，它们在新世纪里将推动我们经济的发展。而这项工作既与教育政策有关，也与就业政策有关，在知识经济中，这两者是不可分的。政府所充当的这种新角色还必须进一步加以宣传或者使之完全融入到经济思想当中去。从战后政策的转变到刺激需求性政策，与许多其他西方国家一样，英国迅速而坚决地转移到一个信奉自由主义的自由市场经济思想的年代。这种思想在20世纪的最后20年间一直处于主流地位。但是，导致撒切尔主义出台的哈耶克和弗里德曼的经典自由主义学说并不是简单地强调最小化政府行为。因为最小化政府行为的提法直接导致了政府行为天生就是有损公众福利的这样一种不恰当的政治论调。

2. 国家调控就业能力的教育与投资

如果想使整个社会显得更具公平性和凝聚力，经济生产和交换的新模式不允许我们转向需求学派式的凯恩斯主义。但在急于证明自己的现代性时，我们不应该抛弃凯恩斯的一个核心原则：无论政府对哪些行业进行投资，它必须能够提高需求并促进经济增长。我们理解供给性投资能够刺激需求，而供给性投资可以采用以下两种方式：一是对诸如信息和通信技术等见效快的尖端技术部门进行投资；二是只是简单地通过为人们提供必要的技能培训和教育以满足不断增长的市场需求，从而在实际上扩大地方和全国的经济活动这样一种方式来进行投资。这种供给性投资在很大程度上属于后凯恩斯主义的范畴，但其原理仍然是投资促进经济增长。

在英国，国家的教师和学校投资，是对穷人提供帮助以及提高他们劳动力的技能水平的场所。这种投资会使相关的个人长期受益，并且能使整个经济在将来表现得更好。正是这种投资的存在，才能提高人们的生产力，增加人们的工资，并且因此提高整个经济的产出水平，以及在整个经济中创造更多的需求。它还能够启动并保持经济繁荣与增加经济活动之间的一种良性循环。最为重要的是，这种后凯恩斯主义的方式在实现经济良性循环的同时，能够使经济保持长期平稳的发展，从而起到一种防止经济繁荣与萧条交替出现的保护作用。而经济的繁荣与萧条交替出现是自由市场主义者们无法解释的。英国专家评价说："曾被认为是凯恩斯主义的相关抉择政策试图通过利用宏观经济杠杆来对付高失业率和低增长现象，但是凯恩斯认为该方法更适合于大萧条经济，该经济中人们对经济恢复活力的信心十分低。其错误尤其在于试图普遍使用这种方法来治理具有通货膨胀倾向的经济，因为此时问题不在于缺乏需求——凯恩斯的特例——而在于生产力水平低下，投资水平不足，劳动力市场尚待改革以及英国政府一直以来普遍存在的短期性行为问题。"

在任何政府下，财政部在经济中所扮演的角色都是最重要的。制订宏观经济政策以及确定公共性投资的对象和目标，这些都是其责无旁贷的职能。然而，英国强调教育就业部（DFEE）在经济持续稳定增长这一过程中扮演着重要经济角色。当然，其他部门也行使经济职能，包括 DTI（贸易工业部）——高效的产品市场和服务市场的护卫者；DETR（环境、交通及区域部）——认为基础设施对现代社会非常重要；以及 DSS（社会保险部）——在福利问题上与 DFEE 合作，制订相关的劳工政策。卫生部在保护劳动力的健康方面也起着很重要的作用——事实上，它的一项重要职能就是与企业和其他部门合作来处理由低劣的或者根本就没有的职业卫生服务所引起的生产力浪费和生产力低下等问题。

3. 规范政府对能力教育的投资行为

在许多情况下,政府行为和投资能够采取切实可行的形式。政府如果承诺推动经济的快速变化,并提供必需的制度保障来应付全球化所带来的具有挑战性的转变,那么它就必须采取各种方法来提高市场活力并使市场达到平衡。而且如果要想使其计划有成功的希望,政府就必须与企业、工会以及个人建立起良好的伙伴关系。由于以投资来增强我们的经济实力必须是一种集体性的努力,所以 DFEE 在经济中所起的作用非常重要,但又尚未得到充分的发挥。如果认为 DFEE 的工作仅限于为人们提供各种资格和工作,那么这一点尚可以谅解,但如果稍微考察一下 DFEE 所承担的各种责任(因实施新政而新增的 5 亿英镑的国民收入,以及因劳动力市场对效率和技能提出更高的要求对货币政策委员会所作决策及对整个国家宏观经济前景造成的影响)的话,情况就不同了。

DFEE 的特殊重要性来源于它有责任确保英国存在一个功能齐全的劳动力市场。而这正是我们划分公民与政府的不同经济职能的依据,这是一种权利和责任的关系,其目的是确保经济是有效率的并且对每个人来说都是公平的。而这种关系在以前之所以未得到充分的发挥,源于政府的历史机制以及许多年来就业政策和教育政策脱钩的事实。正如玛丽沃勒克在 1979 年指出:将教育与效用目标脱钩,以及使教育和职业道德分离的做法不能再获得支持。在随后的十年间,她的观点得到清楚的证明。由于教育部和人事部的合并,教育政策与就业政策的这种协同作用,无论是在全国范围内还是在国际上都获得更清楚的理解,这种协同作用对英国经济获得在全球市场的竞争力是非常重要的。

4. 判定政府对能力投资的配套政策

教育政策和就业政策持续进行综合和保持一致是很重要的,它使我们能够欣然面对雇主们现在和将来对劳动技能的要求。新成立的学习与技能委员会无疑认识到了这一点,它最先提出了将教育与技能培训相结合的做法,并建立了一个单一的计划与融资体系——认识到将学习与就业联结起来的重要性。它还表明，在学校里除了发展学院式技能以外，接受职业教育也是很重要的一点。在现代知识经济中，我们必须认识到两种形式教育的价值，培养企业家气质以及掌握所有与之相关的知识。

我们目前所拥有的体制允许我们制定那些政策，它们不仅使个人成为能在社会中稳定立足的积极参与型公民，并且能够始终保持这种状态，还能使他们获得继续就业的机会。从更长远的角度来看，这不仅只是意味着工作的机会，对那些充分利用这种高质量的、重点突出的教育体制所带来的收益的人来说，这还意味着报酬更高、个人满足程度更高的就业机会。这就是DFEE的任务，而其任务的完成部分依赖于我们的年轻人所能获得的最好的启蒙教育和提高能力的专业技能教育。

5. 以能力教育为基础的职业资格制度

(1)英国国家职业资格制度。在英国，职业资格是能力教育的重要组成部分，整个职业教育和职业培训依靠证书与考试制度而开展。长期以来，各种证书主导了英国的职业教育与培训，并且有600多家的考试机构提供6000多种证书，这造成了雇主和学员使用上的极大不便。为整顿当时零乱的证书并使职业教育与培训规范化，1985年，英国政府委托主导工业机构(Lead Industry Bodies，LIBs)开展研究，界定了国家统一的职业资格的内涵，并于1986年斥资设立国家职业资格委员会(National Council of Vocational Qualifications，NCVQ)，专门负责制定国家职业资格标准以及国家职业资格的认定。

(2)“国家职业资格”的特点简单来说，“国家职业资格”就是一种能体现能力的在全国得到承认的职业资格，经由授予机构颁发给个人，提供就业或继续学习的凭据。它主要具有以下特点：

第一，“国家职业资格”是一种以能力为基础的资格认定，每一张“国家职业资格”皆是一项“能力说明”，它由主要职能、能力单元、能力要素以及操作上的具体要求和范围等构成。以中层管理标准为例，该标准中，主要职能包括营运管理、财务管理、人力管理和资讯管理；能力单元包括改善和维持工作，预算与监控资源运用，招聘培训使用和激励员工，创造维持与加强有效工作关系和信息收集运用等 10 个能力单元：而各能力单元又包括 2 至 5 个能力要素，如财务管理中的第一能力单元包括控制成本，提高价值和根据财务预算监察、控制各项活动的能力要素；各能力要素下的具体操作说明又有若干条；范围说明详述各式各样的情况，包括从工作地点、职业状况或设备来说明能力的应用范围。

第二，“国家职业资格”强调在“干中学”。一个人要学习某种职业知识和技能，可以根据自身现有工作实际情况，设计若干改善实际工作的项目，然后，在考评员的亲自指导下，按照职业的国家资格标准来实施这些项目。当项目完成后，职业能力和知识的学习过程也就完成了。如企业人力资源部经理为了提高职业技能，可以用“创建人力资源管理系统”为学习项目，并对照英国的中层管理的行为标准来实施该项目，最终达到熟练掌握作为中层管理者所必须具备的能力和知识。

第三，“国家职业资格”与传统证书最大的不同之处在于它是建立在学习的实际工作效果评定上的，不再限于书面的纸笔测验，而是一个搜集证据，并判断证据是否符合操作标准的过程。一般结合以下几种方法的多重评定方式来证明个人是否足以达到职业的能力要求：一是评定者在工作场所观察受评定者的实际工作表现。二是在模拟的情境中，对受评定者进行能力测试、技能测试和熟练度测试。当然，此模拟的情境应尽可能反映真实的工作条件。三是搜集辅助性证据。这是判断在某种情境中能按标准操作的人，能否将其技能转移到其他情境中。主要以通过口头提问、开卷笔试、多项选择等方式来检查受评定者是否理解工作的一般原理，并迁移至其他情境以充分应用的工作能力。

第四，搜集有关以往学习成效的证据。以往学习成效可以有多种形式，包括设计方案、实际产品、文献报告，以及经认可的成绩证明等，这些也可补充证明个人职业能力。

6. 中国高职教学模式存在的主要问题

十多年来，中国的高职教育尽管有了长足的发展，但存在的问题也较多。最突出的问题是大部分的高职教学模式仍然没有摆脱普通高校的教学模式。具体表现在以下几方面：

(1)从教学课程的设计和安排来看，仍然是"三段式"，即第一学年是公共课，第二学年是专业基础课，第三学年是专业课。这种模式的最大弊端是它的学术性和理论性课程比例仍然较高。真正的职业技能学习只占1/3时间，而且这种时间难以保证。这主要由于真正的技能课和实践课往往放在第三学年，而这一学年由于高职大专生就业的严峻形势，学生容易分心。再加上难有理想的实习和实操场地，往往使得最后一学期的实习时间成为学生跑工作的时间。

(2)从教学方法来看，"学生排排座，教师满堂灌"的现象并没有从根本上得到改变。这种仍然以教师为主导的教学方式，难以真正发挥学生学习的主动性、积极性、创新性和实践性。

(3)从考核方式来看，笔试仍是主要形式。这种方式难以正确评价一个学生的职业技能水平。更主要的问题是，它为学生提供了错误的行为观念，即死记硬背知识仍是学习最重要的东西。

(4)从技能训练来看，由于我国职业标准在规范性、系统性和科学性等方面存在着一定问题，技能实操环境建立的高投入、高成本，以及高职院校与企业联系不密切(本质而言，由于条件制约，高职院校与企业很难紧密联系)，现行的高职技能训练无法真正到位。

7. 英国职业资格制度对中国高职教学模式改革的启示

从上可知，中国高职教育面临着困境。目前在读大专高职学生参加本科自学考试的人数不断增多，这一方面反映了就业市场对高学历学生的青睐；另一方面反映了我们的高职教育特色不足，从而大大影响在读学生的学习兴趣和热情以及就业市场的竞争力。从目前毕业的高职学生来看，高职学生有成为"四不像"的倾向，不像高职生、不像普高生、不像成高生，也不像自考生。为了使高职学生有特色和有良好的就业市场，必须借鉴英国职业资格制度来改革我国现有的高职教学模式。

(1)以职业能力为基础设计职业标准，并以职业标准为蓝本建立教学计划，编写教学大纲和教材。彻底打破传统的以知识为基础的课程设计模式。

以高职电子商务专业为例，目前，国家已经制定了《电子商务国家职业标准》，明确了作为电子商务职业的活动范围、工作内容、技能要求和知识水平。那么，作为高职电子商务的教学计划就必须以此为基础进行设计。教材可以根据电子商务的能力模块，包括网站建立、网络营销、物流配送、网站管理等为主线进行编写，相关知识以辅助材料的形式进行编写。

(2)以职业标准为考核的标准，以学习的实际综合成果为评分的主要依据。职业课程大部分都是实操性很强，结果很有形的课程。通过对实际成果进行考核能更有效地检查学生是否达到职业标准的要求。如网页制作、网站设计和网络营销等课程完全可以通过实际表现和成果来考核学生在这些方面的能力。为了实现这一点，可以要求学生设计若干项目并加以实施，而且这些项目的完成可以视作学生达到了国家电子商务职业能力的要求。

(3)组建6~8人的学习团队，打破原有的学习组织形式。长期以来，上课学习是以班级为组织形式，课下学习以学生单个个体为组织形式。这种学习组织模式的最大弊端是它无法真正实现因材施教和个性化教育，同时又不利于学生合作能力、团队精神的培养。对高职教育来说，以6~8人的学习团队形式作为第三种学习的组织形式是很有必要而且是有效的。这种团队在课上可作为讨论小组，在课下可作为互帮小组，在实习和实操时可作为项目实施小组。

四、高等职业教育的灰领定位和特征

综上所述，结合我国国情并借鉴发达国家经验，我国高职教育定位于灰领即技术实施型教育是有其理论基础和实践依据的。

1. 高等职业教育是技术实施型教育

高等教育由于教育目标和要求的不同可分为三种类型。

(1)研究探索型教育。以自然科学或技术科学知识为主导框架，其他知识作为辅助的教育，培养高层次人才，它相应的能力标准是研究探索能力；这类教育的关键在于使用存量知识中的理论与方法去探究未知领域或提出新的理论和方法，去发展知识。从教育时间上可划分为四年本科和四年以上的研究生教育。

(2)工程开发型教育。以工程开发技术知识为主导框架，其他知识作为基础和辅助的教育，培养工程开发型人才，它相应的能力标准是开发能力；这类教育的关键在于能否使用存量知识中的理论与方法，以自然科学与技术科学的研究成果，用工程技术去开发新产品、新技术、新材料等，或去完成预定的工程项目和技术项目。从教育时间上可划分为四年本科和四年以上的研究生教育。

(3)技术实施型教育。以实施技术知识为主导框架，其他知识作为基础和辅助的教育，培养为实施过程提供技术保障和技术支持、最终完成项目的人才；这类教育的关键在于能否使用存量知识中的理论与方法，完成工程开发后的实施，从教育时间上可划分三年或两年，特别要强调两年制高职高考。

在知识经济即将来临的新时期，高新技术产业迅速发展，大量引进的设备和技术需要人去使用和掌握，这就需要大量具有鲜明特色的技术实施型人才。在我国高等教育的发展过程中，技术实施教育将占较大的比重。高等职业教育应明确定位在技术实施型教育的类型，即打造培养灰领并办出自己的特色。

2. 高职教育实施技术与知识的主导框架

技术实施型教育体系是以实施技术作为其知识的主导框架，其他知识作为基础和辅助而存在。实施技术是独立的知识体系，其研究对象是工程开发后为实现开发成果提供技术保障和技术支持，面向实施层面的知识体系。例如：构建实施过程中的各种要素，并对其进行分析和优化；实施过程中各类参数的检测、分析、比较和确定；对不同对象所设置的不同技术方案的分析、比较和选择；实施过程中的质量分析和控制；实施系统的性能分析与调整；实施系统运行状态、效率的监控；各种控制手段的应用和调整；实施过程中各种技术运行前的准备和协调；大型工程软件的使用和运行状态分析；影响实施过程中目标实现的有害因素分析、排除和预案的制订；市场变动因素、目标成本控制、人员素质对实施过程的影响,等等。实施技术所涉及的面很宽,与学科体系下某专业的理论知识内涵存在较大的区别;其研究领域有较大的不同,各自的出发点与归宿点不同,所以说简单地压缩、组合并不能建立实施型教学体系,只有以实施技术为主导框架,其他知识融入主导框架,才能真正确立实施型教育体系。

从另外一个角度讲,实施技术知识是向具体过程的发散和回归。如对新型刀具的开发,实施技术从分析新型刀具的开发意图开始,讨论它的特性,然后向实施过程发散和回归,讨论研究在各种不同场合、不同对象、不同工艺中,如何正确、有效地使用它,使用后产生什么结果等。实施技术注重由一般的、抽象的到特殊的、具体的过程,它要解决的是一系列实施过程的多样性、具体性、综合性的问题,向具体过程发散和回归。

3. 高职教育即灰领培训方法和方式

在整个知识体系中,以实例与课题组织形式出现的教学内容,在灰领培训技术实施型教育中占较大的比重,它是组织实施技术知识的重要方法和形式。在教学方法和考核方式中也都要建立相应的实例、课题教学法和实例、课题考核法。例如:建立以阐述实例、课题背景——自学/查找资料——课堂讲授辅导/现场教学/按组分析和讨论——情境模拟/实验分析/计算机分析和仿真——报告/实施结果/实验分析结果为主要过程的教学模式,使学习过程变成学习、应用、发展知识的过程,使教师与学生建立在平等双向互动关系基础上,用分析、讨论、研究的方法去完成教学任务。按实施技术的固有特征,较多地用实例、课题来组织和贯通知识,可形成较为丰富、系统、完整的知识体系。

4. 高职教育教学手段

情境模拟是灰领培训技术实施型教育教学过程中的重要组成部分,它是学习和掌握实施技术的重要背景设置。情境模拟过程的内容与课题对应,不同的课题有不同的情境模拟过程。通过情境模拟过程让学生参与进来,从实施角度去思考问题,让其提出处理各种问题的思路和方法,通过提供的各种技术资料和设施去完成任务。其重要性在于这一过程的真实性、具体性，虽然完成任务是重要的，但更重要的是身临其境地去思考问题，提出思路和方法。尽管提供的情境模拟背景会因实施的不齐全和费用的昂贵而有所简化，但通过这一过程可极大地缩短学生与现实之间的心理距离，提高了学生自主处理问题的自信心。例如模拟飞行训练系统、飞行空管模拟系统、军事领域中的模拟指挥系统、模拟银行、模拟法庭等都取得了很好的实效。

情境模拟还要求教学具有较大的开放性，它包括教学过程向课堂以外开放，情境模拟设施在时间上全天候开放，在组织形式上，向班为单位以外的个体开放；在考核方式上，由单纯的书面考核向过程和结果开放；在学习方法上，由教师单向传授向双向交流互动方式开放等，它是教学模式整体结构中的一部分。

五、以市场需求为导向培养灰领人才

1. 坚持高职教育灰领定位，加强专业建设

（1）明确高等职业教育的定位即是高职教育的方向，坚持高等技术教育培养目标，积极探索中职和高职的衔接，注重对学生的外语能力、实践动手能力和新技术运用能力的培养。学校把培养目标定位在培养德、智、体、美全面发展，具备本专业和职业岗位群应有的理论知识和职业技术能力，在生产、建设、管理、服务第一线从事技术管理、技术应用、技术服务的高等技术应用型人才。

（2）根据市场需求进行专业建设，使毕业生适销对路。在专业建设过程中，要把握面向市场所需要的灵活性、保证教学质量所需要的稳定性、增强毕业生就业能力所需要的超前性和学校办学的效益性四者之间的关系。而对中国将成为世界制造中心以工科类为主，兼有经济类专业。更好地为机电行业培养人才，目前要特别注意开设机电行业发展需要的工业电气自动化、机械设备及自动化、机械制造工艺与设备、电机制造技术等专业外，还利用学校现有资源优势，设置了应用电子技术、汽车应用技术、计算机应用与

维护、工业外贸、市场营销等专业，并拟设置楼宇自动化、商务英语、电子商务、工业设计、环保工程等专业，努力形成宽窄并存，稳定性与灵活性相结合的专业格局。学校要注意拓宽专业口径，拓宽毕业生的就业面。一方面，合并相近、相邻或相关的学科与专业，使一个专业有两至三个专门化方向，甚至进行专业复合，如“电气自动化技术”专业的专门化方向可包括电气控制装置制造、数控技术应用、建筑电气、计算机工业控制技术等，从而达到专业面宽和一专多能的培养要求；另一方面，在现有专业的基础上，扩大专业培养内容，增强基础，使学生有扎实的基础理论和技术基础，同时加强新技术的应用，使学生对各种工作环节和新的工作环境都能适应。

2. 依靠行业、企业，走产学研结合的道路

（1）成立高职教育专家组，总结成功经验要聘请大集团、大企业的老总或董事长组成学校战略发展咨询委员会，参与对学校发展战略的咨询和研究，其中部分企业家被聘为名誉校长。咨询委员会每年进行一至二次活动，或到学校，或到企业。咨询委员会的运作，不仅促进了社会对学校发展的支持，而且还在咨询委员会成员之间形成了良好的合作关系，成为收获不小的“产、供、销”经营网络。

（2）成立专业指导与合作委员会，聘请行业、企业技术部门负责人、学者和专家担任客座教授，组成大型的专业指导与合作委员会，定期或不定期地邀请他们来校，对专业改革与建设、课程改革与建设、产教结合、实习基地建设等献计献策，参与制定指导性教学计划、修订和完善实施性教学计划。

（3）建立稳固的校外实习基地，学校发挥行业（企业）优势，拓展教学空间，建立与专业相匹配的校外实习基地，签订共建协议，确保基地的相对稳定；聘请在职工程技术人员作为学校的兼职教师，颁发聘书并给予一定的工作津贴，他们与专业指导教师一起负责学生的下厂实习和毕业设计的教学指导工作。

（4）建立人才需求网络。建立一个覆盖相关行业高技术企业的人才需求网络，聘请分管人事的副总裁、人事主管为客座教授，参与毕业生的就业推荐工作，推动毕业生的就业工作。

(5)开展经常性的调研活动。教师下企业调研的制度分三种类型,第一种是专业建设调研,主要通过调研了解职业岗位对已有专业和准备开设专业的能力、知识、素质要求,确定老专业改造和新专业的建设方案;第二种是毕业生跟踪调研,对历届毕业生反馈的信息进行分析,以指导学校的教学改革;第三种是对人才需求预测的调研,通过分析本地区经济发展对人才需求的新要求,推进人才培养模式的改革。

(6)建立产教技术开发和技术培训小组。高职院校集聚着一大批具有应用技术开发、培训和研制能力的教师,学校应充分发挥他们的潜能。我们根据企业需要,适时成立某类技术开发小组和培训小组,校企双方形成合力。

3. 以教学科研为中心,深化教学改革

以教学科研为中心,狠抓教学改革,提高教学质量,是打造培养灰领的重要环节。

(1)进行理论教学体系的改革。对理论教学体系进行大胆的革新,主要包括加强学生的基础文化素质教育,提高学生的综合素质和社会适应能力。正确处理有限课时与更高素质要求之间的关系,保证在不加重学生课业负担的基础上,创造更多的机会以提高学生的文化修养和素质,并充分考虑学生继续学习和终身教育的需求,强调计算机应用、英语和广泛获取信息能力的培养;突出专业能力培养和主干课程改革。对专业知识、专业能力培养进行灰领定位。专业课教学内容改革的关键是与生产实际相联系,及时反映最新技术的发展:注意从应用的角度选择教学内容,强调针对性、实用性和先进性,大胆删除陈旧过时的、偏多偏深而又不实用的教学内容;强调课程的综合化,努力实现课程内容、理论与实践、传统技术与高新技术在专业教学中的综合;开设选修课程,实行弹性化教学。为了适应学生个性发展需要,体现“以人为本”的教育思想,在理论教学中加开 2 ~ 3 组选修内容,学生可视自身需要,有选择地选修学习。

(2)以实践教学体系的改革为突破口。实践性教学环节包括技能训练、实验、实训和社会实践等。要不断深入开展实践性教学的研究和改革,建立科学、系统、开放的实践教学体系,使技能训练与职业资格证书相结合、专业能力中传统技术与现代高新技术应用能力相结合、课内学习与课外研究相结合、校内与校外产学相结合,使学生具有较强的解决生产实际问题的能力。

(3)改革教学方法和考核办法。强调学生的自主学习,学生基础能力的形成以教师为主导,而专业能力的形成则必须以学生的研究性学习为主,培养创造性能力和创新意识;充分利用现代化教学技术和网络资源,要求各专业主干课程必须要有专用的 CAI 课件,最大限度地提高课堂教学的效果。开展教学法比赛,激励广大教师参与科学教学方法的探索。考核办法以能力考核为主导思想,每门主干课程都建立科学合理、便于实施的考核大纲和细则,在理论课程中可采用笔试、口试、面试等方式,开卷、闭卷均可;在实践性课程中以过程考核与结果(作品)考核相结合,以结果(作品)考核为主,特别应注重实践性考试,允许学生多次参加考试,直至达到目标要求。

(4)以国际合作办学促进专业教学改革。面对加入 WTO 之后全球经济一体化,要与发达国家高等技术院校建立良好的合作关系,通过合作,积极引进国际先进的高职办学模式和教材,为学校教学全面与国际接轨打下基础。

(5)重视"双师型"教师队伍的建设。师资队伍的建设主要通过以下途径进行:选送新教师到企业生产第一线或校内实训基地上岗实习,提高教师的实践动手能力,选送教师赴国外培训,学习国外先进的教育思想;通过教师读在职研究生或接收高层次学历人员,逐步提高教师学历层次;创造条件,引进和造就一批专业带头人、优秀青年骨干教师和"双师型"教师;从企业生产第一线聘请工程技术人员作兼职教师,改善教师队伍结构;鼓励专业教师考取相应的岗位证书,加大"双师型"教师的比例。

中国灰领
Zhong Guo Hui Ling
高职教育定位：动脑与动手技能人才

社会聚焦篇

第六章　专家视角评述灰领

一、灰领理论渊源与形成过程

李东汉①

李景元教授于1994年4月提出灰领概念，并于1995年2月出版中外有史以来的第一部灰领专著《现代中国的灰领阶层》。十年后于2005年1月修订出版《中国灰领——知识经济时代高技能操作与现场管理阶层》。从这一概念的提出到两次出版专著的过程，体现了这一研究的逐步延伸。

20世纪90年代初，笔者在企业管理出版社工作担任编辑部主任，开始与李景元教授交往，他大学毕业十年后又考入高校，攻读硕士、博士学位，并承担国家自然基金、中国科学院、石油工业部及石油天然气管道局关于"企业现场作业系统组织结构与组织气氛及企业基层建设"方面的科研课题，担任科研项目负责人，期间与中国工程院院士、著名经济学家徐寿波教授、英国谢菲尔德大学工作与经济心理研究所所长麦克·维斯特博士、日本集团力学研究所所长三隅二不二教授等进行了广泛的合作，使这一课题被国家

① 李东汉，中国企业联合会、中国企业家协会企业管理宣传工作委员会副主任、原中国企业报社长，2004年6月约稿。

自然基金委员会，中国石油工业部，英国、日本等国的主管部门确定为跨国合作课题，取得一批有理论影响与实际应用价值的科研成果。从那时起，由于出版以上述课题研究成果为基础的专著，笔者与李景元教授结下了不解之缘，成为挚友。因而，“中国灰领”这一概念在我们交往中逐渐清晰，并由企业管理出版社在我国首次出版专著——《现代中国的灰领阶层》。虽然在今天看来，当时的著述尚有不完善之处，并显得有些粗糙，但在中国毕竟开辟了一个崭新的研究领域。

十年前，中国灰领这一概念并没有被关注。现已在我国管理界成为热门话题，被政府官员、高校学者、科研机构及劳动就业技能培训单位普遍认同，甚至抢注“中国灰领”商标。事情的本来面目是这样的。20 世纪 80 年代末期，我国已确立了社会主义市场经济框架，加工制造业得到进一步发展，具有灰领的职业特征的阶层初现雏形。时任中国石油天然气管道局经济理论研究室主任的李景元教授敏锐地察觉到这一变化。1994 年 3 月，笔者与时任中国企业管理协会副理事长、研究部主任的陈重同志，在与李景元教授进行“现代企业基层建设的综合评价与开发”课题评价的讨论，谈到基层现场管理与专业技术人员如何界定属性，以及如何对其行为评价时，我们认为企业基层生产现场的工艺、设备、统计、定置、质量及高新技术产业等现场专业技术人员既动脑又动手，既管理又操作，既做专业工作又做思想工作，体现了“一岗双责”的复合功能，实现了管理与操作、知识与技能、理论与实际的统一。很难认定他们是蓝领还是白领。鉴于长时间管理经验的积累与专业知识的结合，李景元教授当时萌发并提出可以将这一层次界定为“灰领阶层”，陈重同志和笔者认为这一提法体现了现场管理人员的特点，即建议李景元教授申报选题，出版灰领阶层的著作。企业管理出版社批准选题后，李景元教授在中国企业报、企业管理出版社的具体指导下，利用一年的时间，于 1995 年 2 月由企业管理出版社第一次出版了《现代中国的灰领阶层》，并被收藏在中国国家图书馆（书号为 ISBN7 – 80001 – 463 – O/F · 461），这是我国有史以来在国家图书馆中收藏的唯一论述灰领阶层的专著。据不完全统计，包括北大、清华在内的 600 多所高校、200 多家科研院所及 1300 多家图书馆收藏了这一专著。李景元教授经十几年潜心研究，对灰领阶层产生的背景、历史条件、作用、地位、内涵、外延、专业与技能及其相应概念界定都做了令人信服的科学表述。因此，事实雄辩地说明这一概念是李景元教授在中国企业管理协会的具体帮助下在中国首次提出的，而这对灰领属性的科学界定，受到社会普遍关注。因此，结合作者新版灰领专著的出版有必要就这一概念的提出及其形成的时间、专业特点、涉及范围、科学依据、理论渊源、发展脉络进行澄清，还这一科学概念界定提出者的历史地位。

以上所述，深刻揭示了现场专业管理技能人员的特点及属性，具有可靠依据和前瞻性，科学地回答了中国现场管理与专业技能人员灰领阶层的属性问题，澄清了与西方“白领”、“蓝领”本质上的区别，具有鲜明的中国管理特色。

李景元教授的专著《现代中国的灰领阶层》一书，在全国发行后，书中所界定的灰领阶层的概念及其科学含义被普遍认可，并产生了广泛的社会影响，引起了国内外专家的普遍关注，原中国思想政治工作研究会会长、中国企业联合会会长、中国企业家协会会长袁宝华同志谈到这一概念界定时说：“对于在社会主义市场经济条件下，从建立现代企业制度出发，着眼生产现场，体现强化企业内功，抓基层、打基础、改进基层建设具有重要意义，这是具有开创性的工作”；著名经济学家、中国工程院院士徐寿波教授指出：“灰领阶层概念的界定是对现场多重岗位专业技能与管理人员职责的科学归纳与总结，体现了技术与经济学科的专业特征，在一定程度上揭示了现场管理专业技能人员的管理运作规律与发展脉络，开拓了企业管理学科现场管理方向的领域，填补了我国在这一方面的空白”；中国质量协会会长陈邦柱同志强调：“灰领阶层的管理工作体现了现场的群体管理、民主管理、质量管理、设备管理、成本管理等内容”；李景元教授在以此内容为主题，出访发达国家和接待国外同行专家时，对这一概念进行交流，得到国内外专家的普遍认同。除此以外，以灰领阶层理论为基础的著述被诸多企业列入现场管理培训教材；中国质量协会将其作为向全国推荐的现场管理教材；中国企业联合会培训中心曾多次发文将此教材作为各类现场培训教材使用；中国石油西气东输项目部等建设单位、河北沧州大化集团等上市公司、开滦矿务局等特大型国有企业、中太集团等诸多民营企业多次聘请李景元教授举办灰领阶层管理讲座，取得了巨大的社会效益和经济效益。李景元教授《现代中国的灰领阶层》一书出版10年来，李景元教授不拘泥于已取得的成就和结论，而是执著地进行延伸研究探索，对书中的概念、观点不断进行归纳、提炼升华，于1996年2月，经过延伸探讨，李景元教授“运用灰领阶层理论指导现场管理”的科研成果被北京行为科学学会评为“学术成果二等奖”，1996年6月，“灰领阶层与现场管理”的科研报告被全国企协系统评为“企业管理成果三等奖”，“企业灰领阶层界定及其作用”的专论于1996年10月9日在中国企业报发表。1998年2月，结合国家体制改变的变化，李景元教授在现场管理杂志上发表“企业现场灰领阶层的界定及作用”；1998年5月，中国经济学科研教育网为李景元教授设置专页，并详细地介绍了李景元教授第一次提出灰领阶层的过程与含义；2000年，以灰领阶层为理论基础的《强化企业内功环节与途径》一书获“河北省社科三等奖”；2002年，在《车间管理》杂志上发表了“车间现场灰领阶层的地位与作用”的论文，使这一概念的内涵与外延界定更为充实完善。

自1998年后，作者以灰领阶层理论为基础撰写了《大学毕业生岗位成才系列丛书》《现代企业现场管理运作实务丛书》《现代企业基层管理者运作实务丛书》《现代企业现场管理系列教材》。现在由中国经济出版社出版的新版《中国灰领》的著述立足于WTO这一背景，吸收“人本管理、企业再造、学习型组织、知识产权、信息社会、管理信息化、计算机辅助设计、互联网技术、电子商务、知识经济”等领域的最新研究成果，对中国灰领的内涵与外延表述得更为深刻，必将使灰领阶层的概念和理论在中国管理学科领域产生更为深远的影响。新版灰领专著在结构层次上集“基础理论、灰领构成、运行操作”为一体，形式为板块格局，按照灰领技能操作与管理优化的要求，多层次、广角度，采用立体形式逐一展开阐述，富有独特见解，给读者以全新感觉。本书逻辑严谨、层次分明、语言规范、内容翔实，体现了理论性与操作性的融合，全书的内容博采众长、借鉴中外，自成一家。体现作者鲜明的管理研究特色与著述创作风格，达到了在经济与管理学科领域内理论与实践的创新，堪称现代中国灰领阶层专业技能操作与管理运行的指导手册，进而对中国灰领阶层这一领域人力资源的开发产生重要的作用。

二、灰领阶层与知识经济

赵玉林①

21 世纪，人类将进入知识经济时代。知识经济是以智力资源（人力资本与知识资本的统一）的占有、配置，以知识的生产、分配和使用（消费）为最重要因素的经济。智力资源是知识经济最重要的生产要素，高技术产业是知识经济时代的支柱产业。20 世纪 80 年代以来，高技术和高技术产业在世界范围内迅速崛起。所谓高技术，是指以尖端学科知识为基础，技术、资金高度密集，能应用于生产并促进传统产业结构高级化或形成新兴产业，创造较高经济效益和社会效益的新兴技术，包括信息技术、新能源技术、新材料技术、空间技术、海洋技术和生物技术六大领域。高技术产业是高智力投入的产业，是高知识密集、高技术密集、高智力密集型产业，其专业技术人员占企业总人数的 40% 以上，销售收入中用于研究与开发（R&D）的投资比例在 5% 以上。高技术产业具有高战略、高竞争、高投资、高风险、高收益等特征。高技术的掌握与应用以及高技术产业发展程度关系到国家在世界政治经济中的地位，是一个国家或地区综合竞争力的重要标志。随着我国“863”计划和“火炬计划”的实施、高新技术开发区建设，高技术日益得到广泛应用，高技术企业迅速崛起。高技术的广泛应用和高技术产业的迅速发展，不仅需要大批高技术研究开发人才，而且需要大批掌握高技术知识和手段的职业

① 赵玉林，武汉理工大学博士生导师、科技与经济发展研究所所长，2004 年 6 月约稿。

技术人才,因此对职业技术人才的知识水平和素质提出了更高的要求,中专层次的职业技术人才已远不能满足需要。正是在这样一个背景下,在世界范围内,在通常的“白领”与“蓝领”之间,悄然兴起了一新的阶层。早在1995年企业管理出版社出版的《现代中国的灰领阶层》一书中,笔者的学生李景元博士首次将这一新兴阶层概括为“灰领”。“灰领”概念的提出,很有创意,必将对中国的人力资源经济学、人力资源开发与管理产生深远影响。

从李景元博士首次出版有关“灰领”的专著,至今已有近10年的历程。这10年间,我国的社会政治经济及技术环境发生了深刻变化。社会主义市场经济体系建设日趋完善,人才市场逐步形成,介于“白领”与“蓝领”两个阶层之间的“灰领”阶层在人才市场上供不应求,深圳某公司以年薪16万元招聘高级模具技工。企业人力资源开发与评价日益引起人们的关注,简单地将人力资源划分为“白领”与“蓝领”两个阶层已经不可能了,“白领”与“蓝领”的界限日益模糊,“灰领”的概念逐步被人们接受,有关“灰领”阶层的职业技能培训和学历教育(高职教育)自1999年以来迅速发展。因此,迫切需要从人力资源经济学、人力资源开发与管理的角度,对这一新兴阶层的形成条件、工作环境、专业技能、思维模式等进行深入研究。

1995年5月,中共中央、国务院召开了全国科学技术大会,颁布了《中共中央、国务院关于加速科学技术进步的决定》,明确提出了“科教兴国”的重大战略决策;1996年,全国人大常委会通过了《促进科技成果转化法》,国家经贸委、国家科委相继推出技术创新工程;1999年8月,中共中央、国务院召开全国创新工程大会,颁布了《中共中央、国务院关于加强技术创新,发展高科技,实现产业化的决定》。从此,加速了我国科技成果转化、高技术产业化、技术创新的进程,R&D投入逐年增加,R&D经费占GDP的比重从1997的0.482%上升到2002年的1.1%。然而,众多的高科技成果,其研究和设计已达到国际先进水平,但由此制造出的产品,其质量与发达国家相比却有很大差距。一个重要原因,就是广大制造者、职业技术人员的素质低下。这已构成制约我国科技成果转化、高技术产业化的重要因素。目前企业的高级技术工人不足技术工人总数的2%;在政府机关、企事业单位,甚至科研、执法部门等机构中,从事各种实务运作和基层管理工作的合格人才也相当缺乏。众所周知,社会对人才的需求在层次和数量上,有一个最佳的结构。一个科学家、高级工程专家,需要若干个助手以及更多的其他人员去配合,这样才有利于他集中主要精力去做别人难以完成的任务。这样,一方面高级专家虽是少数但很难得、不可或缺。但另一方面,社会大量需要的是能解决实际问题的实务工作者。只有这样,我们的未来才会有一流的科学技术帅才和足够数量的将才和干才。我国的高技术产业化,迫切需要大批掌握现代高科技知识和现代化手段的高技能职业技术工人和生产现场管理人员,即灰领阶层。正是这一背景,迫使李景元博士对灰领阶层的构成以及诸产业中的灰领职业技能进行更详尽的论述。

2001 年 12 月 11 日,中国已成为 WTO 143 个正式成员国之一,世界经济一体化的步伐进一步加快,科学技术的国际化趋势进一步强化,一个经济国际化、技术现代化、社会信息化、信息产业化和竞争激烈化的社会正展现在我们的面前。企业为了应对这种严峻的国际竞争的挑战,不仅迫切需要具有战略眼光、有胆识、有组织才能的企业家,需要具有创新意识和才能的科技专家,而且迫切需要大批高层次的技术性、应用性的国际化人才,大幅度提高职工队伍的素质水平、知识水平和能力水平,促进中西方文化的融合,促进国际交流与合作。李景元博士紧密结合我国加入 WTO 及全球经济一体化这一背景,广泛吸收"信息经济、网络经济、虚拟经济、知识经济、人本管理、企业再造、智能管理"等经济学和管理学领域的最新研究成果,更深刻地揭示了中国灰领的内涵、外延和职业特征,这将使灰领概念和理论在人力资源经济学、人力资源开发与管理学领域产生更为深远的影响。

灰领概念的提出和灰领著作的出版,是李景元博士长时期实践经验的总结和理论思考的结晶。李景元博士较长时间从事企业生产现场管理工作,积累了丰富的现场管理实践经验。他从车间班组开始,曾任技术员、工程师、车间主任、生产处长等职务。这些职务基本上都具有灰领阶层的属性和特征,是名副其实的灰领。1992 年,他考入武汉工业大学(现武汉理工大学)管理科学与工程专业攻读硕士学位研究生,成为笔者的开门弟子。取得硕士学位后，又师从著名经济学家、工程院院士徐寿波教授攻读博士学位。他在攻读硕士学位期间，依托国家自然科学基金课题，结合自己多年的实际工作经验，完成了《现代企业现场管理绩效评价模型研究》的硕士论文。以我国著名经济学家、中国工程院院士、中国社会科学院经济学科领导小组组长李京文教授为主席的答辩委员会，对他的硕士论文给予了充分的肯定和高度评价。在此基础上，经进一步修改、充实和完善，他于1996年由企业管理出版社正式出版了《现代企业三维评价理论与模型开发》一书。他取得博士学位后进入高校从事经济管理的研究与教学工作，继续主攻企业现场管理方向，出版学术著作和教材40余部，发表论文150余篇。长期的企业基层管理实践与理论探索，为进一步发展灰领理论，奠定了坚实的理论和实践基础。新版《中国灰领》详尽阐述了企事业现场灰领主体的运行操作过程。从某种意义上讲，该书正是李景元博士运用现代经济管理理论，结合当前企业改革与管理实际，对自身所经历的多重灰领岗位职责变化、经验教训进行的科学归纳与客观总结，在一定程度上揭示了企业现场不同职业灰领的运作规律与发展脉络，实现了知识品格与实践应用价值的有机结合，颇有独到之处。

灰领概念对生产现场管理中灰领的职业特点、职能定位、岗位技能等进行了全面、系统、深入的论述和分析，具有很强的指导性和操作性。在我国全面建设小康社会的进程中，加强企业现场管理，大力开发人力资源潜能，对于进一步增强企业整体素质，提高产业组织功能、企业经济效益和社会效益具有重要意义。“企业千条线、现场一根针。”企业的所有管理职能最终都要由现场来实现。而其管理运作又是由不同的经济技术专业技能操作的灰领人员实施的，这是由产业组织现场自身特定的任务、地位、作用所决定的。从工作任务上讲，现场作业单元是根据产业组织内部劳动分工与协作的需要或不同的产品(劳务)而划分的。它的工作任务主要包括：根据生产计划具体安排作业进度，保证按质、按量、按期完成生产或工作任务；强化生产纪律和职业道德，保证安全生产；积极开展劳动竞赛与合理化建议活动，努力建设标准化的产业现场作业组织。这是现场灰领从事基础工作的着眼点、出发点、立足点、突破点，同时也是企业生产经营活动中提高劳动效率的重点、难点、关键点。因此要强化企业现场管理，积极主动应用高技术手段推广新工艺、新技术、新设备，不断进行现场作业系统的更新改造，扎扎实实地推行全面质量管理（TQM）来保证与提高产品质量；推行全面生产维修（TPM）及时排除设备故障，以保证机器设备经常处于良好的技术状态；推行看板管理，严密地组织上下工序之间的衔接；积极开展（5S）活动（整理、整顿、清洁、清扫、素养）等。特别强调要提高现场技能操作与管理者即专业灰领的"计划管理、核算定额、生产运行、工艺设备、安全质量"等经济技术专业的技能，把强化企业内功落到实处，才能全面、持久地提高与增强企业的竞争力，才能在激烈的市场竞争中立于不败之地。灰领概念的提出充分体现了作为现场职业灰领的运作关键在于以经济效益为中心，把强化企业管理、深化改革、推进科技进步紧密结合起来，继承优良传统、努力开拓创新，按照建立现代企业制度的目标，采取切实有效的措施，全面提高经营管理水平，逐步实现经济增长方式由粗放型向集约型转变。强化企业现场管理的基础工作，进一步完善以岗位责任制为核心的各项规章制度，严格杜绝重大安全和质量事故的发生。作为提高企业经济效益的基本途径，把强化管理活动延伸到产业组织的站队、车间、班组等现场作业单元。围绕企业的效益开发，强化改进企业现场的基础工作。把作业现场作为增强活力、产生效益的基础部位。努力克服"以包代管、以罚代管、以改代管、头重脚轻、基础不牢"等忽视企业基础管理的倾向。

掌握现代高科技手段和知识的高技能操作者，是科技成果转化、高技术产业化的中坚力量。高技术产业化是从高技术研究开发、技术创新、技术扩散等直至形成规模化生产的全过程，也就是高技术成果系统向高技术产业系统转化的过程。科教兴国战略，推动科技成果向现实生产力转化，是我国的基本国策。然而，在我国科技成果向现实生产力转化难的问题尚未从根本上得到解决。一个重要原因，是职业灰领在科技成果转化中的特定基础作用没有得到充分重视。在技术创新、技术转移、高技术产业化以及知识产权的运行转移过程中，生产现场专业灰领的桥梁、纽带、载体作用是不可或缺的。因此，李景元博士在以21世纪我国社会经济、政治、技术发展为背景，依托信息产业平台，站在高科技成果转化的角度，将《中国灰领》一书构建为“基础理论、灰领构成、运行操作”层次清晰的立体结构。在基础理论维度上，表述了“灰领属性及其界定、灰领职业工作环境、灰领作业群体管理、灰领阶层思维模式、灰领阶层价值观念、灰领职业技能素质、灰领阶层形成条件、灰领作用发展空间”的构成要素；在灰领构成维度上，表述了“灰领阶层专业主体、第一产业现场灰领、第二产业现场灰领、第三产业现场灰领、新兴产业现场灰领”的构成要素；在运行操作维度上，表述了“现场灰领专业管理、现场灰领工艺设计、现场灰领生产技能、现场灰领组织技能、现场灰领作业控制、现场灰领定置技能、现场灰领设备技能、现场灰领定额技能、现场灰领定员技能、现场灰领质量控制、现场灰领安全控制、现场灰领岗位管理”的构成要素。对灰领的概念界定到位、地位分析客观、技能表述准确、职能划分明确、思维方式科学、专业技能高效、群体构成全面、运行操作可行。可供各类高技能操作者和企业现场职业管理者阅读参考，也可以作为各类高校毕业生就业进岗的学习指导。由于这一概念及本书是一种开拓性的工作，存在不足在所难免，笔者坚信李景元博士将会结合日新月异的技术经济发展，进一步修订和完善这一创新性成果，并取得新的研究成果贡献给广大读者。

三、灰领阶层专业主体与行为规范

陈　重①

知识经济时代的现场作业主管即灰领作为现场的负责人，直接控制生

① 陈重，中国企业联合会、中国企业家协会常务副理事长。

产过程及其系统运行,高技能操作与运行专业管理是他们的特点。这一生产过程需要作业主管对现场各专业进行规范化管理,同时严格规范自身的管理行为,明确管理要求,把握规范内容,切实把管理落到实处。

(一)灰领行为的特点

现场作业主管行为特点是自身行为规范。行为规范是一种新的科学管理制度,也是在企业管理比较落后的基础上通向管理现代化的一个重要步骤。它的核心思想,是把规范化管理建立在科学管理与民主管理相结合的基础之上。

从行为规范的内容和它的产生中可以看出,规范化工作法在科学性上大大超出了泰罗的科学管理理论,它融合了系统论、控制论和信息论等现代化管理理论,汲取了行为科学和心理学的成果,并应用概率统计等数理方法,将实现满负荷的方法推向标准化、程序化、规范化,把劳动优化组合引伸到生产经营要素的整体优化。在科学性上,体现了系统、优化、定性与定量管理相统一、过程控制与结果控制相统一的原则,具有系统性、严肃性、时效性和综合性的特点,有利于发挥人、机、物的潜在效能,有利于保持生产经营过程的连续性、协调性和均衡性,有利于在现代化大生产中产生综合效益。

社会主义企业管理从本质上讲,是劳动者对自己企业生产经营活动的管理。规范化工作法不但在科学性上大大超出泰罗的科学管理理论,并且剔除了把工人视为"机器人"的见物不见人的弊端,以及视工人为"经济人"的仅以金钱调动积极性的片面做法,而且把科学管理与民主管理结合起来,体现了充分的民主性。它借鉴"社会人"的概念,打破了管理干部和工人的界限,并为民主评议干部创造了有效的形式和渠道,体现了民主管理与厂长负责制相统一的原则,使职工充分行使当家作主的权利,使厂长负责制建立在民主的基础之上。并且规范化工作法本身就是在充分尊重和发挥职工积极性、创造性的基础上,通过领导、专家和职工反复论证、修正而制定出来的企业生产经营活动中规范化的客观标准,也是企业管理民主化的具体体现。

它可以培养职工的时间意识、标准意识、程序意识和公平竞争意识，使每个职工在生产经营活动中都用共同制定的规范来自己管理自己，把科学管理作为职工的自觉行动，从而激励职工的进取精神，开发职工的潜力，增强企业的凝聚力。

总之，管理规范化是一种具有中国特色的新的科学管理方法。它一方面贯彻了合理组织生产力的科学原则，一方面把科学管理与民主管理结合起来，贯彻了民主管理的原则，体现了我国社会主义企业管理的特征。

（二）灰领行为规范

因为管理规范具有科学性与民主性的特点，所以它是一种先进的科学管理方法，不仅有其产生的必然性，而且有推广的必要性。

1. 管理规范适应现代化大生产的需要，有利于提高企业的整体效益

现代化大生产具有大规模地采用机器和机器体系进行生产、生产过程有高度的比例性和连续性的特点。必须科学、合理、严密地组织生产过程，才能发挥人、机、物的最佳效能。否则，就会造成失控。

2. 管理规范化把管理与改革融为一体，深化了企业内部改革

规范化工作是在企业内部改革的条件下产生的一种科学管理方法。它把管理与改革融为一体，不但强化了企业管理，而且深化了企业内部改革。

第一，规范化工作促进了岗位竞争机制的引进和健全。规范化工作的“三定”，使岗位竞争机制得到引进和健全；“五按”、“五干”要求职工具有强烈的时间意识、标准意识、程序意识和竞争意识，要承担具体化、数量化的岗位责任。这就给工人带来了制约，同时也带来了选择岗位的自由，促进了岗位竞争。不适应岗位职责的，只好让别人来干，德才兼备的，可以向技术性强、工作难度大、风险责任重、工资收入高的层次竞争。对科室人员也打破了干部和工人的界限，在全厂招标选聘。有了规范化的客观标准，可以创造机会均等的竞争环境；有了公平竞争的机会，每个人都会有实现自身价值的期望和可能，人人都可争担高层次的工作和责任，从而为提高人员素质和优

选出最佳岗位工作者创造了条件。

第二,规范化工作促进了企业内部分配制度的改革。规范化工作法规定的原则是同岗同责同酬,在同一岗位承担同样的责任,执行同一的工资标准,“一步到位”。这样,既消除了同岗不同责、同责不同酬的弊端,体现了劳动者的劳动成果与劳动收入的正比例关系,又增强了工资分配的公开性和透明度,使企业分配制度改革有了重大突破,有效地调动了广大干部和职工的积极性。

第三,规范化工作促进了企业的优化劳动组合。由于规范化工作法把企业的各项工作内容和规范细化到每个岗位,并打破了原有的组织和人员结构,在有利于劳动者和劳动资料最佳结合的原则下,实行双向选择,择优上岗,这就为企业的优化劳动组合提供了客观标准和岗位的任职条件,增强了优化组合工作的透明度,不致出现“优化关系组合”的不正之风,从而使企业真正组成最佳的劳动群体,形成精干、高效的生产、管理组织。

第四,规范化工作还是强化承包经营过程管理的一种有效途径,有利于克服“以包代管”的短期行为,使企业保持旺盛的后劲。

3. 规范化工作能激发职工的进取精神,有利于提高全员素质

如前所述,由于规范化工作将竞争机制引入企业的每一个岗位,创造了机会均等的竞争环境,这就会使职工普遍产生紧迫感,从而激发职工奋发向上的进取精神,有利于提高全员素质。

第一,规范化工作能促使职工克服消极随意性。职工中的某些消极随意行为,往往是由责任心不强造成的。究其原因,除思想因素外,与工作责任不清、劳动定额不严、工作质量标准不高、实绩考核不细等也有直接关系。规范化工作法解决了这个问题。它使岗位工人严格按程序、路线、时间、标准、指令操作,井井有条,一丝不苟,不得有任何麻痹和松懈。

第二,规范化工作能激励职工提高业务技术水平。按照规范化工作法的要求,达不到所在岗位规范标准,就有可能被淘汰到低层次的工作岗位,甚至有可能在厂内待业,这样不但会减少工资收入,面子上也过不去。即使能胜任本岗位工作的职工,也必须刻苦学习,努力提高自己的业务技术水

平，才能为争取向高层次的工作岗位晋升创造知识和技术条件。

第三，规范化工作能促使职工加强组织纪律性。人的思想觉悟和纪律观念有高有低，参差不齐。在企业中，也有少数职工思想觉悟较低，组织纪律性较差。如有的职工认为工作是给领导干的，领导在场就干，领导不在场就不干；有的不遵守规章制度，随意违章作业等。由于规范化工作法对各个岗位的各项工作内容和标准要求明确，一目了然，必须严格遵守，这就会使职工逐渐养成自觉遵守规章制度的习惯，加强组织纪律性。

4. 规范化工作有利于引发职工的统一行为，建立企业的新秩序

以法治厂，科学管理，是建立企业新秩序的基础。规范化工作法按照"兼容并蓄，互相补充"的原则，把具有普遍指导意义的法律、法规与反映本企业具体情况的厂规厂法结合起来，为企业铺设了一条行动轨道，奠定了建立企业各方面新秩序的基础。

第一，规范化工作有利于建立企业生产管理的新秩序。定岗、定员、定责，把企业的每一个环节、每项工作内容和对每一职工的工作要求都纳入了规范管理，使规范化生产管理运行机制贯穿于生产和管理的全过程，从而有利于建立企业生产管理的新秩序，以严密的微观连续性管理保证企业宏观目标的实现。

第二，规范化工作有利于建立企业内部人际关系的新秩序。传统的企业管理由于规范、措施、标准不够严细，考查手段不够得力，特别是缺乏公平竞争的环境，容易造成工作上的许多不协调，人与人之间免不了产生许多矛盾。规范化工作法使各个岗位都有各自明确的职责范围和工作标准，每一岗位人员都可以按照规范的要求进行工作，自我督促，自查自纠，自己管理自己，自己教育自己。这样就会减少工人与工人、干部与工人、干部与干部之间的矛盾和摩擦，而形成一种团结、和谐、互相支持的新型关系。

第三，规范化工作还有利于建立职业道德新秩序和发展企业文化。社会主义职业道德是共产主义思想在职业中的体现，它的核心是全心全意为人民服务。规范化工作法不仅要求职工关心国家、关心集体、关心他人，而且将企业的工作内容全部细化到每个岗位和职工的具体行动，这就有利于

培养职工树立良好的职业道德和行为规范，有利于发展企业文化，使职工能够更加明确和自觉地维护共同的价值趋向，形成一定的群体意识和群体行为规范。

第四，规范化工作有利于加强企业思想政治工作。思想政治工作是实现规范化工作法的重要保证，规范化工作法又对思想政治工作提出了更高的要求。必须把思想政治工作渗透到生产经营过程的每个环节，以“三个代表”为指导，大力开展爱国主义、社会主义、独立自主、艰苦奋斗的教育，不断提高职工的思想政治觉悟，增强职工的主人翁责任感和献身现代化的事业心，培养职工的改革意识和竞争意识，才能使执行规范成为职工的自觉行动，保证企业经营目标的实现，为推进我国社会主义现代化建设做出积极的贡献。

最后，还需要指出的是，规范化工作的根本意义不仅着眼于以上各点，而且着眼于从长远上提高职工素质和企业整体素质。素质提高了，潜力才能被充分发掘出来，效率才能真正上去。职工和企业的素质提高了，社会生产力就能得到较快的发展。

（三）灰领行为规范特点与控制要求

众所周知，规范是指对具有多样性、相关性特征的重复事物，以特定的程序和形式规定的标准或准则，如道德规范、技术规范、语言规范、职业规范等。岗位行为规范则是以建设有中国特色社会主义理论为指导，运用现代管理学、组织行为学、技术经济学、工业工程学、标准化管理学的原理与技术方法，依据企业的技术标准、管理标准，从强化对人的管理行为规范出发，以经济责任制为基础，制定和实施体现企业各层级、各岗位的工作职责、工作标准的行为规范。目的是协调统一企业组织行为，建立企业最佳运行秩序，以获得最佳经济效益。

从企业生产经营活动的组织与控制上看，企业岗位行为规范是以生产、技术、管理相统一，责权利相结合，程序化、标准化、时间分解序列化为基本特征的一种综合性管理规范。它的要点和基本原理是把生产、技术、管理构成一个系统，三者形成最优的结合；科学地设置生产和管理岗位，每一个岗位都要有满负荷的工作量，都要按企业方针目标和经济责任制的原则承担具体化、数量化的责任，并有与履行责任相适应的权力和利益；进一步优化企业生产经营过程。

从管理的重点上看，企业岗位行为规范是以人为本管理的行为规范。在企业发展的诸因素中，人是最活跃的因素，是生产和管理的主体。因此，现代管理的核心和动力是人及人的积极性，一切管理都应以强化对人的管理、调动人的积极性、做好人的工作为根本。而强化对人的管理，必须充分认识和把握职工的普遍心理需求——公平竞争，并以统一的规范作为科学、客观、公正的衡量标准，引发统一行为。只有通过公平竞争，并以统一规范引发统一行为，造成必要的压力和诱导，才能使企业资源达到最佳配置，才能使企业系统保持一种内在的有序性和稳定性，使广大职工保持最佳生产管理的兴趣，努力提高工作效率和企业效益。

企业岗位行为规范概括地讲有两个方面的内容：一是以作业技术标准和管理规范为主体的行为规范；二是员工岗位的行为激励。总的要求是强化经济责任制，克服消极随意性，增强职工的时间意识、标准意识、程序意识和竞争意识，同时解决同岗同责不同酬的问题，充分调动职工的积极性。行为规范包括的内容是多方面的。但在企业中它的重点是岗位行为规范。即确立约束机制、制定行为机制、完善激励机制。约束机制是定岗、定责、定薪。定岗，就是本着精简、合理、优化、高效的原则设置岗位、确定岗位定员和人员定岗。对生产岗位，以工艺过程分析、劳动定额和安全技术操作规程为依据，详细测定操作工人的操作范围、操作内容、操作程序、工作量的大小，通过生产工艺线的整体分配和对岗位操作的时间分解，反复平衡、调整，达到比较合理地设置生产岗位和岗位定员，并以岗位任职条件为依据，配置生产岗位工作人员。对管理岗位，则采取系统分析的方法，在大量测算和多方论证的基础上，决定岗位设置，因事设人。定责，就是以目标管理为主线，以经济技术指标为基础，按照生产工艺和管理的职能、职责要求，把企业目标和经济技术指标分解到每个生产岗位和管理岗位。工作按职责，职责按标准，标准按规范，做到以定量管理为主。定薪，就是科学地确定劳动报酬，同岗同责同酬。对生产岗位，按岗位责任的大小、重要程度、劳动程度、生产工艺地位、操作水平和技术要求的复杂程度确定工资标准，并与承担完成的经济技术指标的工资含量和执行规范情况挂钩。对管理岗位，则按承担责任的大小与企业的经济效益直接挂钩，以责任大小定系数，贡献大小定分数，设立技能工资、岗位工资和效益工资，每月还要定期进行民主评议，按尽责和贡献的实际情况，确定其工资收入。在确定约束机制的基础上，打破干部和工人的界限，竞争选岗。层层优化组合，实行动态管理，在什么岗位执行什么工资标准。

行为机制是由岗位工作规范构成的。对生产岗位就是按程序、按路线、按时间、按标准、按指令操作；就是要熟悉干什么、怎么干、什么时候干、按什么路线干、干到什么程度。这一原理也同样适用于管理岗位。许多成功企业的做法是把全部管理岗位分为两种类型，分别制定管理岗位规范：一类是岗位职责单一，经济技术指标明确，工作秩序比较稳定的，参照生产岗位行为机制的操作规范；另一类是岗位职责复杂，经济技术指标间接，工作秩序变动性较大的，则按时间、路线、信息反馈等程序规范。这样就在制约机制的基础上，使管理岗位与生产岗位的规范相配套形成规范化的管理系统。建立起相应的闭路考核体系和严格的考核制度，以考核记录作为奖罚的依据，以规范的考核，保证规范的实施。

对于职工岗位行为激励，主要是通过了解激励过程和把握激励因素，激发、引导职工与企业目标相协调的行为动机。它所要解决的，也就是通常所说的调动积极性的问题。行为规范对组织成员的约束力或强制性影响，会使人们的行为趋于一致。但在人们还不具有良好的自觉意识和自觉行为的情况下，如果仅有行为规范而无行为激励，这种趋于一致的行为还只能是一种被迫顺从行为，不能充分发挥人们的创新精神和潜力。必须通过了解激励过程，把握激励因素，运用各种手段和方法，激发、引导职工与企业目标相协调的行为动机，使人们由被迫顺从行为转化为自觉顺从行为，才能有效地保证行为规范的实施和发挥职工的创新精神，保证工作的有效性和高效率。这样不仅科学地制定了以作业技术规范和管理规范为主体的行为规范，而且还把行为激励作为它的一项基本内容。通过行为激励和强有力的思想工作，有效地调动广大职工的积极性和创造性，进一步增强企业活力。对于控制监督层次、运行操作层次的灰领即车间主任、班组长等的管理行为进行科学的规范，应给予充分肯定。但要体现理论与实践的有机结合，符合国家的有关方针、政策、法律、法令、法规和主管部门的有关规定；充分运用标准化原理与方法，使规范的内容和形式达到简化、优化、统一化、规范化，规范之间协调一致，避免重复和矛盾；充分吸收和运用国内外先进的管理经验和工作经验，并结合企业管理实际情况，把行之有效的管理方法和工作方法纳入标准；尽量做到定量化，使规范具有检查和考核的可操作性；行为规范的文字表达准确简明、逻辑严谨、通俗易懂，能够避免产生不易理解和不同理解的可能性；同一规范中的名词、术语、符号、代号实现统一，与其他有关标准也达到一致。在工作内容与要求上，根据岗位需要，列出了与工作规范有关的国家方针、政策、法律、法令、法规及条例的名称；根据工作范围确定部门和岗位（人员）的工作内容，并提出数量、质量和期限要求；将有关管理规范中对部门和岗位（人员）的要求，分别纳入了部门和岗位（人员）的工作规范中，并规定了“其他”或“未及事项”条款等内容。在责任与权限上，规定出了部门或岗位（人员）所应负的主要责任与权限，责权要对等；规定了对因工作失误或失职造成的事故和损失所应负的责任；在有关管理中规定的部门或岗位（人员）对某项管理事项所应负的责任与应有的权限可直接引用有关规范。在考核与奖惩上，规定了对有关部门和岗位（人员）的考核与奖惩，要有考核人、考核时间、考核内容、考核方法和程序；规定了有关管理规范与考核项目及在工作规范中规定出考核结果的反馈要求。还要充分注意到企业各级管理人员之间及其所属部门、岗位个人的岗位规范的制约与连贯作用，保证上下级工作职责的衔接。因此，每个层级管理人员的岗位规范的实施都有相应的经过细化分解的下属的岗位行为规范运作保证，这样才不致于管理过程脱节断挡，造成空白地带，这种层次规范行为管理具有管理创造性。

四、"中国灰领"如何裁出

郝素利　王仕卿①

自从2003年11月以来，首先从上海开始，一些培训机构相继提出进行灰领阶层的岗位培训。这是在市场经济条件下，人才市场的客观需求，由于企事业单位及人才市场具有灰领技能的人很是抢手，一时间，各种培训机构纷纷打出培训灰领阶层的旗号，"灰领"、"灰领阶层"、"灰领培训"成为诸媒体的热门话题，也成为网络点击量最多的关键词。解释的概念五花八门，歧义百出。其实，早在1994年，河北工业大学教授李景元就提出了"现代中国灰领阶层"的概念，并在中国企业管理协会、中国企业报社、企业管理出版社的帮助指导下确定选题，于1995年1月正式出版了《现代中国的灰领阶层》专著，被收藏在中国国家图书馆，这是我国第一部在国家图书馆中收藏的论述灰领阶层的专著。

(一)灰领阶层的内涵

灰领阶层有广义和狭义之分，它的范围既包括企业也包括事业，既包括政府也包括社区。李景元在《现代中国的灰领阶层》一书的第一章有关灰领阶层的管理地位和作用的论述中明确提出：中国的灰领阶层是对西方"白领"、"蓝领"阶层的对称，是对中国现场管理与专业技能运行人员的地位作用及其职能进行长期研究实践所得出的客观的、符合中国特色社会主义理

① 郝素利，中国矿业大学博士研究；王仕卿，北京工业大学博士研究生：中国企业报，2004年3月22日。

论的结论。在社会主义市场经济条件下的现场管理与专业技能人员既不是单纯的“白领”，也不是单纯的“蓝领”，而是介乎于二者中间的灰领阶层。

李景元认为，对中国现代从事管理和操作、具有管理专业技能、又有操作技能、在企事业现场从事生产经营活动的专业技能人员划分成截然不同的“白领”与“蓝领”，这显然存在缺陷，从价值观念上看不符合我国国情，在实践上更不利于缩小脑力劳动与体力劳动的差别。就是在西方国家的企业里随着高科技、高技术的发展，管理与操作、动手与动脑、一线与二线的界限也越来越模糊，对专业管理及技能操作人员简单地以“白领”与“蓝领”划分的缺陷是十分明显的。

对于这一阶层的概念，李景元是这样界定的：以企业为研究对象，我国在建立社会主义市场经济及建立现代企业制度的过程中，企业的生产技术水平逐步提高，特别是在高新技术产业迅猛发展的条件下，脑力劳动与体力劳动、管理与操作的界限明显缩小，在生产现场，单纯的脑力劳动与单纯的体力劳动的界限向着逐步消失的方向发展，取而代之的则是具有二者特征的新型的管理者和劳动者，即灰领阶层。李景元的论述揭示了现场专业管理技能人员的特点及属性，科学地回答了中国现场管理与专业技能人员灰领阶层的属性问题，澄清了与西方“白领”、“蓝领”的本质上的区别，具有鲜明的中国管理特色。

(二)灰领阶层界定的现实依据

李景元依据多年工作与研究探索提出了界定灰领阶层的依据，并确定了这一阶层人员的范围。从灰领阶层界定的依据来说，首先，随着劳动、工资、人事制度的改革，管理专业干部实行聘任制，而且是竞争上岗、动态管理，今天的“白领”，明天根据需要可以变为“蓝领”。这样，对于管理技术人员从整个工作区间很难区别谁是制度上的“白领”，谁是制度上的“蓝领”，而是属于“白领”与“蓝领”动态融合的灰领。

其次，从现场工作性质上来看，生产一线的工程、质量、工艺、设备、安全、环保等技术人员多数时间及大部分工作是在现场处理问题,他们具有极强的动手操作能力,这是我国企业技术人员与西方“白领”的显著区别。就是从事计划、统计、核算、财务、劳资、材料、行政的现场经营管理人员,他们也有相当的时间在生产现场从事管理工作,不存在单纯的办公室内的“图上作业”和“纸上谈兵”。这样,把他们定义为灰领阶层就更为确切。

再次,从他们承担工作的形式来看,企业现场的生产专业管理大部分由岗位工人兼任,这部分管理人员是“既工又干”的兼职人员,他们只是部分时间或业余时间从事管理。他们集“白领”与“蓝领”于一身,实质是“灰领”。

特别是20世纪90年代以来,以信息技术为特征的新兴高科技产业迅速发展,这一领域所有行业的企事业中现场专业技能管理人员的双重职能、复合作用十分突出,他们既从事专业管理又有操作技能,既动脑又动手,既会操作又会管理,既会做业务工作,又会做行政工作,这些人员结构及职业性质充分体现了灰领阶层的专业技能特点。

(三)灰领阶层概念的社会影响

李景元所著的《现代中国的灰领阶层》在全国发行后,书中所界定的灰领阶层概念及其科学涵义产生了广泛的社会影响,引起了国内外专家的普遍关注,著名经济学家、中国工程院院士徐寿波教授指出:“灰领阶层概念的界定是对现场多重岗位专业技能与管理人员职责的科学归纳与总结,体现了技术与经济学科的专业特征,在一定程度上揭示了现场管理专业技能人员的管理运作规律与发展脉络,开拓了企业管理学科现场管理方向的领域,填补了我国在这一方面的空白。”

目前,李景元目前正致力于《中国灰领阶层》的修订再版,于2004年12月由中国经济出版社出版,并以此为基础撰写指导大学生就业成才的丛书。著述的出版将立足于WTO这一背景,吸收“人本管理、企业再造、学习型组织、知识产权、信息社会、管理信息化、计算机辅助决策、互联网技术、电子商务、知识经济”等领域的最新研究成果,将对中国灰领阶层的内涵表述得更为深刻，必将对灰领阶层的概念和理论产生更为深远的影响，进而对中国灰领阶层这一领域人力资源的开发产生重要作用。

五、坚持就业导向推进高等职业教育健康发展

张尧学①

为了适应社会经济和科学技术的迅猛发展，在教育部实施“三教统筹”方针的指导下，经过全国高职战线教育工作者的艰苦努力，近年来，高等职业教育的改革和发展呈现出前所未有的发展势头。截至2002年底，全国举办高等职业教育的院校已达1374所，其中独立设置的职业技术学院548所，高等专科学校219所，成人高等学校607所。此外，一部分本科院校的二级职业技术学院和具备条件的民办高校也在举办专科层次的高等职业教育。目前，全国专科学校在校学生约为781万，占高等学校在校生总数的53%，其已是我国高等教育的半壁江山，成为我国高等教育的一支重要的生力军。

高等职业教育在国家资金支持非常有限的情况下，为社会做出了很大贡献，发展前景良好。但毋庸讳言，在高职教育的发展中仍面临着较多的困难和问题。这些问题有些来自于体制和机制，有些来自于认识和观念，有的是受经济和社会发展等外部环境的制约，也有许多是我们高职教育内部的问题。对此，我们必须有清醒的认识。只有找出解决这些问题的办法，才能进一步促进高职教育健康发展。

① 张尧学，中国教育部高等教育司司长，《中国高等教育》，2003(22)。

(一)将高职教育定位于就业导向的教育,进一步推进应用型人才培养

高等职业教育的目标是什么?是为国家和地方经济发展培养适应生产、建设、管理、服务第一线需要的数以百万计的应用型高素质人才。从这个观点出发,可以说,高职教育是以社会需求为导向的就业教育,即我们培养出来的学生应该是市场上需要的、抢手的、有一技之长的高素质劳动者或技术应用型专门人才,而不是那些基础知识扎实,毕业后仍需要进行较长时间的培训和再教育之后才能胜任工作的人才。高职教育应培养"实用型"人才,非"学术型"人才:要求学生掌握必须够用的基础知识,必须具备较强的技术应用能力,而不是知识面广博,实践能力相对较弱。另外,高职教育还要培养学生具有良好的"职业道德"和实干、创新、创业精神。这些是高等职业教育自身的特色,也是与普通"学术型"教育最重要的区别所在。

近年来的经验证明,凡是坚持以就业为导向、培养社会需要的应用型人才的高职院校,发展就快。他们以较高的就业率,以及由此带来的较高的新生报考率、招生报到率说明,他们正在以鲜明的办学特色赢得政府、社会和群众的支持。湖南永州职业技术学院就是一个典型的例证。这所学院的生态养殖专业,每年供应港、澳和内地近 10 万头肉猪,且猪粪又用来养殖鲜鱼,栽培有机蔬菜、花卉;他们培养的护士大都通过英语 4 级和具有高超的护理技能与良好的职业道德;毕业生受到了社会的广泛欢迎,就业率每年保持在 95% 以上。另外,该院的校产收入年年增加,2002 年底,已达到了产值过亿,利润上千万的水平,有力地支持了学校和地方经济的发展。在湘南的偏远地区,他们创造了宝贵的经验。像这样的例子,全国还存在很多。这都是坚持走以就业为导向,为国家和地方经济发展培养应用型人才的结果。

然而,不可否认,受大环境和传统观念的影响,部分高职院校在定位问题上仍比较模糊。他们自觉不自觉地把高职教育引到了普通本科教育的"压缩饼干"的方向。在课程设置上,照搬某些本科院校的课程;在教材编写

和使用上，与普通本科院校大同小异；在实验和实习方面，也是验证性实验多，结合职业需要的实际操作少，体现不出高职教育突出技术应用能力和技能培养的特色。这种做法，显然不利于高等职业教育的产学结合以及面向就业的应用型人才的培养。

（二）将相关政策调整到就业导向的轨道上来，为高职教育健康发展创造良好的外部环境

部分高职院校定位模糊，与目前的一些政策不无关系。在这里谈几个值得商榷的问题。

1. 高职在校生的专升本问题

目前，有些省市鼓励高职高专院校的在校生参加专升本考试，有的省市其比例高达30%左右。有的省市采取“2+2”模式，即高职高专2年级的学生，可免试直接升入本科学习。这些措施，对于扩大接受普通本科教育人群，建立高等教育的立交桥是有益的。但是，毫无疑问，专升本的比例过大，就会严重地影响高职教育应用型人才的培养，混淆高等职业教育和普通本科教育的性质和定位。

2. 高职高专院校的专升本问题

现在有一种风气，就是学校都想向高层次方向发展。而现有的院校设置政策又规定，高职院校在达到学科型设置标准时，可以升格为本科院校。最近有部分职业技术学院在调整了办学思路，成功地进行“学科型”转向后，纷纷升格为本科院校。这就使得其他职业技术学院也希望把自己建设成为普通本科院校，以此提升学校的“层次”，同时去赢得更多的国家投入。无疑，这种趋势是不利于高等职业教育发展的。

3. 投入方式与力度问题

近几年，高等职业教育在我国越来越受到重视，但还远未达到应有的程度。目前，我国的高等职业教育主要还是依靠地方政府，以及学费和学校自筹资金来维持运转和发展。由于地方政府财力所限，经费投入相对较少，学

生的学费成为大部分高职学校的主要经费来源。对于以就业为导向的高等职业教育来说,目前的政府经费投入是远远不够的。全国职教工作会议后,国家开始对部分职业技术学院有所投入,但这仍是杯水车薪。要使高职教育更好地发展,应该在投入的方式上进一步解放思想,千方百计加大经费投资改革的力度。例如,可以探索高职院校实现投资主体多元化的途径,摸索与行业和企业共建、合办高职院校的办学模式,等等。

4. 产学合作问题

要进一步鼓励社会、行业和企业加强与高等职业技术学院的产学合作。高等职业教育必须坚持走产学相结合的道路,这是一些发达国家职业教育发展的成功经验,也是我国真正办出高职特色的关键所在。职业技术学院是为社会培养下得去、用得上、留得住的实用型人才,也是为国家和地方政府解决就业问题的。社会各界特别是相关行业和企业应对高职院校给予特别的关爱,加强与高职院校合作办学。例如,行业和企业可在双方自愿的原则下,向高职院校注入资金,派出人员参与学校管理和重大事项决策,与学校共同把握办学方向;可向学校提出人才需求的规模与条件,进行订单式培养,参与制订教学计划和培养方案,改革人才培养模式与机制:与学校共建实习基地,向学校提供先进的教学设备和技术,派出专业技术人员作学校的兼职教师,帮助学校对学生进行技能培训,使学生学到真本事。另外,企业还可以委托学校帮助培训员工,节省培训时间、场地、师资和费用。这种合作或共建,对企业和职业技术学院是互补的,他们的合作应该是双赢。实践证明,高等职业教育的生命力在于不断满足社会特别是行业和企业对人才的需求。因此,紧密依托行业和企业,共同建立产学紧密合作的运行机制,已经成为发展高职教育的当务之急。

5. 学制问题

要根据职业技术和行业的特点,设置更加灵活的学制。目前高职的学制普遍是 3 年。实际上,应该根据需要设置灵活的学制。可以实行 2 ~ 3 年学制并存,即有些专业在 2 年内能够完成学业的,就可以 2 年毕业;有些的确需要学习 3 年的专业,则要坚持 3 年学制。其标准是看学生毕业后是否能适应工作。

6. 证书问题

要大力推进双(多)证制度,即学生毕业时不仅能够拿到高等教育毕业证书,同时应取得相应的职业资格证书或职业技能证书。例如学习软件专业的学生应该考软件工程师或程序员证书,或尝试考取微软、英特尔、思科等公司的资格证书。这样,学生毕业后就会有很好的就业前景,同时也能很快融入社会,尽快为社会作出贡献。

(三)以就业为导向,采取进一步措施做好人才培养模式改革和毕业生就业工作

要使高等职业教育健康地发展,除了国家和地方政府要进一步重视和支持高等职业教育,制订相应的有效政策之外,高职院校本身也要进一步提高认识,采取措施,深化人才培养模式和教学改革,加大应用型人才培养的力度。

第一,应加强对学生职业道德和诚信意识教育。职业道德和诚信教育是职教之本。对于职业技术学院的学生来说,如果不建立和培养学生爱职敬业的思想意识,缺少为用户服务的诚信态度,是很难成为合格的应用型人才的。目前,由于社会对高职教育的看法不一,造成部分学生产生自卑心理,觉得低人一等,这是不正确的。高职学生应该树立自信,努力学习,爱职敬业,干一行、爱一行,要有吃苦耐劳的实干精神,以及认真踏实的工作作风,把自己培养成行业状元。

第二,要按照教育规律和市场运作规律,进一步推进和行业、企业的结合。在办学方向和发展思路上要多听行业、企业的建议与意见;在教师队伍建设上走专兼结合之路,聘请在生产一线的高水平专家和有实践经验的专业技术人员担任高职学院的教师;在课程设置上和行业与企业的实际需求相结合,由企业提供相应的设备、技术乃至实习基地。

第三,要进一步打破专业设置界限,培养复合型的技术应用型人才,增

加学生自由选择的短期实用培训课程。目前高职院校的专业划分一般比普通本科要窄,这也是由市场和就业需要所决定的。然而,行业适应面太窄或太专以及专业设置太窄也必然会冒一定的风险。即在该行业不景气,用人需求量减少时,学院和学生抵御风险的能力低,专业结构调整相对困难。因此,应该考虑职业技术学院加大培养复合型人才的力度,允许学生自由选择相应专业。而且,在推动双证书制度的基础上,学校应多开设短期实用培训课程,以利于学生在就业环境比较严峻时,有更多的选择机会。

在就业工作方面,学校应对就业的重要性有充分的认识,作为学校工作的龙头来抓。一所高职院校成功与否,最重要的标准就是看其毕业生是否受到社会欢迎,是否有较高的就业率。国家政策和学校人才培养模式改革都应以此为出发点。学校的其他工作也应为此服务。为了加强就业工作,学校应有一支高质量的就业指导工作队伍。我们强调企业参与学校管理,强调在师资队伍上的专兼职结合,甚至以兼职为主;但是,一定要有一支专职的就业指导工作队伍。

(四)围绕就业导向,明确下一段时间的工作重点

为把高等职业教育引导到以就业为导向的方向上来,教育部高等教育司拟从以下几个方面抓好相关工作:

第一,加强和国家其他有关部门的合作,推动高职院校应届毕业生的职业技能培训工作。特别是要对那些还未找好工作的应届毕业生进行强化培训,使他们既能学到相关行业的专业知识和技能,又能有较强的实际动手能力,并在通过相应测试后获得高职毕业证书和职业资格证书,提高学生的就业能力。

高职院校也可通过这一机会加大和企业合作,大力培养实用型人才。目前,高职院校有许多应届毕业生还处于未签约状态,我们希望各地教育行政部门和学校认真组织好这一工作。

第二,开展高职院校的人才培养水平评估工作试点。通过评估,把高职院校的定位和人才培养模式向以就业为导向的实用型人才培养方向引导。

当前，我们要抓好评估指标体系的制订与调整，把满足社会需要与促进就业作为核心内容贯穿始终，促进人才培养模式改革。

第三，进一步强化人才培养模式的改革。高职院校人才培养的高质量是什么？就是高素质和具有很强技能的实用型人才。如果培养的毕业生职业道德好、技能高，又是实用型的，就业率就很容易提高。我们将和地方教育行政部门一道，进一步开展这方面的改革，开展二年制、产学合作、兼职教师队伍建设等方面的试点。国家对高职院校的投入和政策支持将与这些试点一起考虑。

第四，推动高职院校加强对学生的职业道德和诚信意识教育。鼓励和帮助学生树立爱职敬业、吃苦耐劳和认真踏实的工作作风与精神。

第五，加强以就业为导向的宣传工作，进一步营造以就业为导向的舆论氛围和环境，提高社会对高职教育重要性的认识，促进高职教育的健康发展。

我们也将进一步开展调查研究，特别是关于高职和高专的定位，以及专升本等问题的调查研究，并在此基础上，提出和制订相关政策措施，把高职教育引导到以就业为导向上来。目前，高职教育正处在蓬勃发展的大好时期，我们要进一步以就业为龙头，进一步巩固成果、深化改革、提高质量、推动高等职业教育的持续健康发展。

六、就业市场中的灰领角色

陈　宇①

主要论点

中国经济的增长速度是不低的，但是经济效率是不高的，资源浪费严

① 陈宇，中国劳动和社会保障部职业技能鉴定中心主任，本文是作者在2003年12月6日在首届上海职业培训国际论坛上的演讲。

重。造成这一现象有两大原因，即体制环境问题和劳动力素质问题。

灰领的崛起代表了世界性的产业结构调整的潮流，劳动力结构发展变化的潮流。针对就业市场中的灰领角色这一话题，笔者从中国的经济形势、就业形势、灰领的崛起及劳动和社会保障部在这方面做的工作四个方面展开论述。

1. 中国的经济形势

从1978年中国开始改革开放到今天，1/4个世纪过去了，25年前，中国的领导人曾提出一个计划“20年GDP翻两番”，也就是增长4倍，每年的GDP增长要达到7.2个百分点。当时，几乎没有几个人相信这件事情是可能的，但是中国人做到了这一点。25年后的今天，我们看到中国的GDP从1978年的5000亿人民币发展到2002年的100000亿人民币。按可比价格计算，我国的GDP增长了8.5倍，在这25年中，保持了9.3%的年增长速度，今天的一个中国相当于1/4世纪前的8个中国。这是人类近代史上的一个奇迹，但对我们来说，最重要的不是过去，而是未来。我们希望在今后的25年中，还保持这样良好的发展势头，这样我们就可以在21世纪的上半叶，使我国的人均GDP达到中等发达国家的水平，实现现代化的目标，为世界做出更大的贡献。但从另一个方面看，中国的发展还面临不小的困难和风险，一些重要的经济指标所反映的一些情况和我们良好的经济增长势头是有矛盾的。说明我们的经济增长后面隐藏着严峻的挑战，特别值得我们注意的是，最近5年以来，在中国经济高速增长的同时，我们的物价一直处在低迷状态。我们的消费是低迷的，我们的通货是收缩的，我们银行的不良资产在增加，坏账率在提高，失业情况也在加剧，很多国有企业的职工在下岗。GDP的高速增长和这些指标的下滑是非常矛盾的，这些矛盾已经引发了中国以及许多国外的经济学家激烈的讨论。笔者认为矛盾的背后有一点是清楚的，中国经济的增长速度是不低的，但是经济效率是不高的，资源浪费严重。造成这一现象有两大原因，即体制环境问题和劳动力素质问题。十六届三中全会做出的决定主要解决的是体制问题，而劳动力素质低的问题只能通过加强教育、培训来解决。

2. 就业形势

中国就业总的形势有两点：总量过剩；结构失调。中国劳动力总数高达8.1亿。其中1/3在城市，2/3在农村，源源不断的价格低廉的劳动力是支持中国在过去25年中经济高速增长的主要资源。但是，低素质的廉价劳动力也正是种种问题产生的根源。结构性的失业也成为新的问题，有的人没有事情做，有的事没有人去做。劳动力的结构可以分为三个层次，领导层、技术技能层、操作执行层。在经济起飞阶段，领导层的人数少，而操作执行层的人数多，形成一个三角形。在经济高速增长阶段，要求领导层人数增多，技术技能层人数减少，形成一个葫芦形。在中国出现了大学毕业生找工作难的现象，一些公司高薪请不到一名技师，这种现象在日本、韩国、欧美都出现过。在产业结构优化阶段，中间层的人才不断出现，就形成了两头小、中间大的形状。在这次研讨会上，上海提出了灰领这一概念，灰领的崛起代表了世界性的产业结构调整的潮流，劳动力结构发展变化的潮流。

3. 灰领的崛起

现代社会发展的历史就是技术技能发展的历史。现代的科学学说和科学原理介入到了生产领域，而且这种介入速度越来越快。科学原理转化为产品、转化为生产力的过程中产生了理论性技术技能，它对人类的发展产生了很大的影响。理论性技术技能就是运用知识进行生产的本领。现在每一个劳动者所应掌握的是经验性技能和理论性技术技能的结合，是现代生产的关键特征。在现今，一个科学学说转变为一个科学产品的速度是越来越快，极大地推动了现代科学技能的发展，与此同时，也迅速造就了一大批掌握高超现代技术技能的人才，这就是我们所说的灰领人才崛起的原因。灰领人才在经济社会的发展过程中有非常重要的作用：灰领阶层是生产的核心骨干力量；灰领阶层是财富均衡依托的力量；灰领阶层是社会的中坚稳定力量。

4. 劳动与社会保障部在这方面做的工作

由于技术技能人才的短缺引起了国家领导的高度重视，2002年以来，我们按照国务院的部署，采取了一系列的措施。第一，按照中央学历文凭和职业资格证书并重的政策，制定了国家职业资格证书制度，使国家人力资源资格的认证除了传统的学历文凭以外，还有了一条新的通道。第二，确定了高技术技能人才的社会地位，在国家的政策上，规定了高技术技能人才享有高的经济待遇和社会地位。第三，依托学校开展高技能人才的培养。第四，依托重点企业培养高级技术技能人才。第五，制定国家高技能人才开发计划，在十个主要产业开展推广和培养高技术技能人才。中国现有7000万操作人员，其中进入高级技术技能队伍的人数只占4%，这是一个很小的比例。中国每年有600万人参加国家职业技能鉴定，其中参加高级技术技能鉴定的不到10%。上海率先推出推动灰领人才发展这一活动，代表了中国人力资源未来的开发方向。

七、培养灰领人才是缓解大学生就业压力的重要途径

鲍敏中　章　鲁①

近年来我国高校毕业生数量逐年增多，大学毕业生就业难已成为全社会关注的热点问题。之所以就业难，主要原因是出现结构性矛盾，不少专业培养的大学生并不符合就业市场需求，尤其是在以各种尖端技术产业、信息产业和高技能服务业为代表的知识经济时代，新兴产业和传统产业中新职业大量出现，要求求职者既有理论和专业知识，又有很强的动手能力，这造成了人才市场一方面“有人没事干”，大学毕业生就业压力越来越大：另一方面“有事没人干”，许多技术性、技能性岗位却招不到人，特别是大量灰领型

① 鲍敏中，民盟上海市副主委、教授、博导；章鲁，民盟中央委员，上海第二医大教授、博导；2004年3月4日，中国网。

的新职业、新岗位严重缺才。灰领，是指具有较高的知识层次、较强的创新能力、掌握熟练的心智技能的新兴技能人才。随着我国即将成为世界制造中心，灰领人才在制造业乃至整个经济持续发展中成为稀缺资源，仅上海就缺口1.5万人。这种状况直接影响了我国工业在现代化技术方面的吸收，影响了企业对高技术附加值产品的生产甚至企业正常的生产。

就业是民生之本。大力培养灰领型职业技能人才，对缓解大学生就业压力，提升企业产品开发和科研转化能力，具有十分重要的战略意义和现实意义。

（一）充分认识培养灰领人才对缓解大学生就业难的重要性

我国工业以制造业为中心，制造业增加值占GDP的40%。财政收入的一半来自制造业，将近一半的城市人口的就业机会是由制造业提供的。目前，中国制造业已拥有一定的竞争力，而灰领是生产分工中的重要阶层，在生产过程中起着纽带和连接作用，是生产现场的技术骨干和灵魂。随着经济结构的不断调整，灰领的概念有新的延伸，除了第二产业中的核心制造业，第二产业的创意产业也层出不穷，如服装设计师、色彩搭配师、广告创意设计师、数字音乐制作师，等等。

应该看到，作为人才培养重要来源的高校，长期偏重于培养学术型人才，造成了白领、管理者居多的倒金字塔型。但人才资源市场并不需要这么多从事研究和管理工作的白领，供大于求的必然结果是劳动力剩余。可以预计，今后白领、蓝领与灰领的比例将成菱形状，即白领和蓝领的比例会逐渐减少，灰领会越来越多，会越来越受社会欢迎，成为吃香的“银领”，成为社会的主要群体和大学生求职的主要方向。因此，造就灰领人才，对缓解大学生就业的结构型矛盾将起到重要作用。

(二)提高全社会对灰领人才以及灰领就业理念的认知度

灰领概念的产生,源于产业结构的提升,它标志着我国从学历社会向资格社会的转型已经开始。为适应这一转型,无论社会还是大学生都需转变观念,提高对灰领人才和灰领就业理念的认知度。

要在社会上大力营造科学家、CEO 等金领是人才,灰领也是人才的社会氛围。利用新闻媒体广泛宣传“三百六十行、行行出状元”的新人才观,宣传学技术有用、有技术光荣、能工巧匠同样可以致富的灰领人才的成才事迹。通过类似上海市曾举办的发布市场信息、组织灰领职业大赛和人才交流会等活动,恢复和强化灰领人才在社会中应有的地位和作用,正确衡量灰领人才的劳动价值。尽快改变目前存在的重学术轻技能,重学历轻能力的现象。

近几年,人才市场上属灰领型的新职业、新岗位严重缺人,相关专业毕业生的出路较好已是不争的事实。由于灰领掌握的技术大多属于企业的稀缺资源,一些大型外企的高级技师年薪超过公司经理,与金领相比毫不逊色。因此,要引导大学生以及家长,对专业选择和求职目标要有正确的认识。决定一个人职位的,往往不是想要什么,而是市场需要什么,学生本身能力和特长是什么,尤其是在高考录取率成倍增长而需求没有大幅度增加的状况下,更应在自我职业生涯设计中准确定位。只有在适应社会需求的前提下,才可能实现自己追求的价值。

(三)采取多种途径大力培养灰领人才

灰领人才走俏的信号表明,在相当一段时期内灰领就业将成为大学生就业的主流。为此,政府、学校以及社会各部门都应予以高度重视并采取切实措施。

社会岗位培训是培养灰领人才的重要途径。各地政府主管部门要发挥主导作用,把培养灰领人才纳入经济和社会发展规划,构建市场化社会化的职业培训体系。通过制定政策、调解利益、配置资源等手段，形成各级各类技能人才与经济、科技发展同步增长的机制。建议：在鉴定标准、计划大纲、培训教材等方面加大调整力度，形成一系列新的职业培训和职业鉴定标准体系；各地建立若干个开放式公共实训基地，为灰领人才培训提供操作实训平台；采取政府补贴等方式引导企业或社会培训机构调整培训方向和专业设置；设立专项基金，为待业大学毕业生成为灰领提供针对性的职业技能培训，以解决就业问题。人事部门要对就业准入制度、劳动分配制度、人事制度等作适当倾斜，建立以人才实际能力和业绩为评价标准的人才评价和流动制度，以实际操作能力和工作业绩为标准的灰领型专业的毕业生职称评审标准。

高等院校要为培养大批灰领人才担负起义不容辞的责任。要根据各地经济产业结构调整，弄清灰领型人才紧缺类型和结构分布，在高等职业技术院校和应用技术型本科院校中大力培养此类人才。高职院校应突出职业教育的办学特点，重视学生职业技术、技能和创新能力以及敬业精神的培养。专业设置与劳动力市场需求相结合，教学内容与国家职业标准相衔接。采取“订单教学”的校企合作培养模式，实行学业文凭和职业资格“双证书”制度。大力发展应用技术型本科院校，此类高校要找准定位，突出应用技能培养的办学特色。要按照人才市场供求信号进行学科、专业和教学内容的调整，以适应社会需要。在培养学生的知识、能力、技能等方面都要与其他综合性本科院校有所区别。要注重贴近实际、贴近实战需要，在通识教育基础上实施宽口径专业教育并渗透素质教育，为社会培养大批的基础厚、专业精、技能强、素质高的符合知识经济时代要求的灰领人才。

八、关于高等职业教育专业教学改革若干问题的思考

孙中范①

我国的高等职业教育虽然与国外先进国家相比起步较晚，但在教育部实施“三改一补”以及“二教统筹”的方针指导下，经过全国高职战线广大干部和教职工的艰苦努力，近几年来，我国高等职业教育的改革和发展出现了良好的态势，为新世纪深化高等教育体制和教育结构的改革奠定了良好的基础。

为了贯彻第三次全国教育工作会议精神，教育部于1999年11月召开了第一次全国高职高专教学工作会议，并下发了教高〔2000〕2号文件《教育部关于加强高职高专教育人才培养工作的意见》。文件明确了高等职业教育的基本特征，制定了符合中国国情的发展高等职业教育的方针、任务和工作思路，成为开创我国高等职业教育新局面的指导性文件。为了全面推进高等职业教育的改革和发展，从2000年起，教育部在全国高等职业技术学院、高等专科学校、成人高校及本科院校的职业技术学院中，启动了《新世纪高职高专教育人才培养模式和教学内容体系改革与建设项目计划》，并广泛开展了以提高人才培养质量为目的、以人才培养模式改革与创新为主题的专业教学改革试点工作，极大地调动了高等职业教育战线的各级领导和广大教师的积极性，促进了高等职业教育事业的迅速发展。

自2000年6月教育部高教司下发〔2000〕32号文《关于在高职高专教育中开展专业教学改革试点工作的通知》以来，在各省市和相关院校初评、申

① 孙中范，中国工运学院院长，《天津成人高等学校联合学报》，2003年5卷2期。

报的基础上，高教司和各省教育行政部门分批组织专家组进行了评审和考察遴选，确定了一批部级和省级教学改革试点专业。专业教改试点工作进展顺利，有力地推动了全国高职高专院校的全面改革与建设，促进了高职高专教育教学质量的提高。各地教育行政部门和相关院校把专业教学改革工作作为学校教学改革的突破口，千方百计加大投入，加强教学基本建设，积极探索技术应用型人才的培养模式，极大地推动了学校的各项改革与建设。专业教学改革试点工作影响面广，改革力度大，取得了显著成效。

为了进一步深化高等职业教育的改革，努力提高高职教育的教学质量，办出高职特色，根据试点专业的一些经验，本文就专业教学改革的相关问题发表一点思考性的意见。

（一）要始终把转变教育思想观念贯穿教学改革的全过程

这次教改试点专业在制订教改方案中，都以转变教育思想观念为先导，广泛开展了教育思想的大讨论。逐步明确高等职业教育的基本特征，树立具有高职特色的人才观、质量观和教学观。高职专业教学改革，坚持为地方或行业经济发展服务的方向，以提高人才培养质量为目的，以技术应用型人才培养模式的改革与创新为主题，进一步明确了专业教学改革的指导思想。但是由于教育思想观念转变的程度不同，教学改革的思路差别很大。实践证明，转变教育思想观念是高职教学改革的先导，教育思想观念转变得越快，教学改革的思路就更加清晰。转变教育思想观念是个长期的任务，教育思想观念大讨论不仅体现在试点方案的制订中，而且应当贯穿教学改革试点的各个阶段，始终体现在教改的全过程之中。随着教育改革的不断深入，研究新情况，解决新问题，不断探索创新的教改思路，都必须以转变教育思想观念为基础。当前，应当进一步加强高等职业教育的理论研究，着重研究高等职业教育的定位，坚持高等职业教育是有别于学科型、研究型、工程型的高层次职业技术教育新的类型，它的主体是培养高等技术应用型人才的教育。另外，还应当研究如何把终身教育思想体现在高职教学改革中，探索学历教育与非学历教育相结合的办学模式和多方筹措办学经费的办学体制。应当逐步淡化普通教育与成人教育、学历教育与非学历教育、全日制学习与非全日制学习之间的界限,把满足多样化社会需求作为高等职业教育的目标。高职院校应当逐步实现全方位的开放式办学模式,争取成为社会成员终生进行职业技术教育的场所,逐步变成实施终身教育的重要载体。

(二)高等职业教育专业培养目标的准确定位

根据社会经济和科技发展的需求,确定专业的人才培养目标,对专业建设、体现专业的特色、提高教学质量都具有至关重要的意义。高等职业教育与传统的学科型教育是两种不同类型的教育,因此在专业设置、培养目标和学生的业务规格等方面都有各自的特点。学科型高等教育是以学科的建设和发展作为专业改革和建设的出发点,培养目标应当突出学科本位的特征;而高等职业教育则应当以社会需求为导向来设置专业,围绕地方或行业经济科技发展的需求开展专业教学改革,培养目标要突出职业技术教育的特征。

试点专业非常注意对专业的社会背景和行业背景的分析。大家普遍认识到,高职教育的教学改革必须适应时代发展的要求,直接为地方或行业经济建设服务,紧密依托行业或企业,满足社会对技术应用型人才的需求,这是专业教学改革的出发点。为此,各试点专业组织力量,深入行业或企业一线,广泛开展调查研究,对人才需求预测作了比较充分的分析,与用人单位共同寻求人才培养规格的准确定位。

高职专业教学改革首先应当把握人才培养目标的准确定位,培养目标定位不准,将直接影响专业教学改革的效果。从目前专业教改试点的情况来看,有些专业存在着培养目标定得过高、过宽或过窄的现象。有的为了招生或专升本的需要,将专业名称定为某某工程专业,提出培养工程师、设计师的目标,这种过高的培养目标既不符合高职教育的特征,而且在实际的教学计划中也难以实现。有的为了学生就业的方便,培养目标定得过于宽泛,如包含工程设计开发、施工技术与管理、监理、概预算等；甚至有的专业口径包含工业技术、农业技术、商业技术等，这种过宽的人才培养目标使教学内容过于宽泛庞杂，不利于人才的培养。也有的专业培养目标制定得过窄，仅针对目前市场需要的某一个具体职业岗位而定，但随着科学技术的发展，职业岗位的变动和岗位技术含量的不断提高，缺乏开发学生可持续发展的潜力，这是一种急功近利的表现。正确确定专业培养目标，是高职专业教学改革的前提，需要在教学改革过程中不断探索完善。

《教育部关于加强高职高专教育人才培养工作的意见》指出："高职高专教育是我国高等教育的重要组成部分，培养拥护党的基本路线，适应生产、建设、管理、服务第一线需要的德、智、体、美等方面全面发展的高等技术应用性专门人才。"它为高等职业教育人才培养目标明确了方向。正确确定高等职业教育专业人才培养的目标和学生业务规格的准确定位，笔者认为应当把握以下基本特征：

其一，培养技术应用型人才是高职专业人才培养目标的基本内涵。高等职业教育的主体是培养将科学、工程、设计转化为现实生产力的高等技术专门人才。如第一产业重点培养农业生产技术人员和经营管理人员、小型乡镇企业管理人员和市场营销人才等；第二产业重点培养技术员、高级技师、市场营销和企业基层管理人员、高新技术产业的高级智能工人等；第三产业重点培养经营管理人才和业务人才等。根据基层职业岗位的需要，应当培养大批懂市场、懂企业、懂专业的复合型应用人才。

其二，高职专业人才培养目标应当突出职业性、行业性的特点。高职教育是直接为地方或行业经济发展服务的，教育面向地方或行业所需要的职业岗位。就这个意义说高职教育也是就业教育，教学过程主要为学生就业服务。但也不能把高职教育说成是终结教育，也要考虑学生的可持续发展。

其三，高职教育是高等教育的重要组成部分，是一种职业特征鲜明的高层次职业技术教育。在人才培养的目标确定上，应体现德、智、体全面发展的高级专门人才的特征。

其四，高职教育是培养生产、建设、管理、服务第一线需要的专门人才，人才培养目标的重点下移是专业教学改革的一个方向。专业教学改革应当眼睛向下,面向基层一线的需要,培养“下得去、留得住、用得上”的技术或管理人才。

(三)积极探索多样化的人才培养模式

人才培养模式的改革与创新是高职专业教学改革的目标与核心问题。试点专业都在总结各自教学改革实际经验的基础上,发挥各自专业的优势,提出了具有创新精神和高职特色的专业教学改革的基本思路。以主动适应社会需求为目标,以培养技术应用能力和综合素质为主线,设计学生的知识、能力、素质结构;以职业技术领域和岗位群的实际需要为出发点,制定专业人才培养规格和培养方案:突出实践教学环节,重新构建理论教学体系、实践教学体系和素质教学体系。体现了“新专业有新理念,传统专业有新思路”的思想,加大力度改造传统专业,努力建设培养高新技术人才的新专业,以提升专业教学改革的水平。试点专业的教改方案各有特色,有的借鉴加拿大 CBE 模式重建课程体系;有的在原有课程改革的基础上重组整合课程结构,建立新的教学体系;有的专业为了增加就业的适应性,建立一个公共知识平台,分设若干专业方向;有的实行技能素质本位、“一主两辅”的教改方案;有的探索学做结合、两段式教改方案,等等。总之,大家都以创新精神,努力探索多样化的高等职业教育人才培养模式。

根据一些试点专业的经验,高职教育的人才培养模式应当具有以下特性:

多样性。高等职业教育自身专业的多样化和课程结构的复杂性决定了高职人才培养模式的多样性。同时,高等教育的大众化是以多样化为前提的。随着我国高等教育进入大众化阶段,高等教育就必须用尽可能多的形式和手段,来满足人们对高等教育的不同需求,满足社会各行各业对人才多层次、多类型、多规格的需求。高等教育大众化决定了高等教育的多样性。而多样性的高等教育必定要有多样性的人才培养模式去适应。

应用性。高等职业教育所面向的是某一特定职业岗位群的实际需要，比普通高等教育更加体现职业特殊性。因而，应用性是高职人才培养模式的显著特征。高职教育强调职业技能、技术应用和职业素质的培养。而对理论基础则以“必需、够用”为度。因此，高职教育以应用为主旨和特征构建课程和教学内容体系。

实践性。实践性是高职人才培养模式的重要特征，因为高职教育必须重视学生实践能力的培养。在高职教育培养计划中，专业实践课时所占比例较大，实验、实习、实训是培养学生实践能力的主要手段。

动态性。高职人才培养模式的动态性是由经济和科技发展的快速性和人才需求市场的多变性决定的。它要求人才培养模式必须遵循高职教育的基本规律，即人才培养模式要随着社会的变革和发展不断调整充实新的内涵。但在一定时期内，人才培养模式又是相对稳定的。

(四)加大课程体系和教学内容改革的力度

高等职业教育专业教学改革的核心是课程体系和教学内容的改革，它也是专业教学改革的难点和重点。课程体系和教学内容改革的力度，表明专业教学改革的深度，体现高职特色的教学质量。试点专业在这方面下了很多功夫，也积累了一些经验，但从整个高等职业教育来说还是一个薄弱环节，需要我们下大力气取得突破性的进展。

为了更好地体现高等职业教育的特点，笔者认为在课程体系和教学内容的改革方面，应当处理好以下几个问题：

1. 以培养技术应用能力为主线设计学生的知识、能力、素质结构和培养方案

任何一个专业的培养方案都要正确处理知识、能力、素质的关系。传统高等教育是以学科知识的传授为中心的教育体系，因此，打牢基础知识，拓宽专业口径，强调素质教育是学科型课程体系的基本要求。而高等职业教育的基本特征，是以培养技术应用能力为主旨构建新的课程体系，这是对传

统教育观念的一个突破。

从试点专业的情况来看,在知识、能力、素质三者关系中存在这样几种倾向:一是在突出实践能力的培养方面,过分强调动手能力、技艺能力,忽略知识对能力的支撑和潜在的作用。二是过分强调在教学过程中培养职业岗位所需的各种能力,而事实上职业岗位所需的各种能力不可能在学校教育中一次性完成。而且岗位能力在实践中是不断变化的。三是受传统教育观念的影响,强调"厚基础、宽口径"的培养方案,这既不符合高职特征,也很难在教学计划中得以体现。因此,在高职专业教学改革的过程中,应从实际出发,不断探索知识、能力、素质三者之间的关系。笔者认为在高职专业课程体系的构建中,突出技术应用能力的培养为主线的方针决不应动摇,但应着重建立以关键能力、创造性思维和创业能力为主的实践教学体系,突出特点,抓住重点。提高教学质量,使学生成为合格的高等技术应用性人才。

2. 正确把握基础理论必需、够用为度

教高〔2000〕2 号文件提出:"基础理论教学要以应用为目的,以必需、够用为度,专业课教学要加强针对性和应用性。"在试点专业的教改中对此有多种不同的理解。有的专业培养方案中,仅以岗位能力培养为准,基础理论过分薄弱,缺少高等教育的理论支撑,影响学生的可持续发展:有的专业培养方案,受传统教育观念的影响,强调"厚基础,宽口径"。

在基础课程的设置中,一方面应注意高等教育的基本规格,去掉没有应用价值的部分,保留必需的基础知识,加强外语和计算机的教学。应调整专业课程的结构,注意拓宽专业知识领域,课程设置不一定很深,但专业知识面应当宽泛一些。专业教改方案应当重组、整合课程结构,突出主干课程的建设和关键能力的培养。处理好教学内容针对性和适应性的关系,使专业教学改革更加突出高职教育的特色。

3. 把素质教育贯穿教学活动的全过程

试点专业在素质教育中,都强调加强两课教学,并取得了一定的成绩,这是完全必要的。应注意加强学生的专业教育和人文素质教育的结合,大力开展第二课堂或选修课,加大人文科学课程的分量。特别在基础课、专业课教学和实践教学环节中体现素质教育，培养学生创业精神、创新精神、团队协作精神，进行爱岗敬业、艰苦奋斗的教育。总之，素质教育是一项系统工程，应当贯穿在教改方案的全过程，体现在学校教育的始终。建设一种具有高职特色的校园文化，是素质教育的重要标志。

（五）紧密依托行业或企业建立产学研结合的有效运行机制

高等技术应用型人才的培养必须坚持走产学研结合的道路，这是一些发达国家职业教育成功的经验，也是办出高职特色的关键。因此高教司提出，高职高专教育教改试点专业必须有产学研结合的背景，实行一票否决制。凡被遴选为部级教学改革试点的专业，除了重视校内实验室、实训基地的建设外，都与相关行业或企业签订了产学合作的协议，企业不仅为学生提供稳定的校外实训基地，而且参与专业培养目标、人才培养方案的制定，支持学校校内实训基地的建设，承担专业课和实践教学任务，全方位参与人才培养。教师到企业锻炼并与企业合作开发科研项目，为学校“双师型”教师的培养和教师科研能力的提高创造了条件，也为提高学生的实际工作能力、解决就业提供了条件。

有的专业根据行业的发展和教学改革的需要，已建立了校内实训中心，开设了校办工厂和公司，将教学、科研和生产实践紧密地结合，取得了可观的社会效益和经济效益。有的学校实行校企合作办学，使学校教育与企业发展紧密结合。

高等职业教育是直接为经济建设培养应用性人才的教育，它的生命力在于不断满足社会特别是行业、企业对人才的需求。因此，紧密依托行业和企业，建立产学研密切结合的运行机制，是发展高职教育的一个关键问题。在多数高职高专院校由省级教育行政部门统一管理的情况下，建议教育行政部门应当加大协调力度，注意发挥部门、行业组织在高职教育中的不可替代的作用。探索教育行政部门与相关业务主管部门、行业组织共建高职教育的体制，运用市场机制，尽快建立学校、行业、企业共建产学研紧密合作的有效运行机制，最终实现学校、企业、学员“三赢”的效果。许多学校反映，目前建立产学研合作机制，单靠学校自身的努力有很大困难，希望政府和教育主管部门加大扶持力度。

(六)加大投入，加强教学基本建设

加大经费投入、加强教学基本建设，是保证专业教学改革顺利进行、努力提高高职教学质量的前提条件。目前已经确定的试点专业教学条件都有了一定的基础，但要真正实现示范专业的目标，多数专业还有很大差距。对此，教育行政部门和学校应当有清醒的认识。在今后专业教学改革试点中，要提高认识，多方筹措资金，加大对专业教改的资金投入力度，花大力气加强教学基本建设。力争通过二至五年的试点，在全国建设一批设备先进、科技含量较高、具有现代化手段的国家级专业实验室、实训中心和校外实训基地；培养一批“双师型”的骨干教师队伍和一流的专业教学改革的带头人；编写一批适合高职教育特点的专业教材。目前，教育经费短缺、教学设施相对落后，是高职教育存在的一个普遍性问题。在建立多元化投资体制的过程中，加大政府投入仍然是主要渠道。建议教育行政部门和学校要千方百计加大对试点专业的投入，实行倾斜政策，落实试点规划和保障措施，这是实现示范专业最重要的保证条件。

(七)建立与完善同高职教育相关的国家职业资格认证制度和劳动就业准入制度

目前，高职高专院校在完成学历教育的同时，都在实行职业资格证书教育，使毕业生在拿到学历文凭的同时，能够拿到几种职业资格证书或技能证书，为学生就业提供方便条件。但在这方面国家还没有建立起规范的制度，高职教育与劳动就业脱节仍是一个亟待解决的问题。建议教育行政部门尽快与国家相关部门协调，借鉴国外一些先进的做法，建立国家职业能力标准和国家职业资格认证制度，切实落实持证上岗制度，完善劳动准入制度。高职高专院校按照国家职业能力标准和职业资格制度的要求改革人才培养模式，使高职教育、劳动就业、职业资格培训紧密结合，培养更加适销对路的高等技术应用型人才。

九、国外职业教育发展现状及对我国的启示

曹　莉　王　明　杨　捷①

（一）培养模式

1. 德国“双元制”模式

“双元制”是一种国家立法支持、校企合作共建的办学制度。“双元制”中的一元是指职业学校，其主要职能是传授与职业有关的专业知识；另一元是企业或公共事业单位等校外实训场所，其主要职能是让学生在企业里接受职业技能方面的专业培训。这种“双元制”模式针对性较强，重能力，能充分调动企业办学的积极性。在这种制度保证下，企业不仅会制定完善的培训规划，促进专业理论与职业实践相结合，强化技能培养，而且能提供充足的培训经费，使教学有足够的物质保证。这种模式对德国高素质劳动者的培养、产品的高质量，以及保持其经济在国际上的竞争力，都起着重要的作用。但其对企业的过分依赖、培训职业的过分专业化，使其极易受到经济发展起伏的制约。

2. 以美国、加拿大为代表的 CBE 模式

以能力为基础的教育（Competency Based Education），简称 CBE，产生于“二战”后。现在广泛应用于美国、加拿大等北美的职业教育中，也是当今一

① 作者均为南开大学职业技术学院教授，《职业技术教育》，2000 年 34 期。

种较为先进的职业教育模式。其主要特点是:首先由学校聘请行业中一批具有代表性的专家组成专业委员会,按照岗位群的需要,层层分解,确定从事这一职业所需具备的能力,明确培养目标。然后,再由学校组织相关教学人员,按照教学规律,将相同、相近的各项能力进行总结、归纳,构成教学模块,制定教学大纲,依此施教。其科学性体现在它打破了以传统的公共课、基础课为主导的教学模式,强调以岗位群所需职业能力的培养为核心,保证了职业能力培养目标的顺利实现。

3. 以英国、澳大利业为代表的"CBET"模式

能力本位的教育和培训(Competency Based Education and Training),简称为 CBET。CBET 的特点是依赖职业能力分析的结果,确立权威性国家能力标准。通过与这些标准相比较,可确定学员的等级水平。所谓国家能力标准,指的是按照就业中所必须履行的工作职责和所必须执行的工作任务,就其所涉及的知识技能以及这些知识、技能的应用所作的明确说明。国家能力标准的确定,可以使有关方面据此制定全国通用的职业资格证书,也能够使每一个普通公众从不同阶段、以不同的水平或方式进入职业教育体系,并可在这一体系中经过自身的不断努力取得所需要的职业资格。由此可见,CBET 在学习成果的认可上,体现了很强的灵活性和开放性。这种模式能增进公众和各行业对国家证书整体上的认可和信心。

(二)课程设计

目前,国外最典型的课程设计有德国模式和加拿大 CBE 课程设计模式。德国职业教育课程设计是以职业活动的行为过程为导向,将基础知识、专业知识合理地组合成一个专业技术知识体系。普通理论课教学内容较为浅显,不过多强调高深的理论知识,做到浅而实在、学以致用,而专业必修课门类虽少,却几乎覆盖了专业所需的所有理论,知识面广、综合性强,非常有利于培养"宽基础、复合型"的职业技术人才。同时,其普通理论教学与专业实践教学的课时之比为 3:7,增加了现场实习与实务的课程和学分,大大提高

了学生掌握技能的熟练程度，有利于增强学生对企业生产、管理的广泛适应性，便于其迅速就业和转岗。加拿大的 CBE 课程设计与德国有所不同，其具体步骤分为两步：第一步制定 DACUM 表，第二步编制课程大纲。DACUM 表的制定是由校方邀请企业代表组成委员会，由委员会通过分析、归纳确定这一职业应具备的综合能力。编制教学大纲则是由学校组织有关的教学人员对 DACUM 表进行分析。首先将相同或相近的知识归类，构成可以在一定时期内完成的教学模块，也就是构成一门课程；然后将课程排序，按基础、专业和实际工作需要顺序排列，构成课程大纲。同时，课程大纲中再加入一些非专业课程，约占 25%。这种课程设计，既有利于调动企业助学的积极性，又可在很大程度上避免培养目标脱离实际的现象，是一种较为实用和易于操作的方法。

（三）教学方法

20 世纪 70 年代以来，国外职教界开始探索以学生为主体，引导学生积极思维，充分发挥他们主观能动性的教学方法。CBE 教学模式采用了“自我培训评估系统”，强调学生的自我评估，重视学生反馈能力的培养。教师在教学过程中不再是知识的传授者、讲解者，而是指导者、咨询者；学生不再是被动地接受，而是主动地获取。这就极大地培养了学生的自觉性和责任心。在教学手段上，CBE 综合运用了演示法、读书指导法、练习法、参观法、讨论法、模拟法、实习实验法及现代化电教手段，体现了个体化教学，使学生的积极性得到了最大限度的调动，学生的独立思考能力、创新能力均得到了全面的提高。

（四）校企合作

在德国，政府出面干预，使产学合作制度化，使学校和企业相互支援、共同受益。一方面，企业要按给予学校的财力支援比例来分享教育成果；另一方面,学校要通过培养企业所需人才,来接受企业的资金援助。同时,政府设立“产业合作委员会”,对企业和学校双方进行控制和监督,对与学校合作的企业给予一定的财政补偿。对不依靠大学培养人才的企业则增加一定的税金,并公开因教育水平低而不能满足企业需要的学校名单,减少或停止对其财政支持,以此来促进企业与学校间的相互合作。

(五)启示

1. 转变教育观念,重新确定培养目标

长期以来,我国在发展职业教育的问题上,思想观念上始终存在着误区,认为职校生低人一等,只能做些简单的、重复性的工作,或者认为应让高考落榜生接受高职教育等,这都是对职业教育的错误认识。职业教育与普通教育的主要区别在于:各自的培养目标不同,侧重点不同。职业教育是以能力为本位的教育,以培养实用型、技能型人才为目的,培养面向生产第一线所急需的技术、管理、服务人才。

2. 改革专业设置和教学内容,建立新的课程体系和教材体系

在专业设置上,要根据地方经济建设对实用型人才的需求及时进行调整。要通过深入的调查研究,以敏锐的眼光,及时发现潜在的人才需求,适时开办相应的新专业,形成自己的专业优势。同时,教学内容要以培养一线人才的岗位技能为中心,充分体现培养目标。按照理论教学与实践并重、相互渗透的原则,适当增加实验和实训的比例,改革专业过于狭窄的状况,实行弹性学制等,探索不同专业的教学体系和人才培养模式。教材改革应加强宏观调控和政策倾斜,不能只管编,不管试验,不能只靠下发几个指导文件来推进。必须设置相应职能部门、监督部门等进行系列配套改革。

3. 积极探索产学合作的办学路子

产学合作、社会参与是职业教育的基本特征,也是充分利用社会资源的基本渠道。产学双方要努力加强对话,学校应主动采取行动,积极满足产业界的需要;企业应当完善与产学合作有关的各项制度,建立完备的交流基

础。只有引进产学结合的办学机制,充分发挥学校和企业的各自优势,才能真正做到成果共享,尽快地增加教学投入,改善教学条件,提高教学质量。

4. 完善资格认证制度

为确认职业教育与普通教育的同等地位,应成立一个机构来规范职业教育的管理,建立一个统一的全国性的资格证书体系,来保证各职业资格相互间的认可。加强学术教育与职业教育的一体化,完善学术资格与职业资格之间的转换;实行职业资格证书和学位证书并举的制度,增强两者之间互补的灵活性和渗透性。

5. 积极发展我国教育的"拳头项目"

德国要求其职业教育处于世界领先水平的做法是值得借鉴的。我国在职业教育的某些领域,发展自己的"拳头项目"是完全必要和可能的。我国若能在有些领域主要依靠自己的力量建立起具有国际先进水平的训练基地,将在国际上具有很强的说服力,也能更好地指导、激励和促进我国职业教育的普及和发展。

十、新世纪中国工程教育的改革与发展

朱高峰①

(一)背景

我们现在讨论新世纪工程教育的改革和发展,首先要考虑时代背景。这个背景是什么？笔者认为主要有以下几个方面：

(1)新技术革命。当前以信息技术为代表的新技术革命正处在一个方兴未艾的时期。尽管最近这一年多来信息产业碰到了很严峻的情况,就是

① 中国工程院院士,《高等工程教育研究》,2003年01期。

泡沫破灭,但是信息技术本身的发展及其应用的逐渐深入这个趋势是不会改变的。泡沫的破灭将使信息技术对社会发展各方面所起的作用更实际、更有效。

(2)经济发展。特别是对我们中国来讲,在十年以前就提出了要实施两个根本性转变。但到现在为止根本性转变还远远没有完成。从经济体制上来讲,要从计划经济向市场经济转变,这个转变在进行过程中取得了相当大的进展,但是还远远没有完成;从经济增长方式上来讲,要从粗放式的经济向集约式的经济转变,这个转变只是刚起步,还有一个相当长的过程。

(3)教育体系变化。改革开放以来,特别是近几年来,整个教育体系发生了很大的变化。

(4)加入世贸组织。2001年我们正式加入了世贸组织,人才和教育的国际化问题已经摆在我们的面前,成为不可回避的问题。

我们应从上述几个方面来分析时代背景,并在这样的大背景下来研究工程教育的问题。

(二)需求

要研究教育系统。首先要看有什么需求。笔者认为需求有两个方面,这两方面都还有很多值得研究的问题。

(1)关于数量。对数量的需求又可分为两个方面,一个是总量需求,另一个是结构需求。先谈总量需求。数量并不是单纯讲我们需要100万、200万、300万、1000万,等等。最近中组部、人事部拟订的人才规划中提到,我国现在已经有5000万的各种事业人才,数量已经相当大了。除了总的绝对数量以外,现在谈得很多的是一个比例问题。大家都知道,这几年我们一直在讲,总人口中大学生占的比重是多少、毛入学率是多少、每年入学率要增加多少等都是讲的比例问题。我们当然应该考虑比例问题,但是比例恐怕不能够单纯归结为与人口的比例关系。与人口的比例关系是一个非常重要的指标,也可以说是一个很基本的指标,比如说九年义务教育的入学率、文盲半文盲的比重等。但对各类教育来说,同时还要考虑到其他各方面的比例问题。前几年,工程院做的关于工程教育改革的课题中提出,对工程所需要的人才,要考虑与工业规模和经济规模的比例问题。我们的经济规模多大,我们需要多少人才,这里面应该有一个比例关系。其他方面的教育可能就有其他方面的比例了。各个国家的情况不一样。比如我们国家的工业在整个经济总量、经济结构中占了很大的比重。我们工科学生的比例也是相当大的,远远超过美国,美国工科学生的比例为10%左右,我们现在工科学生的比例接近40%。大家知道,美国的律师数量是全世界第一,据说全世界律师有一半在美国。各个国家社会结构不一样,例如工业在经济中的比重,美国现在不到20%,我们现在是40%以上。因此,除了与总人口的比例关系外,还要考虑各种门类的比例,以及与社会发展相适应的一些关系,应该全面地考虑这些问题。

再谈结构需求。结构也有两个方面,一个是纵向结构,即所谓的层次结构;另一个是横向结构,或称专业结构。我们社会需要的人到底是划一的、单一的某一类人、某一个层次的人,还是不同层次的人?很明显,我们社会需要不同层次的人。最近已经暴露出一个很严重的情况,就是高级技工严重缺乏,很多地方招技术工人,开出来的条件比大学生甚至比硕士研究生还要高,但是招不到人。不研究结构问题,只用一个统一的、划一的标准去要求我们的年轻人都成为同一类型的人,它显然是有问题的。

现在我们大家都在谈软件产业。软件产业现在就缺两头的人,一头是缺能够搞系统设计的人,或软件总体设计的人;另外一头是缺软件工人,即所谓的软件蓝领。我们培养的都是从大学毕业的本科生、研究生,刚毕业的学生,不可能去搞整个系统设计,从学校的培养系统来讲,也没有软件的系统设计。因为教师本身就没有搞过,怎么知道如何培养?顶层的人才要从学校直接培养出来,恐怕是挺难的。顶层的人才没有,而下面的层次我们又不培养。所以纵向结构的问题是一个很大的问题。

横向结构,或者说专业结构,也是一个问题。各种不同门类之间的比例,特别是交叉学科的问题,很值得研究。现在的专业划分,对于新专业的产生很难。举一个例子，在改革过程中，曾经把本科专业里的物流专业取消了。但物流这个行业在社会上非常走俏，到处需要人才，原来一些少得可怜的专业人员在社会上非常抢手，有的学校物流专业的教师被这个方面请去做规划、那个方面请去做咨询，等等。笔者曾经跟主管部门有关同志谈过这个事，想咨询一下。他第一个问题是，物流属于什么大类？笔者也不清楚到底有多少大类；他又问笔者是文科还是理工科？笔者说，很难说清楚，恐怕是一个交叉学科，如果工科学校去办，会更多地侧重于工科的内容，如果文科学校去办，可能更侧重于文科的内容。后来，笔者说正因为说不清楚属于什么大类，因此更需要发展，它是一个交叉学科。而我们现在这种分类的管理办法非常不利于交叉学科的发展。现在美国有的学校开设金融工程专业，我国也有地方开设了，金融工程属于什么大类？属于会融还是属于工程？或者说，属于经济还是属于工程？不好讲。

(2)关于质量。第二个需求方面就是质量，教育质量的重要性世界公认。它包括三个方面：知识、能力、道德。说法上可能不一样。用的词也可能不一样，能力这个词在英文中用词也不一样，有的叫 Capability、Ability，有的叫 Skills，各种说法都有，但都是讲能力。道德在英文中叫 Ethics，但我们有时翻译成 Morallity，人家就不明白了。资本主义国家对道德也是非常重视的，当然，跟我们的做法可能不一样。

(三)现状

我们教育的现状到底怎么样？总的来讲，从新中国成立到现在，工程教育有两次大的变化。

第一次是新中国成立初期，按照苏联的模式，进行了院系调整。在座的年纪大一点的同志可能都经历过调整，有的年纪比较大的当时是教师，更多的是学生，都经历过调整。当时建立了一系列专科学校，工科比重相当大。这次的模式是从苏联学来的，而苏联的模式基本上是德国的模式，是以培养实用人才为主的一种教育体系。这在我们新中国成立以后大规模工业化的过程中起到了好的作用,但也带来了很多问题。

第二次是改革开放以来,大家经过反思,认为这个模式本来就不完善,而我们在学习过程中又有很多的发展,有的专业分得比苏联还细。大家觉得专业分得太细,不利于学科之间交叉、不利于人才成长,等等。回顾新中国成立以前,我们基本上是学美国的模式,觉得现在应该适当地向原来的模式回归,因此就扩大专业的范围,或是合并相关专业;然后是最近几年大规模的并校,建立以综合大学为主体的高等教育格局。近期的重大变化主要有三个方面,一是并校,二是扩招,三是管理体制改变。管理体制的改变主要是部门所属高校给撤销了,除了个别的部门,大多数部门的院校都已经撤销;同时,实行两级办学,一个是中央教育部,第二就是省市政府。

应该说,新中国成立以来,我们培养了一大批人才,从数量上讲,基本上满足了新中国成立 50 年以来的需要;从质量上讲,新中国成立以后,各种经济、社会发展的成就,包括"两弹一星",是哪些人创造的呢?除了有一些当年从国外回来的科学家作为领军人才,大量的人才还是我们自己培养成长起来的。应该说,我国高等教育达到了一定的质量水平。

(四)解难

在我国高等教育事业中,还存在一些难题,有待我们解决。

(1)数量问题。在数量方面,对现在的总量,有截然不同的看法,分歧很大。一种是主流意见,认为现在总量还不够,主要是以总人口比例为出发点,认为我们比发达国家低得多,应该让每个人特别是让年轻人都能够接受高等教育,因此我们的数量还远远不够。这是主流看法,特别是前几年的看法。现在有些变化,扩招的速度已经降下来了。另一种看法,认为现在我国经济发展水平跟发达国家还有很大的差距,我们的社会资源能不能支撑一个跟发达国家匹敌的教育体系呢?特别是我们的基础教育如此薄弱,按义务教育的要求,我们还有很多农民的子女上不起小学。教育经费中高等教育所占的比重,我国可能是世界上最高的。2002 年的"两会"期间,大家对农业、农村和农民问题，包括农村教育问题，呼吁非常强烈。为什么城市的基础教育是由政府承担，农村的基础教育要由农民自己承担呢？本来农民的收入大约只有城市人均收入的1/3，在这个情况下，我们老讲要脱贫，要扶助农业，但农村最基础的教育，还要农民自己去负担，这是极大的不公平。这是我们教育资源的分配问题。另外一个是教育资源的来源问题，它当然应该增加，但增加是不是应有一个限度呢？到底能够增加多大程度、能够满足多大程度呢？

(2)质量问题。笔者认为质量在三个方面都存在问题。

第一，知识陈旧。传统专业也好，新兴的专业也好，都有问题。传统专业几十年来，当然经过了很多变化，但是很多教材还是更新不够。对新兴专业来讲，更是跟不上，我们教育部门跟科学技术的发展有一段距离，跟不上，所以出现知识陈旧的问题。

第二，能力缺乏。在当前的主导思想影响和扩招后的实际情况下，实践环节、实际动手能力的培养，在教学内容中越来越少。亲自动手的，所谓Hands-on，现在很少了。而做书面上的东西，如设计等，也都是出一些模拟的题目，结合实际越来越少，能够真刀真枪做的越来越少。除了动手能力外，笔者认为思维能力的培养也是相当差的。大学里，或者整个教学领域里，基本上没有"方法论"，如思维方法、逻辑等内容，所以学生的思维能力相当差。当然还有自学能力、表达能力、合作能力差，等等。

第三，道德空泛。我们有道德教育，并且形式上很重视，属于雷打不动。但我们的道德教育内容空泛，它对道德形成，尤其是对一个年轻人的道德形成，是不是真正起到了应有的作用，恐怕差距很大。

(3)学制问题。学制方面的问题比较大。尽管多年来推行学分制，但是到现在为止，还没有真正建立学分制，仍是年限制，尽管有点学分的味道。转学、转系等基本上不允许。最近清华开办的软件学院是从别的学院里把一些学生转过来，但也不是学生自己想怎么样，而是学校有计划地去转一部分人。张维老先生在世的时候，特别强调让学生根据自己的情况，在各条不同的教育线之间打通的问题。各条线之间能不能打通？比如现在一再提到的高等职业教育，学生毕业以后，能不能让他考研究生？现在是不允许。因此，在这条线上，就只能一条路走到底了，这种情况很不利于人才成长。

(4)管理问题。管理上面恐怕效果还是比较差的，或者称管理低效。并校后，大学校长下面有各个学院的领导，层次增加了，校长比过去更忙了，办事也更困难了。

(五)探讨

下面，笔者想提出几个问题，有些观点不一定对，请大家一起研究、讨论。

(1)目标。我们工程教育的目标是什么？到底是工程师还是科学家？我们曾经提过，四年制学校的毕业生，因为在校期间实践的环节很少，要能直接担任工程师的工作恐怕还有困难，所以我们提出要培养工程师的毛坯。但是现在我们各个学校里，整个体系、模式还是科学的模式，因而培养的都是学科学士、硕士。我们有一些工程类硕士，但是数量很少，并且限于在职。作为工程教育来讲，培养的模式到底是什么？当然，工程中需要一部分工程科学家，但比重应该是很小的，绝大部分都应该是工程师，或者说工程师的毛坯，应该是这一类人。大家都知道，工程师和科学家是两种不同的职业，有不同的根本任务，科学家是为了探索世界去发现，工程师是为了改造世界去创造。所以这是一个问题，在理念上、实践中，都有待解决。在我们工程院教育委员会内，大家一致认为这个问题很清楚，但是在整个教育界，这个问题并没有解决。

(2)性质。是工程教育还是科学教育？这跟上面的问题密切相关，包括我们上一代人，甚至再上一代人，对科学与工程、技术的看法有高低之分。笔者举个例子，也可能大家觉得这很可笑，比如说 MIT，我们中国翻译成什么？麻省理工学院。在这里，我们暂且不说学院这个词了，现在都要办大学了，我们很看不起学院。但当年还没有这种情况，所以“学院”还是照原文译过来了，那么理工，在英文原文中，哪一个是理？哪一个是工？它的名词里既没有理，也没有字面上的工，人家原意是麻省技术学院，正确翻译过来就应该是麻省技术学院。Caltech，我们翻译成加州理工学院，可人家明明是加州技术学院，而且，谁也不否认该学院中有世界著名的科学大师，也有许多世界知名的非常杰出的工程师。可能我们在翻译的时候（这是我们前辈的前辈翻译的），觉得技术学院不太好听吧，就翻成理工学院了。笔者认为，看来是一个名词的问题，没有什么了不起，但是它反映的这种思想传到今天仍在起作用，因此高校不断地改名，从学院改大学，在名词里边无论如何要把更高级的东西加进去。什么是高级的东西？就是科学。科比技高，理比工高，大概就是这么个概念。所以，怎样形成我们自己的以培养工程师为目标的工程教育体系，这个问题很值得研究。

（3）特点。这里有几个关系：第一个是理论与实践的关系，能否正确处理；第二个是探索与应用的关系，科学主要是探索，工程主要是应用，主要用来解决实际问题；第三个是分析与综合的关系，一般来说，科学是用分析的方法去做的，而我们搞工程的人要综合。现代的任何一项有一定规模的工程，都不是单一学科的。你说一架飞机是什么工程？现在我们叫航空工程。但现在一架战斗机上的电子设备的价值已经超过机身本身的价值。你说它是什么呢？它的学科基础是空气动力学，要飞起来当然要研究空气动力；但若除此之外，飞机里边别的什么也没有，能解决问题吗？所以，工程的问题本质上来讲是综合。

（4）主体。教育的主体是谁？是老师还是学生？过去有很多说法，主要的形象还是老师，主体是教师。现在看来，逐渐在变化，向学生为主体变化。学生学得进去或学不进去，到底学了些什么东西，这是结果，是主要的。当然名师出高徒，这是另外一回事了，但是名师教的这一班学生是不是都好，不一定，学生有各种各样的情况。

（5）体制。体制包括两方面，一个是体系，一个是制度。关于体系方面，主要是单一化和多样化的问题。究竟我们大家都要成为同样模式的学校，所有的学校都要跟清华、北大看齐，都要办成北大、清华的模式，还是我们各有各的不同的模式、不同的层次？我们去看了加州州立大学（CSU），我们一去,他们就介绍:我们不是UC(UC是美国所谓的研究型大学),不是研究型大学。我们就是满足实际需要。美国的高等教育有三个层次,一个是UC,一个是州立大学,还有一个就是College,即所谓社区学院,人家讲得很明确,对自己定位很清楚。但我们这里低层次的都要向高层次看齐,大家都要达到一个同样的水平。所以,搞这个“工程”、那个“工程”,最后都是要不断扩大规模。一流大学现在到底是怎么个说法,要搞多少个,笔者也搞不太清楚;“211”现在到底有多少了,也弄不太明白。关于制度方面,究竟应该是统一的死板的还是灵活的,也值得研究。

(6)评价。到底对学校怎么评价、对教育怎么评价,这次我们也有很深的感受。美国对教育的评价,这几年来有了很大的变化。美国搞了新的2000年的评价标准。最大的改变就是过去评价教师教了什么,现在评价学生学到了什么。过去评教师,往往是看你课程设了多少,看你怎么样教,硬件条件怎么样,像我们这里就讲操场跑道是300米,还是400米。笔者对这就特别反感。300米跑道就培养不出好学生,400米跑道就能培养一个好学生吗?类似这样的问题,都是看硬件怎么样。现在的主要评价是看学生学到了什么。这是评价体系的问题。

(7)本科地位问题。特别是在研究型大学里本科处在什么地位,美国前些年有所忽视,现在有了很大变化,对本科非常重视。针对本科生到底怎样更快地成长,在有限的年限里怎样使他们学到更多的东西,他们采取了很多措施。

(8)道德问题。关于道德,首先要明确,它到底是知识的传授,还是精神的导向。现在我们好像变成一门知识的传授,当然这里有些基础知识,这没有问题。如果一个人对我们祖国的历史、地理一窍不通,什么也不知道,就像我们最近歌手大赛里边,有人对香港是什么时候回归的问题都说不出来,那你谈什么道德基础,当然就无从说起。但是根本问题还是一个精神问题。到底是一个科目、一门课程,还是贯穿渗透在整个学习生活中?如果是一门课,上课时,讲的是道德,出了这个教室,在这门课以外,你爱怎么办就怎么办,这样行吗?2009年李政道教授在人大会堂作报告,他讲,当年费米是他的导师,当时导师有一条规定:每个礼拜,一定要有半天的时间师生两个人交谈,海阔天空,什么都可以谈,任何问题都可以谈,这样的话导师才能真正做到言传身教。导师通过这种方式来影响、引导他的学生。而我们在道德教育上,把它归结成一门课程,归结成一些知识的传播。知识传播不是说不需要,但是道德到底是一个什么问题,笔者觉得这个问题需要弄清楚。现在我们一个导师能带几十个研究生,你能有影响力、能言传身教吗? 就是在知识方面,你能真正传授吗?

(9)信息化。信息化到底是目的还是手段? 这次我们访问美国也很有体会。我们去看了一个凤凰城大学的网上大学(Phoenix University On - line),他们已经毕业了10万人,但是它自己没有建任何设施,它就是用因特网,通过EMail的方式,建立了学生跟导师24小时的联系,任何时间学生都可以跟老师联系。我们远程教学也搞信息化,但首先是搞先进的宽带网络。美国不是没有宽带网络,他们的宽带网络发展很快,而凤凰城大学就没有花大力气去建设信息网络。所以我们往往把手段当作目的,网络建了不少,最后教育搞得怎么样? 不好说。

(10)产业化。对教育产业化问题分歧很大,但在这里笔者不想对产业化本身讲什么,要讲产业化就要讲市场,这里有两个层次的市场必须考虑。一是教育服务的市场,现在教育界谈的主要是教育服务市场。讲教育服务市场,就是说有多少人愿意出多少钱到学校来受什么样的教育,能不能进得来等,都是讲的这个问题。但是,这与第二个层次——人才市场有密切的关系。人才市场到底怎么样? 笔者看到报上介绍,2002年,某个地方进行了人才供需调查,从供给量上讲第一位是计算机专业,从需求方面讲第一位也是计算机;但是它后边一句话,供过于求第一位的也是计算机。这是报纸上刊登的,笔者不知道它的可靠性怎么样。因此,讲教育服务市场必须密切关注人才市场。因为教育本身有一个相当长的滞后,这两个市场本身是分别运作的。学校招生与毕业生就业是分别操作的,中间还有相当长的时间间隔,5年、10年以后,到底怎么样? 能否预见? 现在教育费用如此昂贵,家长宁可自己吃咸菜,钱省下来一定要孩子上大学,目的是希望他将来找一个好的工作,并不是单纯让他提高素质,将来干什么再说。但是几年之后,他毕业了，他能找到好的工作吗？这两者之间的关系，如果不是统一来考虑，会出现什么结果？今后两三年，对扩招就会有比较明显的反馈。希望不要有太大的问题，但实际情况怎么样，不是以我们的善良愿望为依据的。

（六）方向

关于教育的发展方向，谈三点看法。

（1）综合化。谈综合化，既涉及内容，又涉及方法。

内容方面包括：①自然科学与人文科学的综合。现在我们的工程师跟过去不一样，现在的市场经济需要大量的人文科学知识，当然，作为道德教育的基础也需要人文知识。②科学与技术的紧密结合。③理论与实践的结合。④科技与管理的结合。⑤知识、能力与道德之间的综合。从内容来讲，这几个方面都需要综合考虑，需要紧密结合。

方法方面包括：①教与学之间的关系，教与学要紧密结合。有人讲，有了远程教育了，今后我们就可以开大课，几百人，甚至几千人，一个人讲课，全国都可以听。这是一种方式，但是不是基本的方式？恐怕还得研究。这个说法主要考虑到我们高水平的教师太少。随着教育事业的发展，恐怕教学班应该是越来越小。比如我刚才讲到的，凤凰城的网上大学，看起来可以上千人一起听课，但实际上，它的一个班只有十来个人，就比一般的班要小。它的教师要在网上联系学生，随时和学生交流，学生之间也可以交流，这样，它的教学班都很小。所以教与学之间有个结合的问题。②本科与研究生教育之间怎么打通、怎么结合的问题。③学校与社会怎么结合的问题。④校园内部与远程怎么结合的问题。凤凰城大学没有设工科，它对工科非常慎重，因为工科需要很多实验的环境，尽管现在有虚拟现实，但是看来还不能够起到替代真正实践的效果。在教育过程中，包括知识、能力与道德的结合，没有面对面的接触，你怎么来做道德教育工作呢？远程很好，可以起很大作用，但是能否替代面对面？笔者认为是替代不了的。⑤院校教育与继续教育、终身学习结合的问题。

（2）多样化。教育层次、学科专业、学制，都需要多样化。

（3）国际化。关于国际化，内容很多，值得重视的有三点：第一，要很好地吸取国外对我们有用的经验，不管来自哪一方面，只要对我们有好处的、有用的，都要吸收，但不能盲目地去学习。第二，可以合作办教育。我们国家在教育方面还是管得比较严格的，现在有的办合作教育没有经教育部批准，但是已经办了，也还是比较有成效的。将来应该有所发展。第三，人才流动问题。面对国际化的环境，我们的人才开展国际合作或出国工作能不能适应，这是一个很大的问题。还有外语教学问题。对我们的外语教学，笔者是不予好评的。花了这么多年，从小学就开始，现在有的从小学一年级就开始，学到大学毕业，水平怎么样？有很多人对话对不了，看资料也不一定看得很准确，更不要说写作。我们怎样适应人才在国际上的流动，怎样更好地做好工作，我们的人员怎么出去工作，等等，这里都有很多问题需要研究。

今天利用这个时间谈谈一些看法，主要还是提一些问题，希望共同来讨论研究。工程教育是一个非常重要的问题，应该说是关系到我们国家的整体利益的问题。我们的社会进步、国家富强，要靠我们的经济发展，经济发展靠科学技术，科学技术发展靠人才，人才靠教育。因此教育是决定我们国家命运的根本问题。

十一、灰领——高技能人才的最新发展

陈　宇①

（一）灰领的发展渊源

通常，劳动力结构可以这样划分层次：上面是决策层、指挥层、管理层；

① 陈宇，中国劳动和社会保障部职业技能鉴定中心主任，《职业》，2004年02期。

下面是执行层、实施层、操作层。决策层主要靠科学原理和科学技术方法来指挥生产活动；执行层主要靠经验、靠实践来完成生产活动。在工业化初期，生产很可能就只有这两个层次。但是，由于工业发展过程中引起的生产复杂化和操作技术化，逐步在上层和下层之间产生了中间层，即技术技能层。这个中间层的主要任务就是把上面的科学理论、方法和下面的经验、实践、操作有机地结合起来。生产越发展，产品科技含量越高，中间层的作用就越重要。

在不同的国家中，对中间层有不同的称谓。在美、英等国叫技术师、工艺师，在日、韩等国叫技能长、技术士，或者高级技术士。我国过去几乎没有相应称谓，由属于工人系列的一部分高级操作人员，以及属于工程师系列的一部分助理工程师、技术员担当其职责。现在国家职业资格系列中的二级（技师）和一级（高级技师）可能最符合他们的特征定位。

在大多数工业化国家的发展过程中，劳动力结构的变动呈现了以下阶段性特征：

第一阶段，起飞阶段。GDP 在人均 300 美元到 1000 美元之间，劳动力结构呈三角形。在这一阶段，上层和中间层人数都很少，人才非常匮乏。因此，国家的主要目标就是通过发展基础和高等教育，大力培养人才。

第二阶段，增长阶段。GDP 从人均 1000 美元向 3000 美元冲击。这一阶段经济高速增长，而劳动力结构则呈现出一种“两头大、中间小”的现象，或者说像中国人过去喜欢用的一种叫“葫芦”的东西。在国家大力发展教育的过程中，许多青年进入大学，甚至到海外留学，大批决策管理层人才被培养出来。所以上面这一层开始变大，下面操作层也仍然很大，就是中间层出现严重匮乏。我们国家现在就处在这个阶段。我们看到 2004 年的大学毕业生找工作难，同时一般岗位、操作岗位人员找工作也难。但是，中间层人才特别是高级技术技能人才严重匮乏。报纸上、电视上说现在企业出价月薪 6000 元、8000 元，年薪 10 万、20 万，招聘不到一个技师或高级技师。这种现象在韩国、日本以及欧美国家工业化过程中都出现过。

第三阶段，优化阶段。产业结构和劳动力结构不断优化，劳动力结构开始呈现出“两头小、中间大”的新特征。产业结构的优化，主要是生产的科技含量不断提高的结果，它导致了生产过程中需要越来越多能够把复杂的科学原理和科学技术方法，不断转化为现实的操作、运行、产品和服务的人。这就导致中间层的地位越来越受到重视，技术技能层面的人才不断扩张增长。这一趋势最终导致了劳动力结构呈现出上述两头小、中间大的“啤酒桶”形状。

（二）灰领的崛起

如果我们把决策层（上层）叫做白领，把操作层（下层）叫做蓝领，那么，把两者之间的中间层叫做灰领，也是顺理成章的事情。从英文看，Grey 这个词本身就有介于两者之间的意思。

但是，灰领概念的提出，不仅仅是对过去概念的形象描述，还有着新的意义。那就是在知识经济时代即将到来的时候，灰领的出现，代表了世界性产业发展和劳动力发展中的一种潮流，也代表了世界性职业变动的一种潮流。

从一定意义上说，现代工业化社会发展的历史，就是生产技能发展的历史。生产技能经历了“经验型技能”、“技术型技能”这两个阶段后，在知识经济初现端倪的今天，与技术型技能不同的另一种形态的技能“知识型技能”开始发挥越来越大的作用。所谓知识型技能，就是在新的生产条件下，人们把科学知识、科学原理和科学方法直接运用到生产活动中，创造出现实的产品和服务的能力。在很多情境下，这种能力表现为以熟练的心智技能为基础的实际动手操作能力。此外，由于现代科学的各个分支急剧互相渗透，生产服务的综合化、技术技能的相互交叉叠加，产生了一批掌握多种不同技能的复合型人群。如机电一体化人才、综合服务一体化人才，以及新兴的创意和操作一体化的人才。“复合型多技能”也成为现代生产技能的重要组成部分。

我们可以看到，现在掌握了高超生产技能的人，由三部分组成：一部分是工业化以来就出现的技术型技能人群，他们掌握的技术更加复杂，科技含量更高。另一部分是掌握了丰富的现代科学知识，同时又具有很强的动手能力，从事技能性工作的人群，可以叫做知识型技能人群。他们很可能是未来知识经济时代的生产主力军。第三部分是掌握了各种不同技能的复合型多技能人群。

特别值得注意的是，过去的高技能人才，往往是从蓝领层中发展而来，曾被称为高级蓝领。现在，以上三种类型的高技能人才，就不仅仅是从蓝领中发展而来了，大量原来从事白领层工作的人正转化到这种新型高技能人才之中。显然，灰领这一概念，很好地描述和界定了这一新的、发展中的高技能群体。和高技能灰领群体的崛起相呼应，在整个社会分工中，一批新的职业、新的工种和新的技能涌现出来。这次在上海开展的灰领职业推介活动中，向社会推介的植物养护师、数控加工中心程序员、物流配送师、旅游顾问、喜庆策划师等多个职业，就是其中的典型代表。

（三）灰领群体的社会地位和作用

从灰领形成和发展的历史背景和现实状况，我们可以看出，正在崛起的灰领群体在经济社会发展过程中将起到非常重大的作用。

第一，灰领阶层将是知识经济时代的生产骨干和主力。承上启下的灰领阶层，既拥有相当的科学理论知识，又具备熟练的动手操作能力。他们是把设计、指挥、决策、管理的意图贯彻到生产、操作层面的纽带。他们是把上面的科学技术方法和下面的丰富实践经验结合起来的通道。他们是生产的中坚，在新兴的、知识型的产业中他们甚至将成为生产的主体。

第二，灰领阶层是社会均衡财富分配的依托。在整个劳动力结构中，灰领处于中间位置，他们是人力资源质量的主要依托，也是社会财富实现，以及社会财富均衡分配的主要依托，他们的收入处在白领和蓝领之间。这样一个庞大的中间价位的工薪劳动者的出现，非常有利于社会财富的均衡分配，对于消除当前我们面临的社会财富分配悬殊的问题有积极的意义。

第三，灰领阶层作为社会中坚，是保持社会稳定和发展的健康力量。当前在全球范围内出现的两极分化，导致了严重的世界性和地区性问题。从根本上消除社会的严重分裂和分割，就需要在建立社会秩序的同时，培育社会中最稳定的中间阶层。这样的一个中坚阶层是保障社会安定的基础。

第七章　社会广角聚焦灰领

一、加强职业教育，全力打造“灰领”

李丹丹　张帆等①

在昆明市2004年11月18日召开的全国商业职业教育年会上，与会专家呼吁，我国不仅需要一大批拔尖创新人才，而且需要大量“灰领”，即数以千万计的专门人才和数以亿计的高素质劳动者。打造“银领”、“灰领”，仅有9年义务教育是不够的，必须依靠各级各类职业教育和职业培训。

全国商业职业教育教学指导委员会会长乔正康介绍说，近年来我国职业教育获得了巨大发展。中等职业教育的招生人数从2001年的398万人增加到2003年的515万人，增长28%。高等职业教育面向经济社会发展培养高技能人才，1998年至2003年，高职在校生从117万人增加到480万人，增长了3.1倍，占普通高校在校生总数的42%。

乔正康指出，我国职业教育虽然取得了很大成就，但仍不能适应全面建设小康社会的要求。目前，我国还有1150万国有企业下岗失业人员，数以亿计的农村富余劳动力急需进行技能培训；我国高级技工、技师占技术工人总

① 作者均为商业职业教育指导委员会委员。

量的比例只有3.5%左右，远远低于发达国家20%至40%的水平。我国每年大约有2000万初中生毕业，其中700多万人升入普通高中，500多万人进入职业学校，还有700多万人，主要是农村初中毕业生，没有机会接受职业教育和培训，直接进入劳动力市场。

与会专家认为，如何进一步为广大农村劳动力和潜在劳动力向城镇转移提供优质服务，是当前国内职业教育培训急需破解的难题。

(一)国际"灰领"培养初尝试

"灰领"，这个极度短缺让企业四处搜求、整体断档，让教育界猛醒的群体已经热了两年。经济发展对"灰领"人才的急迫需求，也在两年内导致政府政策导向、职业教育格局、百姓教育投资都发生了巨大的变化。

而今，培养国际"灰领"又被提上了教育界的日程。2004年8月5日，北京国际教育博览会系列访谈的题目就是：中外联姻打造国际"灰领"。参加讨论的五位嘉宾分别是：

黄群惠：中国社科院工业经济研究所企业管理研究室主任研究员，中国社科院管理科学研究中心副主任、博士。

吴清萍：北京市财经学校副校长、中国计算机学会职教专业委员会主任。

刘淼女士：新加坡特许科技学院驻京代表。

肖飞：毕业于北京市财经学校，现就职于香港港龙航空公司。

姚海峰：毕业于北京信息职业技术学院计算机信息与通讯技术专业，现就职于中国电子科技集团公司第12研究所。

(二)国际"灰领"就业率高

吴清萍介绍了北京市财经学校的情况：作为北京市第一家尝试中外合作办学开展职业教育的学校，北京财经学校开展职教已经九年，输送了1000

多个毕业生。他们大部分都出国了，到英国留学，在那儿读一年可以取得本科学历，相当一部分毕业生已经在国外就业。也有一部分在国内就业，起薪大都在4000元以上。我们的专业原来有国际商务管理，现在有商务英语、商务信息技术、电子商务等，这类专业都在拓宽，每年招生都比较“火”。在北京市财经学校学习四年，学生的英语可以达到雅思5.0；有的学生去考托福，也可以考到600～650分，去美国就没有障碍了。之所以能够取得这样的成果，一是我们使用英文教材，还有就是有外教授课，专业课都是双语教学。其他的专业也不错，比如计算机、导游、金融、财会专业等。

北京市财经学校的办学侧重点是利用中外合作办学的新模式来大力推进职业教育，推进办学质量的提高。我们的就业率在99%，就业后收入也不少。她认为不能拿国内中等学校的水平来衡量职校。作为外方驻华的代表，我们是1993年开始涉足中外合资办学，2000年开始在北京正式成立了中外合资的学院，在北京信息技术职业学院成立了国际分院，培训的专业是计算机信息技术与通讯。因为是职业教育、中外合作，课程设立多注重技能合成，就是以实践为基础，掌握技能的学生正好是国内各企业，包括计算机、IT领域方面企业的适合型人才。我们提供的是新西兰本科学士学位，也有新西兰基督城理工学院的专科，同时也可以选择到新西兰学习一年拿到本科学士学位。我们在2004年2月信息职业技术学院成立后毕业的第一批学生中，有的同时拿到了本校的毕业证书和新西兰基督学院CPIT的大专证书，这是我们国家教育部认可的证书。

（三）学费不低生源不愁

刘淼谈到现在我们在不断地扩展我们职业教育领域的业务，从2009年2月份开始我们和中国国际人才交流协会合作，为中国机械行业的大型企业提供市场营销的研究生课程。据2008年统计，市场营销专业在全国范围需求量是最高的。我们还和国家留学基金管理委员会合作专科以及本科、研究生课程。

黄群惠谈到现在媒体上对“灰领”炒得非常热，但是这种炒作不会使“灰领”这个阶层昙花一现。将来“灰领”这个概念有可能会瘫痪，但是这个概念提出之前很多人做的职业就已经属于“灰领”范畴了。所以“灰领”这个概念也许会被其他更热的或更好听的名字取代，但是对我们现在所淡的“灰领”来说，它的需求量必然会越来越大。

吴清萍谈到国内教育现在有一种压缩教育时限的趋势，例如研究生教育要由三年压缩为两年，但是职业技术院校反而延长了学习年限。为增加学生的知识和能力，北京财经学校已经把学习年限由三年延长为四年。毕业后可以在国外就业，也可以回国。学生学成回国很大部分都是做商务、做秘书、做咨询。跟以前相比，职业技术院校的招生状况办学质量好的学校依旧很好，我们 97 个班，每年很快就招满了。

刘森谈到我们在北京现在已经有 4 所合作办学学校，其中一所高职院校，三所中专学校，如北京电子工业学校。它们的招生状况都比较好。现在我们不仅在北京地区拓展还向外地拓展，例如和江苏经贸职业技术学院合作等，它们的招生状况也非常好。

吴清萍谈到姚海峰就读职校的学费是 12000 元/年，这么高的学费会不会把国内的中外合作办学的职校变成贵族学校呢？不会。这是学生自愿的选择，因为如果不通过正规的培训就出国，办签证留学也需要花费 6 万 ~ 8 万元，而且还没有培训。现在我们是 11000 元/年，四年共计 44000 元，外教的工资较高，所收学费起码得够支付。但这个学费标准家长能够接受，很多家庭有经济基础，想送孩子出去留学又想走得稳妥，因此家长觉得这个投资值。

黄群惠谈到关于学费问题国家有国家的标准，但任何一个事物的价值，是由市场供需来决定的，如果这个价位有人来读，学校当然可以这样定，这说明有一个正常供需的关系。

（四）注重技能不死读书

姚海峰谈到作为中外合作办学的职校毕业生，他感觉学到了很多知识，既有理论也有实际，我们动手能力很强，不是老死对着书本。我们每周都学计算机，每周都有很长时间上机。还是双语教学，使英语水平提高得很快。

当年在报考的时候，他选择报考职校而不是像有些学生那样一心只考本科。因为这个专业比较热门，另外也想到本科生毕业之后不一定能找到好工作。职校比较注重技术，学的都是将来很有用的，对找工作很有帮助。另外学习时间三年也比较适宜。

现在我国的大学本科教育已经非常普及了，招收的学生越来越多，他认为，应该说职校毕业生在技能这方面专一些，而普通高校则在文化知识或者说理论方面更强。不过由于职校毕业生要比大学本科生早参加工作，知识面可能窄一些，但是这一缺陷完全可以通过后天的学习补充。

吴清萍谈到原来学校比较重视投资设备，现在更重视打造精品专业，培养精品人才。这种技能型的精品人才，跟平常我们所说的国家的精英是有不同的。实际上，“灰领”更有技能，还有工作能力。“灰领”应该比较适合于我们现在的经济发展，职业教育培养的是专业技能人才。我们国家基本上是世界的一个制造中心，或者说正往这方面发展，而现在短缺的恰恰是具有专门技能的人才，这确实决定了国家未来的经济竞争力。“灰领”肯定有工作前景，这个人群成长起来后国家的现代化就有希望了。

（五）强调实训拓宽就业

吴清萍谈到现在职业技术院校培养出来的大批“灰领”人才的前途不错，只要专业定位符合市场需求，就业前景是非常好的。现在我们毕业生的薪酬最低 4000 元，6000 元、8000 元的也有。目前市场上海报设计、网站设计都急需人才，因此做美术的“灰领”就业非常好。包括做工程制图收入也不菲，这类人才也很紧俏。我们有一个学生他所在的公司很大，他的英语非常好，有的本科毕业生的职位都比他低，他的薪酬比本科毕业生要高，待遇非常好。另外，有一个外企的老总，在他身边工作的年轻人有复旦、清华毕业的，还有留学回来的，但他最喜欢的就是我们这里毕业的学生。

吴清萍认为在引导就业方面,除了正常的教学、技能强化、社会实践外,我们还有一个重要的教育就是职业指导。她建议从一入学就开始做职业指导,否则学生学习没有动力。如果一入学就开始做,学生就知道怎么来规划自己的人生,这非常重要。

刘淼谈到我们在就业方面也下了很大功夫,比如和北京一些大的 IT 企业,包括搜狐、新浪等大的网站联络,为学生就业提供一个很好的渠道。

吴清萍认为我们的目标是在提高学生文化基础的前提下,重点培养技能。教师除了教学以外,对学生还要进行实训。这个实训不是一般的训练,比如做平面设计,接了海报、版面设计后,学生必须要完成一个完整的活儿,并且一定要让他学会并很熟练地做好。为此,学校的专业委员会就要培训师资,告诉教师实训的理念。教材建设方面就要编出实训的教材,学校方面就要实施。我们现在在开拓这条路,而且已经在扎扎实实地做,四年时间不能够耽误,2009 年一定得做出一个真东西来。

刘淼谈到我们学校是直接和企业接轨,学生在上学期间就联系企业。我们现在有 IT 方面的技术课程,有金融的、管理的、计算机软件开发的,和企业需求正好是相符合的。学生完成两大部分可以拿到毕业证书,一个是平时学,一个是考试。在平时课业成绩出来的同时,就吸收了企业需要的东西。

(六)国际“灰领”必须出国深造

吴清萍认为国内很多职校也培养灰领,而我们中外合作学校则提出培养国际“灰领”。国际“灰领”和一股“灰领”的区别,是国际“灰领”必须出国深造,学生的能力不能局限于外语或计算机方面,国内为什么不能培养国际灰领呢?因为工作环境、学习环境都不同,学生自己就有这种体验。国外的环境造就了学生自己要自强,如果没有机会就要自己去争取,在国外能发展就发展,不能发展就回国。

刘淼认为:必须跨出国门,因为国内外教学理念、生活理念、就业观念等各方面都不一样，国内外的教育结合才能让学生知道国内和国外有什么不同。

吴清萍认为：培养能力，包括操作能力、管理能力是很有用的。在国外，生存、合作必须得自己去努力争取，没有人来帮助你。

目前国内职业院校培养出来的人才跟中外合作办学的院校培养出来的"灰领"人才，二者之间的主要差距，简单地说有语言的差距，以及对国外世界的状况认识上的差距。

刘森认为：国外办学特别注重实践，我们与之有教学理念的差别，还有国际化语言的差别，因此对学生造成的影响不一样，学生的起点也不一样。我们现在已经加入WTO，希望更多的中国学生即使不进入中外合作办学学校学习，也要较多地了解国外的理念。一个学生要想成为职业国际"灰领"，想进入中外合作学校读书，不管他选择什么专业，首先需要有一个认识国际合作的意识。毕业出来后成为什么人，也取决于他自己的意识。

二、高等职业教育发展定位中的若干问题

吴　岩①

（一）中国高等职业教育发展情况分析

我们以高等教育毛入学率为切入点来分析中国高等职业教育的发展情况。

1. 高等教育毛入学率

毛入学率是指一个国家或一个区域高等教育全部的在校生占18～22岁

① 北京教育科学研究院专家，《职业技术教育》，2004年第19期，13～15页。

人口的比例。从1898年清政府设立的京师大学堂——近现代意义上的中国高等教育开始，到1992年近百年的时间，我国高等教育毛入学率一直维持在2%这样一个非常低的水平上。

联合国教科文组织发布的《世界教育报告》中对我国1980年高等教育毛入学率的统计数据是1.2%，到1990年，经过10年的发展，我国高等教育毛入学率才从1.2%变成1.7%，10年间毛入学率仅增长了0.5%。

从国内来看，根据教育部发展规划司的统计数字，1991年我国高等教育毛入学率是3.4%，到2003年上升到17%，10年中我国高等教育发展很快，2004年高等教育毛入学率可能会达到19%，甚至更高。

从国际上看，高等教育毛入学率从5%提高到15%，美国、英国等国分别用了23～30年不等，其平均年限是26年。而我国仅用了10年时间就成功地将高等教育的毛入学率从5%提高到了15%（15%是马丁·特罗提出的高等教育精英化和大众化的分水岭）。

从上面的数据可以看出，与发达国家相比，我国实现高等教育大众化的过程是跨越式的。1898—1992年近100年的时间，我国高等教育属于超精英化阶段。1980—1990年的10年间共增长0.5个百分点，年均增长0.05个百分点。1993—2003年，共增长13.1个百分点，年均增长1.31个百分点。1993—2003年的平均增长速度是1898—1992年的62.4～35.4倍，是1980—1990年的26.2倍，相对于我国近现代高等教育自身发展来看，也是发展最快的一个历史时期，可以称得上是跨越式发展。

2. 高等职业教育入学、在学人数情况

1998年本专科生招生108万人，高职43万人，占39.73%；高职在校生占本专科生总数的34.44%。2003年本专科生招生382万人，高职200万人，占52.24%；高职在校生占本专科生总数的43.24%。这5年高职发展的百分比要比本专科多十几个百分点。1998—2003年普通本专科生招生数年均增长速度为28.74%，在校生年均增长速度为26.59%。1998—2003年普通本科生招生数年均增长速度为22.87%，在校生年均增长速度为22.28%。1998—2003年高等职业教育招生数年均增长速度为35.99%，在校生年均增长速度为32.47%。2004年普通高等学校毕业生280万人,其中高等职业教育毕业生147万人,占总数的52.5%,本科毕业生占47.5%。

相对于普通本科生招生年均增长速度,高等职业教育要高13.12个百分点;相对于普通本科在校生年均增长速度,高等职业教育要高10.21个百分点。在高等教育大发展的5年中,不论是从招生数还是在校生数来看,高等职业教育已经占了一半的比例。在这种情况下,应加强高等职业教育的研究。

(二)高等职业教育发展定位中的几个问题

1. 高等教育大众化阶段高等职业教育的作用

从规模上看,2003年,高职招生占普通本专科生的52.24%,在校生占43.24%,2004年高职毕业生占普通本专科生的52.5%。没有高等职业教育的快速发展,高等教育大众化毛入学率所要求的规模将无法实现。

从结构和类型上看,1998—2003年高等职业学校从432所增加到908所,净增476所,其中民办高职学校164所。没有高等职业教育的多姿多彩,就没有高等教育大众化最为重要的结构类型多样化和办学主体多元化。高职发展弥补了原来学科性高等教育结构单一的不足。从高等教育的职能来看,没有高职发展,就不能实现高等教育人才培养目标的多样化。因此,没有高等职业教育的快速发展,现代高等教育的三大职能——人才培养、科学研究和直接为社会服务就不可能完整、全面地实现,现代教育体系和教育制度的建立也无从谈起。

2. 高等职业教育的就业导向问题

高等职业教育的就业导向是长期的战略性政策,而非临时性的过渡措施。对此可从两个方面来分析:

从教育外部来看,高失业率已经成为引发恶性社会事件的火药桶。《中国就业白皮书》中指出,我国登记的失业率为4.3%,这其中不包括国有企业、集体企业的下岗职工和进城务工的农民。由此可以看出,我国就业情况非常严峻。而2004年失业人口中70%是青年,这意味着18～22岁这一年龄段的失业人员剧增,这是以前从来没有出现过的现象。以往解决失业人口问题主要依靠经济的快速增长,从20世纪80年代到90年代,GDP每增长一个百分点,可以解决200万人的就业问题。而从2001年开始,GDP每增长一个百分点,只能解决60万人的就业问题。每年的经济增长不足以解决当年失业者的就业问题,长此以往,高失业率就会演变成严峻的经济问题、社会问题和政治问题。高等职业教育要快速发展,就必须重视就业导向。

从教育自身来看,当一个国家发展到高等教育大众化阶段,就业问题就成为各国面临的共性问题。就业问题是高职院校和其他类别、层次的学校所要共同面对的问题。从高职发展本身来看,中国高等职业教育大发展存在三大瓶颈——办学难、育人难、就业难。高职每年培养数百万学生,如果不以就业为导向,而以学科为导向,每年就可能给社会提供超过150万到200万青年失业人口,高职教育就会受到社会质疑。因此,就业导向应该是一个长期政策,而非临时的过渡性措施。

3. 技术型、技能型人才培养目标的定位问题

社会各界对高职人才培养目标定位持两种不同观点。有人坚持把技术型人才作为高职人才培养的目标,也有人提出把培养技术型人才转变为培养技能型人才。笔者认为,高等职业教育目前和今后的一段时期,应该把技能型人才作为培养目标。

从历史发展角度看,高等教育毛入学率在2%以下时,高等职业技术教育培养的学生应是“高级专门人才”或“精英人才”。而当高等教育毛入学率达到15%以上时,全国接受高等教育的在学人数近2000万人,每年数以百万计的高校毕业生源源不断地涌入劳动力市场,就业层次重心下移是必然和合理的。

从教育经济学角度看待人才问题,人才概念要与时俱进。经济学家提出“稀缺资源”的概念,所谓人才就是社会人群中的稀缺资源。人人都可以成为人才,但不可能人人都是人才。

从概念上来分析,技术型人才和技能型人才都强调应用性,但技术型人

才侧重于指导，技能型人才侧重于操作。技术型人才强调对一线工人的指导，技能型人才更强调一线操作。从目前情况来看，高等职业教育培养的学生不仅包括一线的指导人员，更重要的是培养一线的组织管理人员和生产人员。

高等职业教育人才培养目标的定位应该进行阶段性调整。目前高等职业教育人才培养主要集中在专科阶段，提培养技术型人才并不合适。随着经济不断发展、高等职业教育体系的逐步完善，高等职业教育培养目标就可变成技术型人才。

4. 高等教育体系和高等职业教育体系问题

在高等职业教育领域应该慎用“体系”这个概念。通常教育体系必须包含四个基本要素：规模、结构、质量、效益。在规模上，高等职业教育已经占据半壁江山，但从结构上看，其专业结构、类别结构、层次结构、体制结构远远没有形成。从质量和效益上看，50% 的高职院校近 5 年刚刚建立起来，人才培养还处于摸索阶段，质量、效益有待评价，因此高等职业教育的体系建立还未完成。

另外，过多强调建立独立的、完备的、闭合的体系并不利于高等职业教育发展。教育体系本身是开放的，作为它的一部分，高等职业教育也应是开放的。

5. 高等职业教育的学制问题

最近提出的高职院校学制改革引起了社会的广泛关注。学制两年还是三年不是问题的实质，构建课程体系、改变课程（广义）设置需要的学时才是解决问题的关键。如果单纯强调改变学制，不改变课程体系，为达到学制要求就会减少专业课和专业基础课的学时数，这会直接影响高职学生的培养质量。

6. 高等职业教育中职业生涯阶段性问题教育

高等职业教育是阶段性教育，不是全程教育、终极教育，不能赋予其无限的责任。作为阶段性教育，高职教育应侧重技能培养，不能对高职学生综合素质要求过高，把高职教育课程设置成高等教育课程体系的“压缩饼干”。

如果把终身教育中其他阶段的培养目标全部加入高等职业教育阶段，势必造成高等职业教育人才培养目标的偏离。

7. 高等职业教育的瓶颈与产学研结合、合作教育的问题

高等职业教育目前面临三个瓶颈：办学条件难、育人模式尚未形成、就业水平比较低。这三大问题不是临时性的、阶段性的，而是长期问题。办学难是指高职院校办学场地不足，尤其是校外实训基地不足；育人难主要体现在高等职业院校学生的类型、水平、质量不能满足社会需求，高水平高职教师匮乏；就业难主要是指毕业生就业率较低。目前高职教育就业问题主要取决于八个字：领导重视、政策倾斜。但这不是长久之策，只能解决一时一事的问题，只有培养技能型人才，才能从制度上解决问题。产学研结合可以在这个方面提供治本之策，它能从根本上解决实训基地的问题，解决产业界、学校合作办学的互动问题。产学研结合在解决高等职业教育发展瓶颈上发挥着至关重要的作用。

8. 全面小康与高等职业教育

全面小康社会是中国特色的概念。到2020年，全面建设小康社会应满足10项指标（不包括教育）。

GDP：比2000年1万亿美元翻两番，达到3.8万亿～4万亿美元，年均增长7.2%。人均GDP：达到3000美元以上，大体相当于当时中等发达国家的平均水平。城镇居民人均可支配收入：从2000年的6280元增到18840元。农村居民人均纯收入：从2000年的2253元增到8000元，城乡居民收入差距略有缩小。恩格尔系数：从2000年的46%（发达国家平均在20%以下）降到35%以下。城镇人均住房建筑面积：从2000年的19平方米增到30平方米以上。城镇化率：年均提高一个百分点，从2000年的36.2%增到56%。居民家庭计算机普及率：从2000年的4.2%（其中城镇9.7%）增到20%。每千人医生数：从2000年的2人增到3人以上（发达国家20世纪90年代已达到3人）。城镇居民最低生活保障率：从2000年的71.6%增到95%以上。

再来看一下目前我国社会的发展状况。

我国人口年龄结构：2000年全国15～64岁人口8.5亿人；2010年达9.7

亿人;2020 年达 9. 97 亿人。

我国高等教育学龄人口情况:全国高等教育学龄人口将在 2008 年达到高峰,达到 1. 2 亿人,从国家的经济、政治发展需要来看,高等职业教育必须有一个量的扩张。

我国人口受教育程度的国际比较:主要差距在高中阶段和高等教育阶段。

我国总人口增长和城镇化进程:2010 年我国总人口将达到 14 亿人,2020 年达到 15 亿人,2030—2035 年达到 16 亿人。如果不解决适龄青年的就业问题,城镇化将不是一种进步而是一种灾难。

从上面分析不难发现,没有发达的高等职业教育,中国就不可能实现全面小康,就不可能实现现代化。政治制度可以超越,社会经济发展阶段不可超越,没有高素质技能型劳动力的支撑,不可能实现经济的快速发展。

对于发展中国家如何成功赶上发达国家,英格尔斯领导的涉及 6 个发展中国家的大规模社会调查得出如下结论:“一个国家可以从国外引进作为现代化最显著标志的科学技术,移植先进国家卓有成效的工业管理方法、政府机构形式……但物的现代化和制度的现代化都不是根本的,起决定作用的是人自身的现代化。”调查还进一步认为:“人的现代化与教育水平有直接关系,受教育程度越高,人的现代化程度也就越高,但其前提条件是这种教育必须是符合现代社会发展要求的现代教育。只有现代教育才能培养出现代化的人,不符合现代社会要求的教育不仅不能培养现代化的人,而且会使传统中的消极成分更加稳固……有再完美的现代制度和管理方式,再先进的技术工艺,也会在一群传统人的手中变成废纸堆。”我国的高等职业教育恰恰是被其他国家证明的,也将被我国发展所证明的一种现代教育制度,这种现代教育制度应该引起研究者和社会的高度重视。

三、以科学发展观谋划办学定位

徐金梧[1]

近几年,高等教育的迅猛发展是我国国民经济20年来快速发展的必然结果,也是今后20年继续保持发展势头的必要条件。高等教育的跨越式发展打破了原有的格局,使得学校内部的办学理念、办学定位、办学模式发生了深刻变化,对于这场深入的改革,确切地说我们还缺乏充分的思想准备。从长远发展看,研究型大学的经费来源将趋于多元化,尤其是今后企业和社会对科技成果的需求将大大增加,谁抓住先机,谁就赢得更多资源。

1998年以来,我国高等教育迎来了跨越式的发展。一方面,由于教育管理体制的改革,一批高校通过调整、共建、合并等方式形成了综合性大学的基本构架;原行业高校通过划转,全国高校实现了中央和地方两级管理体制。另一方面,由于连续几年的扩招和办学条件的迅速改善,我国高等教育的办学规模实现了跨越式发展。此外,大批民办学校和独立学院的涌现,使我国高等教育的办学体制出现了新的成分。在这场历史性的改革中,有关我国今后高等教育的发展策略、办学理念、办学特色等一系列的讨论正在悄然兴起。这场讨论将关系到我国高等教育能否快速、健康、协调地发展,能否适应社会经济发展的需求。讨论的焦点集中在怎样看待这场跨世纪的改革,怎样适应这场改革。

首先应该认识到,近几年高等教育的迅猛发展是我国国民经济20年来快速发展的必然结果,也是今后20年继续保持发展势头的必要条件。从历史上看,发达工业国家在国民经济快速发展的过程中,必然伴随着高等教育

① 北京科技大学校长,《中国教育报》,2004年10月7日第2版。

的大发展，英国工业革命催生了像牛津、剑桥等一批著名的大学；19 世纪后期，德国科学技术的迅速崛起，得益于洪堡博士提出的大学应成为教学、科研两个中心的办学理念；20 世纪初，美国高等学校强化了研究生培养和社会服务功能，不仅使一批大学成为国际著名的大学，同时为美国成为世界超级大国起到了不可替代的作用。

坚持发展是硬道理就应当保持高昂的斗志，立足于解决发展和前进中的问题，立足于适应社会发展的需求，立足于探索新的办学模式和办学理念。任何观望、疑虑都可能放慢我们前进的步伐，都可能使我们在机遇面前迷失方向。

但是也应当认识到，近几年高等教育的跨越式发展打破了原有的格局，使得学校内部的办学理念、办学定位、办学模式发生了深刻变化，一批学校通过调整、共建、合并提出了建设综合性大学的目标；一批地方学校和原行业学校通过招生规模的扩大以及办学空间的扩大，提出建设高水平研究型大学的目标。对于这场深入的改革，确切地说我们还缺乏充分的思想准备。进入 21 世纪以来，我国的高等教育已从精英化教育阶段急速过渡到大众化教育阶段。面临着各种矛盾和机遇，我们必须清醒地分析学校的办学历史和现状，以科学的发展观谋划学校的办学方向和定位，正确处理以下几个关系。

正确处理长远目标和近期目标的关系。从历史的观点，国外一些著名大学都经历了上百年的历史，学校的发展需要长期的积累，就像一场马拉松赛跑，不可急于求成、急功近利。学校在发展过程中必须明确自己的办学定位和长远目标，近期目标应当与学校可持续发展的长远目标相一致，这样才能在办学过程中不断地积累，不断地提高办学实力。

正确处理办学规模与办学质量的关系。著名大学的名望在于办学质量，而不在于办学规模。大学是培养人的地方，只有培育出一批又一批杰出的人才，才是学校赖以生存和发展的基础。在质量与规模问题上，质量是前提，规模是后因。没有质量的教育是一种浪费，误人子弟不仅会对社会造成深远的影响，而且会对学校造成深远的危害。

正确处理办学特色和办学层次的关系。不同类型的学校应当有不同层次的办学定位。从目前我国办学投入来看,只能是一小部分重点大学可能办成综合性大学;多科性和单科性重点大学应瞄准国民经济的重大需求,培养高水平的专业人才;地方学校应当突出为区域经济服务的理念,培养区域经济所急需的专业人才。不同类型、不同层次的学校都可以通过不懈的努力,办出自己的特色和优势。一所学校在一段时间内能够利用的资源是有限的,有限的资源只能达到有限的目标,盲目地提升办学层次和办学规模就会稀释办学资源,从而失去办学特色。

正确处理自主性办学与依赖性办学的关系。我国高等教育的主体是从计划经济模式下发展起来的,办学经费主要仍依赖于国家投入。从长远发展看,研究型大学的经费来源将趋于多元化,尤其是今后企业和社会对科技成果的需求将大大增加,谁抓住先机,谁就赢得更多资源。过多地依赖于单一资金来源,将束缚学校自身的发展。实现高等学校的新一轮跨越就应当发掘各种资源,坚持以服务求支持、以贡献求发展的办学理念。

四、调整职业态度:“灰领”职场生态效应

卞秉彬①

德国西部的城市,大多数家庭在冬天都要用壁炉取暖,于是城市里就出现了一个特殊的行当——掏烟囱工。该市的现任市长以前也是一位掏烟囱的工人。在这座城市,市长的职务补贴很少。为了生活,市长决定重操旧业。在德国的其他城市,也有许多市长同这位市长一样,在市长职位之外有

① 上海可锐管理咨询有限公司首席职业顾问,《北京高校毕业生就业信息网》,2005 年 12 月 24 日。

自己的业余工作，诸如教师、修理工等。

谈及最近备受媒体关注的“灰领”问题时，一位技术工人对笔者说起他的事情：“我就是一个灰领，速控机床操作工。其实挺自卑的，到哪里向人提起只不过是一个技术工人！不过，看到上面那件事情以后，我有了一些与先前不同的想法。毕竟也是凭双手吃饭，凭技术赚钱，只要能够适应市场，什么领不领的，还不都是别人说了算。这是我的职业，我尊重它。”

无独有偶，想起最近一位作家迫于生计上街给人擦皮鞋的报道。其实，“灰领”职业观念的流行，客观上是产业结构提升的结果，主观上说明人们正在冲破狭隘的传统择业思想。

（一）技术使他成为厂里的“金字招牌”

2002 年中国正式加入 WTO 以后，中国汽车产业不但没有受到进口汽车的严重冲击，反而出现爆发性的增长。轿车市场的行情出现井喷，意味着将来或者从现在开始，车辆维护修理人员需求的增多。

阿荣是一家汽车修理厂的高级技师，经过多年的实际操作，经验不断累积，使他对于奔驰、奥迪等名牌轿车的毛病，基本上是“手到病除”。别人看了蹙眉头，他看了，可能两三分钟搞定。渐渐地，高超的技术使他享有了厂里的“金字招牌”美誉，很多客户就是因为相信他的技术而成为厂里的常客，就连老板也敬他三分。现在，为了让他踏踏实实地留在厂里干活，老板已经任命阿荣为修理厂的厂长了，月薪接近 1 万元，此外，年底还有数目可观的效益奖励。这样的结果，阿荣坦言，是当初高职毕业，走进汽车修理行业时没想到的。现在，“灰领”人才在省城炙手可热。老板盯阿荣盯得很紧，一有机会，总是明着暗着示意阿荣，只要他愿意，可以在公司永远做下去，不管公司生意怎样，他的收入都不会比其他公司开得低！

随着国内轿车市场的火爆，可以预言，像阿荣这样的高级汽车维护修理人员将面临大量短缺。事实上，高级技工人才在我国已经出现严重短缺。据报道，深圳一家企业开出 6000 元的月薪仍未能如愿找到高级钳工，浙江一家企业则以70万元的年薪从日本请来一名高级技工。2002年上海市需求高级职业技能人员1.38万人，供给只有3800人。2003年中国毕业大学生270万人、硕士生27万人，而高级技师的总体存量却只有28.7万人。所以，灰领人才危机影响经济持续发展并非危言耸听。目前的市场现状是，求大学生、硕士生易，寻高级技师难。

（二）年纪轻轻，手握高薪

在2005年11月22日上海市职业培训指导中心进行的首届上海市“灰领”职业大赛的广告设计比赛中，年龄最小的范仲琦还未满19岁。他是中专学校的三年级学生，他对自己的期望是：今后不仅仅只懂得操作设计软件，而是既能动脑又能动手，做一个灰领。按照他的预期，如果职业生涯发展顺利，应该在30岁左右，他可以手握高薪，初步成为职场成功人士。前面提到的阿荣，也只不过35岁。

根据上海市劳动和社会保障局2004年统计的数据，高级技工有48%是在36岁至45岁之间，有31%是在46岁至60岁之间；技师中的44%处于36岁至45岁之间，46%处于46岁至60岁之间；高级技师在46岁至60岁之间的有56%之多。

老师傅渐渐退休，年轻一代又大都不愿从事技术工作，这样就出现了高级技术人员青黄不接的局面。为了避免这种尴尬局面，调整职业结构使其更具有合理性，政府出台了技术人员统一考核的标准。任何人都可以报名参加考评，只要通过考评就会获得相应的资格证书。现在的学生从技校毕业后，在具体的工作岗位上锻炼两到三年后，再回到学校参加职后培训，只要自己努力刻苦学习文化理论和技术，不断上进，30岁左右完全有希望成为高级技术人员。所以，灰领人才的成才年龄起点很低，即便经过十余年的奋斗，当手握高薪时，也不过“中年而立”。目前，上海最年轻的高级技师只有29岁，所以，年轻的技术人员应该心中充满希望，对自己有无比的信心。

（三）拥有同白领一样好的办公环境

我们用 White Collar（白领）形容非体力劳动者，像教师、公务员、办公室职员等，因为他们的服饰整洁，办公环境优良。而 Blue Collar（蓝领）之所以代指靠双手劳动谋生的工人，是因为他们的工作环境只适合穿深色衣服。那么“灰领”（Gray Collar）一定也与脏乱不堪的工作环境相关了？如果这么想，就错了。

武莉是一名高级技工学校数控机床专业的学生，当初报考高中时，按照她的学习成绩，勉强能进普通高中，考上大学的几率也很低。在这种情况下，她报考了技校。女孩子都是爱干净的，上了技校后，武莉原以为做技术工作要整天和机器打交道，浑身一定沾满油污，工作环境脏兮兮的惨不忍睹。进去了以后才发现，自己先前的想法都错了。她的工作基本上是在电脑的协助下操作机器来完成的，工作环境十分整洁，与想象中的大相径庭。这跟那些坐办公室的白领又有什么分别呢？武莉在心里自问。

的确，随着时代的进步，人们对技术工人的工作环境确实需要重新认识。传统的技术人员工作的环境确实很糟糕，基本上是靠自己的一双手完成工作任务。现在，科学技术的进步，尤其是步入了信息化、数字化时代，技术人员的工作环境不仅整洁清洁、明亮多了，工作方式也发生了巨大的改变，从以前的双手操作发展为通过电脑发布指令，由机器完成。当然，工作环境改善了，也对高级技术人员的素质提出了更高的要求。现在，他们不仅要有一技之长，还要能看懂复杂的设计，在此前提下根据实际情况进行设计和创新，采用最佳方式将设计方案变成现实，为公司创造最大的经济效益。所以，“灰领”定义为“具有较高的知识层次、较强的创新能力、掌握熟练的心智技能的新兴技能人才”。

(四)"灰领"人才也要因人而异

专家预测,中国正在成为继英国、美国、日本之后的又一个世界制造业中心。"世界制造业中心",意味着中国在未来数年内,存在着大量的技能型人才的需求。目前,数字显示,中国高级技工人数只占技工总数的4%左右,与发达国家40%的比例相距甚远。

打造"灰领"人才已势在必行,那么是不是"灰领"人才吃香,大家就都往这个职业考虑呢?

我们认为,职业是有层次的,适合"灰领"职业层次的人选择这一行业是幸福,反之,就会给自己的职业生涯涂上阴影。可锐职业顾问根据实际情况,将职业层次按工作要求的技能和责任心程度做了区分:

(1)非技能性工作。这种层次的工作简单、普通,不要求独立的决策和创造力。

(2)半技能性工作。要求在有限的工作范围里具有一些最低程度的技能和知识或具备一种高程度的操作技能。

(3)技能性工作。具备熟练的技能、专门知识和判断力,能完成所分配的工作。

(4)半专业性和管理性工作。指要求有一定的专门知识或判断力的脑力工作,对他人有低程度的责任。

(5)专业的工作。要求具有大量的知识和判断力,具有一定的责任和自主权。

(6)高级专业性和管理性工作。要求具有高水平的知识、智力和自主性,担当更多的决策和监督他人的责任。

笔者认为,求职者不妨对号入座,看自己是否适合技能性工作。每个人都希望得到高薪,但实际上要考虑自身实际状况的可行性。社会分工要求人们必须在所有领域和层次上工作,职业人只有根据自己的兴趣、能力、资格、水平对号入座,不盲目追随潮流,才能找到真正属于自己的职位。

五、高科技工业急需灰领阶层

朱自强[①] 樊纲[②] 黄群惠[③]

华东师范大学信息学院院长、终身教授朱自强认为，假如追溯到二三十年前，上海还处于一个传统的工业时代，那时候需要的只是以劳力为特征的工人，所培养的人才只是管理层面与简单生产层面。而如今建立在知识经济基础上的高科技工业，需要的是一个有着高科技知识和高技能相结合的人才。这对教育、对人才的培养本身就提出了一个更高的要求。过去，大学培养的本科生可能就是干部，就是管理人才；而今，大学文凭仅仅是一个进入高科技产业的入场券。“灰领”概念在向中国本科教育提出挑战，它要求大学生在读书期间就走进车间，站到机床第一线，在实际操作中运用从书本上学到的各种知识。朱教授又强调，大学教育应该呈螺旋形，它应该具备一个可延续的发展，所培养的应该是具有较强理论基础，有爆发力的人才。

在上海职业培训国际论坛上，中国国民经济研究所所长樊纲认为，“灰领”的推出将对解决中国的就业问题大有帮助。他说，在所有的大问题中，中国的就业问题是最大的。在当前经济结构发生调整，伴随着全球化的大环境下，“灰领”型的职业正在崛起，尤其是传统制造业中的“灰领”型人才更是一种稀缺资源。

樊纲指出，由于目前国内在基础教育上存在一定的问题，很多原本应当有机会成为“灰领”的技术性人员因为文化不够而受到制约。这种情况的出现给中国解决就业问题制造了障碍。当务之急，就是弥补基础教育的断层，

---

① 朱自强，国民经济研究所专家。

② 樊纲，中国社科院专家。

③ 黄群惠，华东师范大学专家。

从而增加“灰领”型人才的供给，把全球越来越多的“灰领”型岗位吸引到中国来！

黄群惠认为，现在媒体上对“灰领”炒得非常热，但是这种炒作不会使“灰领”这个阶层昙花一现：将来“灰领”这个概念有可能会瘫痪，但是这个概念提出之前很多人做的职业就已经属于“灰领”范畴了。所以“灰领”这个概念也许会被其他更热的或更好听的名字取代，但是对我们现在所谈的“灰领”来说，它的需求量必然会越来越大。

黄群惠指出，“灰领”人才短缺根源何在？最根本的原因可能就是教育体制，或者教育赶不上经济的发展。我们的经济发展速度很快，经济周期进展也很快，现在是产业结构升级的阶段，整个工业化进程都非常快。但我们的教育体系却跟不上这个进度，比如我们的大学教育还定位在培养“白领”，但实际上市场对白领的需求并不是很大，而大部分产业出现信息化与工业化结合的趋势，需要的是“灰领”。当然市场发展变化比较快，而教育改革落后也可能会有一个延迟。但一般的父母有中国人的传统观念，还是希望孩子去读大学，这是由长期的文化传统所决定。现在很多大学也在改革，专门强调技能的培养。学生得到大学毕业证书的同时，还能得到其他的各种职业资格证书，将来更好就业。市场变化快与教育体制改变慢，这种巨大的差距将来会逐渐得到弥补。

黄群惠强调，国际“灰领”应该具备的素质第一个肯定是外语，这是最基础的素质。还有一点，大型的跨国公司和一般成长性的国内企业的环境有很大区别。在不同的企业里，和周围同事相处的艺术、相处的环境都完全不一样，一般在国际企业里受到的职业培训是非常好的。再一个肯定是文化，在国际化大型公司受到的是非常职业化的文化熏陶。还有一方面是除了技能之外的相应的能力培养，这个能力可能比学一项技能更重要，有共同合作的精神也是非常关键的。

六、灰领的社会主流与营造环境

李　强[1]　谢绳武[2]　杨河清[3]

继大家熟悉的“白领”、“蓝领”、“金领”之后，又一个标称人的职业特征的名词——“灰领”开始在我国流行！

从一国人才结构而言，“金领”是人才结构的塔尖部分，其数量凤毛麟角。“白领”往往是金领职能的延伸，纯粹的仅仅从事体力劳动的“蓝领”工人的数量会随着技术进步而不断减少。“灰领”才是人才结构的塔基部分，其数量应远大于白领、金领和蓝领，他们的数量和结构关系到组织的决策意图能不能很好地执行。

在西方国家，“灰领”已是一个庞大的职业群体。德国在战后迅速崛起很重要的一个原因就是其拥有大批熟练的技术工人，使其产品工艺精湛、性能优良，令德国产品和服务享誉世界。

长期以来，由于我国高等教育的供给数量极少，其人才培养目标是学术型的精英教育，造成大学生的就业目标主要瞄准了白领和金领，这种就业取向使得人才目标模式与现实的经济发展需求相背离；在精英教育阶段，二者的冲突尚不明显，随着我国高等教育逐渐从精英教育阶级步入普及教育阶段，过去狭隘的就业观念开始成为大学生就业的一道心理障碍。

一方面是大量的技术工人岗位人才奇缺，企业高薪聘请，出现了模具工、高级厨师等职业年薪几十万，另一方面却是许多大学生宁肯失业也拒不就业。还有人历尽千辛万苦，花费高昂的代价，飘洋过海到海外去就业。大

---

① 李强，首都经贸大学教授。
② 谢绳武，华中科技大学教授。
③ 杨河清，上海交通大学教授。

多到外国去就业的人实际上就是“灰领”,这实在令人遗憾。

随着知识经济时代的到来,市场对于“灰领”人才的需求会不断增长,而中国的高等教育也势必逐渐走向大众化教育阶段,这预示着:“灰领”将渐成未来职业市场的主流。

上海交通大学校长谢绳武教授说,要从社会、学校、企业三个方面营造“灰领”的发展环境。

“从社会环境上说,要有接纳‘灰领’的大环境,第一,提高人才流动的自由度,使之达到50%～60%;第二,提高中介市场的专业水平;第三,个事档案和户籍档案管理要适应‘灰领’的流动;第四,不断完善社会保障体系;第五,在劳动仲裁方面,应该平等对待灰领人才。”

他说,学校应该是培养灰领人才的主要机构,包括中等技术学校、职业高中、高等职业学院,以及高等院校。“学校可以举办高水准的讲座、论坛,加强学校和劳动力系统以及培训机构的联系;教学计划可以加入一些应用型课题,增强学生的专业技能;同时,进一步加强企业和学校之间的交流,让学生通过在企业实习、进行毕业设计等掌握实践操作能力。”

“从企业角度说,企业应该为‘灰领’营造高度和谐的发展环境,充分发挥他们的积极性和创造性,重视对灰领人才在精神和物质方面的激励。可以适度轮换岗位,并加强培训,更好地发挥他们的积极性。”

国家劳动和社会保障部副部长张小建指出,“中国制造”急需改变以价格优势为唯一动力的局面,建立以高技能和复合型技能人才为基础的新的动力源,国内就业需要从单纯扩张数量转为数量和素质并举,形成凭素质就业的新局面;就业培训要从以供给导向为主,转向以市场需求为主;培训目标要从以单一技能培训为重点,转向以高新技能、复合技能、核心能力培训为重点。

中国劳动学会副会长、首都经济贸易大学劳动经济学院院长杨河清告诉记者,目前我国高级技师的培养远远跟不上时代发展的需要。我国现在需要的是一大批适应知识经济要求的融技术性、知识性于一身的混合型人才! 可实际上,目前我国的高级技师,已有50%左右进入中老年,“灰领”在制造业中所占的比例不到4%，只是发达国家的1/10。我国技师的受教育时间为9年多，而日本为12年多。目前我国有7000万技术人员，但高级技术人员只占4%；每年有600万人参加职业资格考试，但参加高级考试的不到10%。

"国内企业获得'灰领'的主要方式是企业自己培养，这是作坊式的办法，师傅带徒弟，效果很差。"杨河清说，企业最需要的是复合型人才，但目前企业开展的技能培训主要有岗位培训、职业资格培训和复合培训，复合培训所占的比重最小，"灰领人才短缺的最大原因是观念问题"。杨河清指出，中国人历来有"劳心者治人，劳力者治于人"的观念，唯仕唯学，重仕轻工，重学历轻技能，好像只有脑力工作者才是人才。据调查，全国只有4%的家长愿意让孩子去职高、技校学习。同时，现行教育体制注重书本理论，忽视实践操作，不符合灰领人才的培养要求。据了解，1996年全国技校有4467所，而2002年下降到了3792所，全国技校毕业生的数量，2000年比1999年减少了16257人。

2003年12月6日，在上海召开的"首届职业培训国际论坛"上，中国劳动学会副会长、首都经济贸易大学劳动经济学院院长杨河清教授说："我国已经出现'灰领'人才危机，供求严重失衡。必须加快我国'灰领'人才的培养，否则将影响到我国经济持续健康的发展。"

"目前我国的实际情况是求大学生、硕士生易，寻高级技师难。"杨河清说，2003年我国毕业大学生270万人、硕士生27万人，而高级技师的总体存量却只有28.7万人。比如深圳一家企业开出6000元的月薪仍未能如愿找到高级钳工，浙江一家企业用年薪70万元从日本请来了一名高级技工。

"但我国的经济发展现状是，随着技术不断进步，新型职业和工种不断出现，劳动力结构将出现'两头小，中间大'的'啤酒桶'现象，即领导层和操作层变小，而技术技能层变大。"杨河清教授指出，有"灰领"之称的技术技能层必将成为生产的核心力量、财富均衡的主要依托和社会的中坚。这就要求一大批适应知识经济要求的融技术性、知识性于一身的混合型人才。

七、灰领人力资源培训市场——下一桶金？

杨　林[①]

灰领热潮的涌动，是否会带动灰领培训市场的振兴？2003 年 12 月 11 日，教育部部长周济在武汉召开的全国第二次高等职业教育产学结合经验交流会上透露，教育部将启动国家紧缺人才培养工程，以就业为导向，以培养技术应用型人才为目标，开发灰领人力资源，加强教学建设和教学改革，推动高等职业教育持续健康发展。在未来 5 年内，中国将加快培养 30 万高质量的制造业高等职业技术人才，高等职业教育学制也将由现在的 3 年缩短为 2 年，并且保证学生实践时间，以加快培养速度。

这显然是灰领人才培训市场振兴的一个标志。不过，灰领培训是成为 2003 年"冬天里的一把火"只保持三个月的热度，还是会成为中国教育市场的"下一桶金"？据笔者了解：以下几个方面的因素，可以使我们对这个市场的前景抱有谨慎的乐观。

首先，在国家和地方政策层面，职业资格认证体系的完善将为灰领培训市场的拓展扫清障碍。正如中国就业培训技术指导中心主任陈宇在首届上海市职业培训国际论坛上所谈到的："国务院高度重视技术技能人才短缺问题，已制定了国家技术职业证书制度，拥有二级和一级技术证书的人才，享有和工程师同等的经济待遇。国家已制定高技能人才的开发计划，要依托中专、高职、高专延展高技能人才培训，在大学推行职业资格培训。"

2003 年 11 月上海灰领概念推出之后，一系列制度配套措施也紧锣密鼓地出台。在此次上海首次灰领推介会上，上海市劳动和社会保障局局长祝

① 中纺机财务公司业务主管，《中国远程教育》，2004 年第 02 期。

均一曾表示，上海将大力造就一大批符合知识经济要求的灰领人才，以适应上海城市发展和产业定位的要求。从2003年起实施的为期三年的上海“技能振兴计划”，已将加大对灰领的培养作为一项重要内容。为此，上海将在在读大专以上学校中推行“双证书”——学历证书和职业资格证书并重的政策，以期提高学生的动手能力和职业素质。根据“技能振兴计划”，今后上海的就业培训也将向灰领倾斜——培训层次将从以下岗人员上岗培训为主转向中高层次技能提升为主，培训的产业方向也将从以传统制造业为主转向以新兴技术产业及现代服务业为主，力争到2005年使上海的高级职业技能人才占到技术性从业人员的15%左右，建立灰领人才高地。

可以说，实施高校学生职业资格鉴定，改变了大学毕业生只会“纸上谈兵”的窘境，为大学生就业增加了一个“护身法宝”。而就业市场对于拿“双证书”的大学生也非常青睐，因为这意味着大学生进入“职业角色”的时间大大缩短了。

其次，国内就业市场对于灰领人才的巨大需求预示着灰领培训市场的巨大商机。有人曾对我国机械加工企业进行调查，发现用同样的配件，我国组装的手表却达不到瑞士产品的质量标准，真是“有米”难寻“巧妇”！不管多么先进的设计和设备，没有手艺高超的灰领去做“巧妇”，一切都是空想。这是目前许多国内企业在发展中碰到的普遍问题。据统计，我国城镇1.4亿名职工当中，技术工人仅占半壁江山。其中初级工所占比例高达60%，中级工占35%，而高级工（也就是我们现在所说的灰领）仅占5%。与发达国家高级工占40%的比例相距甚远。有关资料显示，目前我国新兴产业普遍存在人才缺口问题，其中软件行业的高级技术工人缺口即高达42万人。上海市劳动与社会保障局2002年统计数据显示，上海共有140万技术人员，其中高级技工、技师和高级技师加在一起所占的比例只有6.2%。为此有专家呼吁：如再不加大力度培养灰领人才，上海现代工业的新发展将无从谈起。

再次，国内高等教育结构面临调整，职业教育正在重建，规模迅速扩大。目前我国东部沿海地区许多大学毛入学率都超过了15%，提前进入了高等教育大众化阶段。与我国现在所推行的普通高等教育不同，发达国家高等教育的主体是高等职业教育，其培训的高等应用型人才与学术型人才、研究型人才数量的比例大致是4∶1,呈金字塔型。而我国高等人才的分布却恰恰与之相反,呈倒金字塔型,搞学术、搞研究的人太多,懂应用的人却太少。结构调整势在必行。目前全国已有386所中职院校改制为高职院校,学校招生规模和在校生人数都比改制前增加了6~8倍。高职高专教育已经成为中国高等教育的重要组成部分,目前全国高职高专在校学生达817万人。

最后,对于灰领的培养,政府和教育界业内人士均给予了充分重视。在本次上海"首届职业培训国际论坛"上,中国劳动学会副会长、首都经济贸易大学劳动经济学院院长杨河清教授说:"目前我国建筑行业高级技师仅占0.3%,影响了建筑行业的科技转化。有96%的企业缺少机电方面的技术人才,88%的矿产企业缺少采矿方面的技术人才。综合起来,灰领人才的短缺危机有可能影响到我国成为下一个制造业中心的设想,严重影响到我国经济持续健康发展。"可以预见,目前国内灰领培训市场还刚刚萌芽,发展潜力巨大。不仅官方办学机构、民营办学机构要凭借"天时地利人和"先下手为强,甚至还会有实力雄厚的企业、海外军团加入进来,争先恐后抢占这块市场,希望能以最快的速度分到最大块的"蛋糕"。未来灰领培训市场构成的多元化已经成为必然的趋势。

八、知识经济条件下网络灰领教育:热点还是难点?

王　悦①

上海职业培训指导中心新兴产业培训基地,曾被国际劳工组织官员称赞为"国际一流水平"。走进基地,穿梭于集成电路生产、楼宇网络布线、数字化印刷、网上超市、环保水处理这些实训教室,仿佛是在参观一个个"袖珍版"的

① 河北廊坊市税务局业务主管,《中国远程教育》,2004年第02期。

高科技现代化企业。就以电子商务系统实训教室来说，面积不过百来平方米，但整个网上超市的运作流程却是五脏俱全。电脑控制的立体化仓库、自动化货物分拣、条形码处理、电子支付系统等都能根据学员培训需求进行仿真化控制。中心还从国外引进了一套能生产四英寸芯片的流水线系统，通过这套设备流水线系统，学员可以掌握芯片生产线所有岗位的技能。今后几年内，上海将逐步建立十个以上的公共实训基地，为造就灰领人才提供平台。

据培训研究发展中心的陆瑞芳女士透露，这里从2003年4月开始尝试网络教育，目前上海市职业培训指导中心网络教育学员已达几百人。指导中心在网络课程设置上非常重视“应知应会”：“应知”是指要掌握扎实的理论，“应会”是指要有丰富的实践经验。同时他们还严把网络课程的质量关，他们聘请上海一流的专家做主讲教师，同时请专业公司制作多媒体课件。陆女士给笔者举了这样一个事例：“很多人对汽车维修的网络课程不了解，因此最初来上这门课的学员只有十几个人，可由于课程质量高，专家有名，第二次上课的时候，来上课的学员就一下子翻了一倍。”陆女士告诉笔者，他们中心运用网络教育的最大体会就是效率大大提高了。由于运用了精心准备的多媒体材料，课程平均缩减1/3的课时，同时课程的信息量也更大。目前他们在上海郊县开办了24个办学点。

上海应用技术学院继续教育部副主任张红女士也告诉笔者，他们目前正在积极尝试开展网络教育。例如他们继续教育部已经引进了北京大学网络学院的国际经贸、法学、行政管理等专业课程。张女士坦言，网络教育目前在他们部门还只是处于一个“补充”的地位，但在2003年“非典”时期网络教育发挥的关键作用可以预见其未来的美好前景。

笔者在采访中也了解到，目前利用网络技术开展灰领培训还存在一些问题有待解决。例如，虽然大多数网络学院的招生广告都提出其拥有多么先进的技术手段，但实际效果却并没有想象中那么好。许多学生，特别是成人学生，对计算机操作并不熟悉，因此对于网络教育这种形式还不太能接受。有的学生在电脑面前看教师上课的视频画面，感到缺少课堂氛围。另外，在网络教育管理上也存在一些问题。例如一些学生基础本来就很差，加上没有教师面对面的督促，很难保障学生的学习质量。

张红女士还认为："网络学院办灰领培训将面临激烈的市场竞争。谁家的灰领品牌得到了市场认同，谁家就能取胜。"陆瑞芳女士则告诉笔者，目前最让她头痛的是合适的网络课程太少了。"巧妇难为无米之炊"，她打了这样一个比喻来形容现在的苦恼。

目前，网络学院要开展灰领培训似乎也有自己的难处。华东师范大学网络教育学院院长徐伯兴教授表示，他本人非常看好灰领培训市场。不过目前还没有灰领培训的打算。他告诉笔者，包括华东师大网络教育学院在内的大多数网络学院目前主要的任务还是进行学历教育。以华东师大网络教育学院为例，目前该学院的工作重心还是对华东地区师资的学历教育和学历后再教育。今后随着学历教育培训工作量的减少，他们学院将考虑在合适的时候尝试进行灰领培训。

不过，徐教授也指出，目前上海已经有一些网络学院开始尝试开展行业培训。受前一阵出现的教师网络联盟的启发，不少网络学院意识到自身很难与一些名牌大学竞争，不如利用自己的特色学科开展一些行业培训。对于开展灰领网络培训最大的难点这一问题，徐教授认为："当前网络教育学院主要还是依托所在大学的教学资源开展教学，而灰领培训在很多高校还是空白，因此就当前来说要开展灰领培训难度不小。"

九、"订单教育"彰显学以致用原则

景志强①

上海海事职业技术学院坚持以人才市场需求为导向，紧紧依托企业，通

① 河北石油职业技术学院教授，《中国教育和科研计算机网》，2002年12月12日。

过“订单教育”培养航海类高职人才，开创出一条培养“适销对路”高职人才的新路，取得了明显办学成效。到目前为止，该院已向企业输送了1500多名大专层次的高级船员、技术人员和管理人员，培养各级技术、管理干部4万多人次。学院历届高职毕业生就业率达85%以上，其中不少人担任了船长、轮机长和高级管理人员。

“订单教育”最大的好处就是：一方面学校教育目标明确，教育内容专一，教育方法动手与动脑相结合，学校根据用人单位的需要来培养人才，学生进入就业岗位，其适应能力较强。另一方面减少了学生的就业压力，给学生入学就业吃了“定心丸”，使学生能够静下心来努力学习文化知识和操作技能。同时也能让学校在人才培养上避免盲目性，使学校有的放矢地展开教学工作。事实上，现在有不少学校对于市场上所需什么样的人才往往不太知情知底，在设置专业时，不能很好地从社会的需要入手，具有针对性地培养社会急需的人才，无形中形成了人才需求与社会、用人单位之间的脱节，造成了人才培养的盲目性，从而给学生的就业带来无法回避的挑战。而高校扩招之后，学校专业的设置又出现了严重的重复，不仅造成了教育资源的浪费，而且给学生今后的就业造成新的压力。而对于诸如电子、生物之类学科的设置过多过滥，导致了新兴学科人才在人才市场上并不抢手，反倒出现了贬值过剩的现象。

培养人才的目的是发挥他们的学有所长，学以致用。这就需要学校结合社会、用人单位的需求有目的地对学生的未来进行必要的设计。“订单教育”就是围绕社会、用人单位的实际需要进行有效的量体裁衣。这个量身定做的过程就是以人才市场需要为导向，依托用人单位，根据职业要求，注重培养动手动脑能力相结合的复合型人才。上海海事职业技术学院根据企业的职业要求，教学内容以理论够用、实践充分，重组课程体系，强化职业能力培养，注重职业道德教育等，培养出一批既具较强的专业理论知识，又有较强动手能力，适应企业需求的人才，缓解了航运企业高级船员紧缺的突出矛盾，受到各方好评。

由此可见，检验学校教育能否适应经济发展和建设需要的试金石，就是学校培养的人才能不能以人才市场的需求为导向“适销对路”，学校培养的学生能不能学以致用被社会、用人单位所广泛接受，在工作岗位上发挥作用。在这一点上，培养人才与生产产品有异曲同工之处。

十、职业技术学院直面工业需求的战略选择

吴少珉[①]

目前，我国职业技术教育的模式既不像美国工业界，有对毕业生进行必需的工程师岗位培训的系统，也不像德国大学生具有参与工程项目的实践经验。我国职业技术教育的培养规格比较单一，缺乏一定的灵活性，不能适应社会主义市场经济和技术进步对人才的要求。这就要求职业技术学院及时应对知识经济时代的工业需求，努力克服所面临的困难和问题，在继承传统的基础上作出正确的选择。

一是基于内涵发展为主的教育目标选择。从“教育质量”概念的内涵来看，职业技术学院教育对象的选择是战略性选择的前提。教育质量是指教育水平高低和效果优劣的程度，最终体现在培养对象的质量上。这就要求高等职业技术教育面向工业、面向社会，扩大教育规模，为社会培养各类职业所需要的人才。从中国工业发展水平看，工业经济的技术结构呈橄榄型。总体来说，自动化程度很高的技术结构为数不多，半自动化的技术结构约占2/3，而技术装备水平很低的工业类型还占有一定比例。在这种状况下，我国除了需要一大批高层次、高水平的工程技术人员开发新产品、开拓新领域外，在数百万个企业中，需求量更大的是专科层次的人才，即使在将来，应用型人才也会在工业企业职工人数中占相当大的比重。所以，职业技术学院在教育目标选择上，要坚持内涵发展为主的方针，紧密结合工

① 河北石油职业技术学院教授，《职业技术教育》，2003年第09期。

业企业需求，有针对性地培养工业经济发展急需的高层次应用型人才。

二是基于科学教育与人文教育相结合的教育理念选择。科学教育与人文教育的完美结合，是职业技术学院应对工业需求所应倡导的办学理念。教育不管如何复杂，其内容如何包罗万象，不外乎科学教育和人文教育两大类，因而完整的教育必须既包括科学教育，也包括人文教育。具体到个人，尽管每个人的人生都不相同，但其内涵无非是两方面：做事和做人。从做事讲，既需要科学知识，也需要科学的方法和能力，更需要科学的精神和素质。同样，从做人讲，既需要人文的知识，也需要人文的方法和能力，更需要人文的精神和素质。职业技术教育的目的在于提高技能，实现就业，促使人更加和谐和持续地发展，促进社会更加和谐和持续地发展。

三是基于教学、科研、社会服务和国际交流"四位一体"的办学功能选择。高等学校的社会职能，从诞生初期单纯培养高等技术应用型人才的教学职能，逐步扩展到开展科学研究与教学并举。在19世纪下半叶，美国出现"社区学院"，开创了高等学校为社区服务的先河，社区服务成为高等学校的第三职能。就科研、服务和国际交流来说，三者之间也是紧密联系的。比如科研，对教师来说，实际上已经包含了教学和社会服务的内容。而国际交流是一所学校发展、壮大并逐步走向成熟的一个标志。职业技术学院在办学功能的选择上，要坚持教学、科研、社会服务、国际交流四大功能并存，凸现为经济、文化和社会发展服务。

四是基于"双师型"的教师素质选择。知识经济以知识的生产为核心，以科学技术的开发为动力，以高新技术产业和知识型服务产业为支柱，这一切又都依赖于国民素质的提高和人力资源的开发。而加快人力资源向人力资本转化，培养德才兼备的人才，归根到底要依靠广大教师。职业技术学院要适应工业需求，要跟上知识经济的时代步伐，必须重视并认真抓好教师队伍建设，在教师素质的选择上，要坚持职业素质和专业素质相互促进，培养和造就赶超国际先进水平的名师、大师。

五是基于多样化与个性化相统一的培养模式选择。产学研合作、社会参与是职业教育的基本特征，也是充分利用社会资源的基本渠道，更是职业技术学院应对工业需求的有效途径。每所学校都应该有自己的培养模式，都应该有自己的办学特色，都应根据自己的办学传统、资源条件、特色、优势、当地的社会经济环境等，进行科学定位。创立多样化与个性化相统一的培养模式，而不应千篇一律。培养模式包括许多方面，比如培养的方式、内容和途径等。高等教育的大众化，意味着学生群体构成的改变，学生群体的多样化，随之而来的是学生学习兴趣、爱好和学术能力的多样性，课程体系、教学模式、教材、培养目标都应该有所变化、有所创新。因此，职业技术学院在培养模式的选择上，要坚持多样化与个性化相结合，着力培养学生的创新精神和实践能力。

十一、借鉴美国社区学院经验，深化我国高职教育改革

鲍敏中　毛芳烈①

为考察域外教育，笔者有幸随荆门市教育考察团到美国考察了一番：正如一首流行歌曲的歌词所云："外面的世界很精彩，外面的世界很无奈"，美国的社区学院就办得不错，很有些精彩的地方，如杜鲁门学院、德弗莱理工学院等。应该说，美国的教育思想体系和整个教育制度是从属于它的国情、它的意识形态和它的政治上层建筑的。但这并不妨碍我们借鉴它的某些具体作法和经验，更何况，世界各国各民族的教育，作为整个人类历史演进过程中的文化与文明现象之一，都必然存在着一定的普遍性和共性。当前，我国高等教育，特别是高等职业技术教育进入了一个快速发展的时期，高等职业技术教育要通过改革传统教育模式，构建新的教学体系，形成主动适应地方产业结构变化情况的运作机制，办出高职特色，才能在促进我国经济生活

① 湖北荆门职业技术学院教授，《荆门职业技术学院学报》，2000年01期。

实现两个战略性转变(经济体制和经济增长方式)中发挥积极作用,为此,借鉴别人的东西,开拓自己的思路,是十分必要的、有益的。“他山之石,可以攻玉”。

本文仅就考察所得,结合学习外国教育有关资料,联系个人从事高职教育工作实际,谈点肤浅认识。

(一)美国社区学院的发展

美国没有“中等职业教育体系”,也没有“高等职业技术教育”的概念。所谓“职业教育”,是指培养一般熟练半熟练工人的教育和培训;高一层次的“职业教育”,通常称之为“技术教育”,即以培养一般技术人员为目标;更高层次的“职业教育”,则是以培养工程师或高级专业技术人员为目标的“专业教育”,就是说在美国,中等教育和高等教育都共同担负有职业技术教育的任务。这种职业教育被包容在整个教育体系中的状况是由以下一些因素促成的,是教育与社会经济生活共生共长的历史过程:一是美国经济的发展,高中教育普及程度很高,毕业生多,已有的四年制高等学校远远满足不了青年的升学需要,使得高等学校逐渐走向大众化、世俗化;二是为适应“二战”以后科技和经济迅速发展及其对各种职业人员提出的更高要求,高等教育本身的结构、层次、类型逐渐走向多样化、职业化。特别是苏联于 1957 年成功发射第一颗人造地球卫星,极大地震动了美国政府,他们感到美国与苏联较量,不是输在战场上,而是输在几十平方米的教室里,于是政府相继出台了有关职业教育的法案,强调要把职业技术教育的对象扩大到全民,让各类人员都能得到职业技术培训或再培训的机会,使职业技术教育的形式灵活多样。在这样一个大的背景下,社区学院便雨后春笋般地纷纷涌现出来,并受到社会公众的普遍重视。

杜鲁门学院就是 1967 年正式建立的,其前身是一所中学。早在 1947 年,美国第 33 位总统哈里佛 · 杜鲁门就在芝加哥成立了一个杜鲁门委员会,致力于办教育。这算是他在冷战时期的一个实绩。杜鲁门学院教务长介绍说:“美国大学教育以往是本科模式,到20世纪初,逐渐把德国的研究生教育与美国的本科教育相结合,形成美国自己的高等教育;美国在20世纪初,高中毕业生升入大学的人极少,“二战”以后,高等学校对高中生敞开大门,要求60%以上吸收新生。”他的这番话,印证了美国高等教育上述变化发展的趋势。

美国社区学院从它开始出现到现在,约大半个世纪的历史,近十多年来,全美社区学院已发展到1200所左右,全日制非全日制学生近500万人,学校数占所有高等院校数的1/3,学生数则占所有大学生的一半左右。大有领导美国高等教育发展潮流之势,有人说,社区学院“在迎接未来的挑战方面,将不仅在美国,而且在国际性范围内发挥更大的作用”。这话并不过分的。

(二)美国社区学院的特点

那么,美国社区学院在办学过程中有哪些做法值得我们借鉴呢?笔者以为最突出的是以下几点:

①在办学服务和人才培养目标上有明确的与传统大学相区别的定位。社区学院的办学经费大部分来源于州政府和地方税收,这就决定了这类院校的服务面向的是“社区”,必须根据当地经济生活和社区学生就业的需要,以培养熟悉工艺设备、从事生产第一线的工程技术人才和经营管理人才为目标。专业设置针对职业和岗位,如工程技术方面的房屋建筑、焊接技术、机械修理、电子仪表装配、计算机程序等,医疗护理方面的护士助理、牙科助理、精神病理疗、紧急救护等,社会管理服务方面如法庭工作人员、秘书人员、商业广告宣传人员、服装设计、物业管理等。

②在办学形式上是多样化、多层次、多功能。如杜鲁门学院就有三种办学类型:一是职业技能教育,主要为社区学生就业:二是为成人进行在岗职业培训或换岗职业培训;三是为四年制大学输送三年级学生(社区学院学制一般是两年)。社区学院为适应多层次、多功能办学和服务于学生就业,还

采用灵活的校历制度和学位制度。校历制度有一年分为两个学期的学期制，也有每年分为三个学季的学季制，还有将每年分成三个等长学期的三学期制。德弗莱理工学院为了让学生能在短期内完成学业，拿到学士学位，早日找到职业，实行四年制课程三年完成的就是没有寒暑假的三学期制。学位制度除学士、硕士、博士之外，还在两年制社区学院实行学士转学课程计划，社区学院学生在其就读的两年学制期间，按计划攻读四年制大学或学院部分课程，完成副学士（或"协上"）修业任务，可进入四年制大学或学院继续深造。

③注重对学生进行就业指导，美国社区学院的教师和学生都有较强的"职业本位"意识，这大约是美国不多的人口和发达的经济决定其高校毕业生学习专业技术与谋求岗位就业几乎完全等同，直接兑现的缘故。德弗莱理工学院是一所盈利性的与职业联系十分紧密的大学，在北美有16所分校。无论二年制还是四年制，其办学宗旨都是面向职业，为毕业生整个职业过程提供良好的准备。它的电子技术系二年制的职业方向是电子器件的装修、配置与维护，四年制的职业方向是开发设计与调试等，该学院许多专业毕业生的就业率高达90%以上，有的达100%。

学习专业技术与谋求岗位就业能够直接兑现也使得教师特别注重对学生进行就业指导。笔者访问过的伊利诺亚州东北大学的教工学院，很注重两个辅导：一个是对学生将来充任教师职业的"就业辅导"，再一个是学生充任教师之后如何对他们的学生进行"职业辅导"。就业辅导的内容是：①个人与社会方面的发展；②学术与教育方面的发展；③职业方面的发展。这第三个内容也是职业辅导的内容，就是让学生知道怎样来确定目标，怎样处理各种活动的转换与衔接，怎样测试和了解自己的个性，怎样学习及怎样了解有关就业找工作的信息。此外"职业辅导"还强调指导学生今后如何面对职业的选择，新技术在岗位上的运用以及学科发展的趋势怎样。职业辅导的内容都编入学科大纲和教学汁划。

注重对学生的就业指导这一点，从一些学校设立专门机构，配备专门人员的做法也得到佐证。伊州的一所高中就设有大学职业指导中心，对高中毕业生进入大学选专业进行指导，不只是在临毕业时提供有关资料信息，而是高中生一进校就填写表格，个性、爱好、特长、志向等都从表上反映出来，并进行跟踪指导，加强对学生过程的了解。德弗莱理工学院也设有为毕业生提供找工作就业信息的部门，学生在校学习期间，帮助学生找些业余工作，沟通用人渠道，经常邀请企业界人士到校聚会，向他们推荐学生，还建立模拟社会选择用人的洽谈室。

④注重学生动手能力和社会参与意识的培养。社区学院在教学上，服从培养从事一线工作的工程技术人才、经营管理人才的目标，强调实验、实习操作和社区服务实践。实验实习时间在总学时中的所占比重很大，一般为总学时的1/3至1/2。上实验课时，教师确定题目后，由学生独立去做。许多专业都建立有设施齐备的实训实践基地，如牙科助理专业有各种手术室和病房供学生临床操作，有的还开设门诊服务；园艺专业有温室和农场，学生培植出花卉、果木和农产品，还可自行销售。德弗莱理工学院商业分院设有三个专业方向：商业管理、会计和远程通讯管理。三个专业都要求学生掌握计算机信息系统（包括个人用计算机、网络服务系统、大系统），学会怎样把资料变为信息，在商务管理和操作上，懂得把信息系统运用于采购、资产管理计划与分配等方面。会计专业则要求运用先进技术的组合：参与数据采集、分析、预算、计划等实际活动，为了增强学生社会参与意识，社区学院开设有社区服务专门课程，计入学分，要求学生独立地结合所学专业及技能特长接触社会实践。

（三）借鉴美国社区学院的经验

与美国社区学院相比，我国高等职业技术教育改革更要深化，需要在外部环境、内部动力、财力支持等诸多方面开展工作，笔者认为至关重要的是以下几点：

（1）进一步整顿治理高校办学层次和类型，科学合理地引导生源分流，保证高职院校的生源市场占有率。这是发展高职教育的基本前提。我国高等院校有一类、二类、三类或重点、一般和专科之分。在实际的办学过程中，本科院校办专科，专科院校办本科的“穿靴戴帽”现象由来已久。本科院校办专科，名曰挖潜，实为筹资；专科院校办本科，名曰升格，实为媚俗，即迎合社会公众盲目趋向高学历高文凭的心理，实质还是为筹资。就类型而言，以往我们并没有明确地提出过高等职业技术教育，真正意义上的高等职业教育是改革开放以后发展起来的短期职业大学，国家采取“三改一补”措施发展高职院校，是近几年才开始的事。普通中专、职业中专或许还行，专科院校就不一定了，它们本来就不安于本位，想升格为本科院校。而高职院校至今极少办本科。加上近几年来，本科院校招收所谓封闭生、扩招生，一轰而起地设职业技术学院（二级学院）招收新高职生等，在办学层次和类型上造成了一定程度的混乱，给发育并不健全的高职院校招生带来极大的冲击。在招生有计划而生源是市场，社会公众高等教育价值观又是只有高文凭高学历才能有就业机会的情况下，高职院校要保有一定的生源市场占有率，仅靠院校本身的努力是不够的，必须厘清办学层次和类型，科学合理地引导生源分流。建议：①本科院校不要办专科；②专科院校，包括高职院校短期内（如五年内）不得办本科；③在现有招生制度改革政策的前提下，严格执行本专科录取分数线；④允许高职院校在本科落榜生中通过一定的形式自主录取新生，同时下放高职院校对口招收“三校生”的自主权。这样，就能够引导生源合理分流，实现要求接受高等教育而学业成绩程度不同的学生各行其道，各有其校，从而为发展高职教育提供生源。

（2）大力深化高职院校人才培养模式改革的力度，尽快形成与普通本科院校相区别的、与经济结构变化和劳动力市场供求关系大体相适应的教学运作机制。这个问题，广大从事高职教育的理论研究工作者和实践者都进行过深入的、有益的探索，很多方面形成了一定的共识。笔者要提出的是，在专业建设上要开展两方面的攻关：

①变学科本位为职业本位、技能技术本位，国家必须要有统一的规范的高职教育专业目录。高职院校的专业设置，要以职业岗位或岗位群的技能技术要求作为专业分界，这是对的，如本科院校针对学科设置的中文、外语、

历史、法律等“老文科”专业，高职院校就不能仿效，对这类专业必须加以改造，或者把它的部分课程公共化，或者撤销。但是笔者也不同意高职院校简单地提“社会需要什么学校就开设什么学校”的口号，因为这样必然带来各行其是、质量低下等不良状况。建议对区域或地方产业和行业的岗位进行广泛调查，对各职业岗位人才技能技术及素质要求、必须开设的课程等进行科学分析和充分论证，在此基础上，制定规范统一的高职教育专业目录。我们既然能在不断的实践探索中拟定普通高校本科专业目录，相信也一定能搞出一个高职教育的专业目标来。

②与此同时，还应该相应地制定出国家职业技能标准。现在高职院校教学改革中，都在实施双证制，即毕业证与技能等级证并重，使本毕业生就业上岗即能用。而目前国家似乎还没有统一规范的职业技能标准，劳动部门就若干工种对初、中、高级技术工人制定有职业技能培训考核和鉴定标准，其他部门也间或有类似标准，如计算机程序员、经济师、会计师、统计师、医师、律师等，但是也存在一些问题一是“政出多门”；二是未能全面开发；三是与教育系统不配套、不挂钩。这种状况使得高职院校学生即便拿到技能等级证书也未必就能就业上岗，同时也不利于对高职院校进行统一的教学水平评估。

(3)鉴于高职院校招收新生的生源学校多样化、其学业成绩起点参差不齐、所学课程不尽一致等情况，高职院校在办学体制上可以直接吸取美国社区学院的做法，灵活多样，进行多种专业教学模式的探索。为此，相应地，对校历制度、学籍管理制度等也宜进行改革。例如，广大高职院校学生之中，也不乏学业成绩相当出色的，他们并不一定专科毕业就急于就业。对这样的学生，应该创造条件，开通高职院校与本科院校相沟通、相衔接的渠道，正如中共中央、国务院《关于深化教育改革全面推进素质教育的决定》中指出，“职业技术学院(或职业学院)毕业生经过一定选拔程序可以进入本科高等学校继续学习”，学校应该对这部分学生开设类似美国社区学院的学士转学课程，并实行完全学分制或弹性学习制。

(4)建立高职院校师资队伍培养基地也是深化高等职业教育改革的动

力工程,应该引起重视。目前,高职院校师资的主要来源,是普通高校毕业的本科生、研究生。高职院校在加强师资队伍建设上,毫无疑问应该把他们作为基本力量。他们的基础理论知识扎实,也并不是都缺乏实践经验和动手能力,但他们受普通高校教学模式的影响,自觉不自觉地用普通高校教学模式下形成的观念或习惯来看待高职教育,这就需要再教育和再培训。另一方面,高职院校兼职教师较多,他们虽然有较丰富的实践经验,但对于教学,仍有诸多不能适应的地方,也需要进行再教育和再培训。简言之,高职院校教师首先应该具有较强的职业教育意识,要转变教育思想,更新教育观念,要能在教育教学活动中坚持对学生进行职业辅导和就业指导,这就不单是一个理论提高或技能技术培训的问题。

目前,似乎还没有负责高职院校师资队伍培训任务的阵地,而是让高职院校"八仙过海,各显神通"。实际上,各高职院校一般都把教师送到本科院校进修,以提高其学历层次,加深加宽基础理论知识作为主要目标。自然这也是必要的,但却忽视了根本性的东西。这种状况又与某些政策有关。主管部门尚未制定出高职院校教师专业技术职务系列和评聘的专门政策,仅用一个对待普通高校教师的标准,对高职院校教师作一律化要求,显然是不够切合实际的。

我国的高等教育是建立在国情基础上的,我们建设的是有中国特色的社会主义高等教育体系,高职教育改革起步较晚,发展又极不平衡,我们确实需要了解并吸取国外高等教育的长处,但更需要根据我国的实际,解决前进发展中遇到的新问题,扎扎实实地做好工作,绝不能盲目地、超阶段地搞什么高等教育"与国际接轨"、"高等教育大众化"等一轰而起的傻事。

第八章　职业选择呼唤灰领

一、进入大众化阶段高等职业教育定位的研究

陈玉华①

高等职业教育是适应现代经济社会发展和技术进步的需要应运而生的，是工业化发展到一定阶段的产物。作为一种教育类型，高等职业教育是高等教育的重要组成部分，是职业技术教育的高层次，是高等教育与职业技术教育有机结合的复合型教育。进入大众化阶段的我国高等教育，不同层次、不同类型的高等学校应有不同的发展目标，不同的特色，不同的人才培养类型、层次和规格，所培养的人才也应针对不同的就业领域来准确定位。科学技术进步带来的职业岗位技术含量迅速提高的要求，经济社会发展对人才的"金字塔"型结构的需求，这些都对高等职业教育提出了如何准确定位的崭新课题。

① 成都航空职业技术学院副院长、副教授，《成都航空职业技术学院学报》，2003 年 03 期。

（一）我国高等教育的现状

1. 规模

世纪之交，我国高等教育驶入快车道。1998 年，全国普通高校招生 108 万人，全国高校在校生为 643 万人（普通高校在校生为 340 万人）。随着 1999 年我国高等教育大规模扩大招生，到 2002 年，全国普通高校招生超过 320 万人，在校学生人数达到 1600 万，实现高等教育毛入学率 15%。2003 年，全国普通高校计划招生人数 335 万人，我国的高等教育步入大众化阶段。存在的问题和不足是，连续几年的扩招，并没有按照经济结构和产业结构的变化需要进行人才资源的合理配置。

2. 结构

我国的高等教育，按系列可以分为普通（全日制）高等教育和成人（继续）高等教育；按照层次可以机械地分为研究生教育、本科生教育和高等职业教育。普通高等学校可以分为四种类型，即研究教学型大学——以“211”大学为主体的全国 100 所左右的重点大学，主要培养尖端的创新人才；教学研究型大学——以省部级重点大学为主体的大学，主要培养基础扎实、具有一定创新能力的专门人才；教学型大学或学院——一般普通高等院校，主要培养本科层次的专门人才；高职高专院校，主要培养专科层次的适应生产、建设、管理、服务第一线需要的高等技术应用型专门人才。在“调整、共建、合作、合并”方针的指导下，近几年来，一般院校一部分合并到重点大学，一部分院校纷纷专科升本科，本科申请硕士点、博士点，普通高校结构布局呈现不均衡发展态势，出现了薄弱层，即相对缺少教学型大学或学院。在职业技术学院的审批权限下放到省级人民政府以后，涌现出了一大批高职学院，其中不乏办学条件和办学水平尚不具备培养高职人才的学校。

3. 质量

客观上，由于我国高等教育规模的迅速扩大，相应的以学科和专业建设为龙头的教学基本建设和教育教学改革在短期内没有及时跟上，师生比例居高不下(1998 年师生比为 11.1∶1,2001 年师生比达到 18.2∶1),平均图书量减少(1998 年为 102 册,2001 年仅 60 册),平均教学设备值下降(1998 年为 6850 元,2001 年仅为 4000 元),为数不少(20%)的教授、副教授未担任本科生教学工作等,对高等教育教学质量产生了一定程度的影响,人民群众接受高质量高等教育的呼声日益强烈。随着各高等学校逐渐加大对教学基本建设的投入力度和不断推进、深化教育教学改革,以及教育部"高等学校教学质量和教学改革工程"的实施,各高等学校针对所承担的不同类型、不同层次、不同规格的人才培养任务,根据不同的服务面和社会需求,都在不同层面上积极实施"质量工程",应对大众化形势下的新挑战,高等教育教学质量正在逐步快速提高。

4. 效益

连续几年的扩招,不仅满足了广大人民群众接受高等教育的愿望,为现代化建设提供了更多的人才储备和人才资源,实现了良好的社会效益,而且伴随招生规模的扩大,高等学校的办学效益明显提高。但由于所培养的人才未能很好地适应经济结构和产业结构调整变化的需要,接受高等教育的毕业生的知识、能力、素质结构需要进一步改善,大规模扩招后首届毕业生已经面临巨大的就业压力,就业率特别是专科层次毕业生的就业率呈现每况愈下的态势。我国的高等教育正面临以调整结构和提高质量为主要特征的新的严峻挑战。

(二)对目前专科层次毕业生就业率低的看法

目前,我国独立设置的职业技术学院、高等专科学校、成人高校、普通本科院校的二级学院、民办高校、成人教育学院组成了我国高职教育发展的六路大军,学校总数达到 1370 余所,约占全国高校总数的 2/3,在校生达到全国高校在校生总数的 50% 以上,但其毕业生的平均就业率明显偏低。

1. 原因之一:专业结构性矛盾

经济发展的客观规律表明,在经济发展快速增长的时期,伴随经济结构和产业结构的调整,工业结构和技术结构将发生变化,引发就业结构出现结构性调整和变化。一方面传统产业逐渐发展、转移、异化甚至消失；另一方面，新兴产业不断出现、发展、壮大。这种因经济发展而导致的结构性调整和发展带来的人才需求，除了需要一定数量的高级尖端人才，更多更大的需求是应用型、技能型、复合型或综合型技术人才。许多高职高专院校并没有按照经济结构、产业结构、技术结构和产品结构变化的需要设置专业、调整专业结构，以及对已有专业进行以信息技术为主要特征的专业改造，导致了专业设置与社会需要、人才培养与市场需求相脱节的现象。这种人才结构和经济结构的矛盾，导致了就业者知识、能力、素质与职业岗位内涵要求之间的不适应，引发了由专业结构带来的就业难、就业率低的问题。

2. 原因之二：人才培养模式不适应人才培养目标的实现

人才类型决定教育类型。不同类型人才的培养所采取的教育教学模式是不同的。按照人才的类型、层次和规格，建立与之相适应的人才培养模式，是办出高等职业教育特色，实现高职人才培养目标的关键。虽然有为数众多的高职院校借鉴国外职业技术教育的先进经验，依托行业和企业，积极探索高职教育人才培养模式，做出了有益的尝试并已取得良好成效，但有相当数量的高职院校受普通高等教育思想观念的束缚，在人才培养模式上有明显的学科化痕迹，课程设置拘泥于传统，教学内容陈旧，与职业岗位实际需要脱节；在知识、能力和素质的关系处理上，仍有过分强调知识的基础性地位等现象；在教学组织上和教学过程中，未能从根本上转变学科化教育倾向，产学结合停留在到企业进行参观认识实习的浅层面上，制约了学生实践能力的提高和人才培养目标的实现，导致了毕业生就业竞争力下降。

3. 原因之三：教学基本建设不能满足人才能力培养的要求

区别于普通高等教育，高等职业教育对教师有“双师型”素质的要求；对教学设备有真实性（仿真性）和技术先进性的要求；对专业课程教材有应用性、职业性、先进性、综合性、创造性、适应性和直观性的要求；对课程建设有综合化、实施化和与履行岗位职责相一致的要求。实施高等职业教育，需要高的投入。然而，由于缺乏必要的投入，高职教育教学基本建设与人才培养的基本要求有较大的差距。缺少人才培养必需的工程环境，学生的实践能力和专业技术应用能力以及关键能力培养未能得到有效落实，导致了接受高职教育的毕业生，在理论知识和专业知识的宽度和深度上比不上本科生，在实际动手能力的熟练程度上甚至低于技校生，在专业技术应用能力的技术先进性上落后于一线实际应用水平，不能很好地适应职业岗位的要求。

4. 原因之四：就业观念落后

高等教育规模的迅速扩大，不仅使其由精英教育走向大众化教育，就业也已经由分配工作转向就业指导，而且由过去的"铁饭碗"工作变化为可能需要经常变换职业岗位，毕业生需要面对全新的劳动力市场，但毕业生的就业观念却没有适应变化的要求。具体表现在：一是一部分毕业生仍然抱有国家分配和传统的工资就业的旧观念，缺乏多种形式的自主就业和进行艰苦创业的思想准备；二是就业期望值过高，希望在"三资"企业、高薪企事业单位、经济效益好的大型企业就业，不愿意选择农村、艰苦地区和行业的基层工作岗位；三是自视过高，眼高手低，以为自己是个人才，没有反省自己仅仅接受了三年甚至只有两年的高等教育。

5. 原因之五：用人单位盲目拔高，人才消费不计成本

伴随高校招生和毕业生规模的扩大，用人单位盲目追求高学历、名牌高校和要求有实践经验的倾向明显存在，而人才使用的不计成本又在一定程度上助长了这种倾向的蔓延。这种情况在经常性接受各类评估检查的企事业单位表现得尤其突出。可喜的是，理智的企业家和"三资"企业的老总们已经从人力资源的实际需要出发，开始转变对人才录用的要求。

6. 原因之六：就业岗位不足

接受高等教育，虽然提高了毕业生的知识水平、能力和素质，增强了其就业竞争力和适应职业岗位需求变化的能力。但是，我国作为人口大国，虽然经济连续以7%～9%的年递增率高速度快速增长，每年可提供新的就业岗位600万～900万个（2002年GDP增长8%，新增就业岗位715万个），而我国每年有1000万新增劳动力。在这种形势下，高校毕业生的大幅度增加，加上历年来积累的几十万未就业高校毕业生和1400万下岗和失业人员，我国面临巨大的就业压力，使高职毕业生的就业雪上加霜。

（三）进入大众化阶段高等职业教育的定位

基于上述分析，高职院校要求生存、谋发展，必须对高等教育和经济社会发展以及劳动力市场需求有清醒的认识，准确定位新形势下的高等职业教育。

1. 社会定位：面向经济建设，满足市场对人才的需求

20世纪80年代，高等学校培养的是“未来的工程师”，中等职业技术学校培养的是“未来的技术员”，所选拔的是精英人才，接受的是精英式的教育，就业在传统意义上的精英岗位——“干部”。当时，每年毕业生的总量不过数十万人，接受高等、中等教育的毕业生供不应求。如今，随着我国接受高等教育的人口数量迅速增加，高等教育由原来的卖方市场走到买方市场，毕业生呈现供大于求的局面。在人才市场上，一方面有相当数量的接受高等教育的毕业生暂时未能找到工作；另一方面，掌握高新技术、具备高技能的人才却极度短缺；作为为了促进经济社会发展，满足人才需求应运而生的高等职业教育，其根本的社会定位必须是主动面向经济建设和社会进步的主战场，以满足市场对现代化第一线人才的需求为前提，以胜任职业岗位要求为目标，以提高履行岗位职责的能力为出发点和落脚点，以企业满意度为质量标准。高职院校要根据社会发展和市场经济对劳动力市场的要求，找准自己的位置，树立正确的办学理念，办好学校，培养“适销对路”的人才。

2. 功能定位：培养应用型人才

一般而言，人才可分为两大类：一类是发现和研究客观规律的人才，谓之学术型人才；另一类是应用客观规律为社会谋取直接利益的人才，谓之应用型人才。后者又可依据不同的工作范围分为工程型人才（主要从事设计、规划和决策工作）、技术型人才（主要从事将设计、规划和决策转化为物质形态或对社会产生具体作用的第一线工作）和技能型人才（主要依靠操作技能进行第一线工作）。在技术进步突飞猛进的信息时代，技能型工作岗位中的智力成分迅速增加，一些高技术设备操作岗位的技术含量正在增加。许多职业领域，

技术型人才与技能型人才之间的界限正在模糊或消失。在我国高等教育步入大众化阶段,由第一次工业化向第二次工业化发展的现代化建设进程中,培养生产、建设、管理、服务第一线高等技术应用型专门人才的高等职业教育,在功能上必然要定位在技术应用型和技能应用型人才的培养上。

3. 层次定位:大学专科层次

在《国际教育标准分类》(ISCED)1976年版中,将第三层次教育第一阶段(ISCED5)描述为"对所学学科中的理论性、一般性和科学性原理不太侧重,花时不多,而侧重它们在对应职业中的实际应用,故所列课程计划与相应大学学位教育相比,学业期限要短一些,一般少于4年。"在1997年版中,进一步将ISCED5划分为A、B两类,即5A"理论型的为研究做准备的课程"和5B"实用的、技术的和具体职业的课程",分别以培养工程应用型和技术应用型人才为目标。显然,5B与我国的高等职业教育具有相似的属性,同时也反映了科技进步的影响。作为一种类型的高等教育,高等职业教育应当开设大学专科、本科和博士学位以外的实用技术教育课程,并根据不同的培养年限而有多个学历层次,至少应包括专科和本科两个层次,特别是在科学技术进步带来的职业岗位技术含量不断提高的新时期。

然而,需要特别注意的是,在我国经济快速增长所提供的就业岗位中,传统意义上的"白领"岗位——以学术型和工程应用型人才为代表的尖端创新人才与设计规划人才的需求是少量的,大量的岗位需求是"蓝领"或介于"白领"和"蓝领"之间的"灰领"。面对我国进入高等教育大众化阶段和教学型大学、学院提出培养工程应用型人才的定位,处于高等教育人才培养链末端的高等职业教育,至少在相当长的一段时间里,应根据经济发展和结构调整对人才层次结构需求变化的需要,理智地确立在专科层次,切忌盲目拔高,以免"种了他人的地,荒了自己的田"。

4. 规格定位:高级"蓝领"

经济发展和科技进步使工作岗位的技术含量日益增高。在大量的关键性工作岗位上,需要具有良好的职业道德和敬业精神,具有必备的基础理论知识和专门知识,掌握高新技术应用并具备较强实践能力的技术人员、技师甚至高级技工。在这些工作岗位上，他们所付出的不仅仅是简单的体力劳动，更为重要的是要进行创造性的劳动。面对愈演愈烈的毕业生就业竞争和巨大的就业需求缺口，以适应社会需要为目标，面向经济建设和社会进步的主战场，满足市场对人才需求的高等职业教育，在人才培养规格定位上必然要积极适应变化和发展的要求，将高等技术应用型专门人才具体化为应用技术、智能操作和高技能型的高级“蓝领”，迅速实现就业岗位的重心“下移”，并为毕业生今后的发展和变化职业的需要奠定必要的基础。这既是劳动力市场的客观需求，也是应对高等教育大众化的需要，更是高职院校求生存、谋发展和提高毕业生就业率的必然要求。

面对进入高等教育大众化阶段的新形势，及时跟踪我国经济社会的发展，清醒地认识我国高等教育的现状，冷静地分析高校毕业生严峻的就业形势，进而准确定位高等职业教育，调整专业结构，创新人才培养模式，深化教育教学改革，大力加强教学基本建设，提高教育教学质量和人才培养质量，并努力办出高职教育特色，高等职业教育一定会赢得发展、壮大的广阔空间，占据人才培养链中重要的位置。

二、中国呼唤知识工人的崛起①

韩晓露

当美国人保罗·福塞尔在《格调》中把美国的社会等级和生活品味分出了三六九等的时候，中国人也开始审视自己的生活。当时间跨入 21 世纪的时候，崛起的中国中产阶级中又有多少是《格调》中真正描绘的白领上层人士呢？其实，他们中的许多人应该处于另外一个阶层——高智能的工人。

① 引自长商在线网：http://www.clbiz.com。

而这些高智能的工人,也正是目前中国急需的人才。

(一)有知识的产业工人

当美国人保罗·福塞尔在《格调》中把美国的社会等级和生活品味分出了三六九等的时候,中国人也开始审视自己的生活。20 世纪 90 年代中后期有多少人向往或者标榜自己过着小资的中产生活。但是,当时间跨入 21 世纪的时候,崛起的中国中产阶级中又有多少是《格调》中真正描绘的白领上层人士呢?其实,他们中的许多人应该处于另外一个阶层——高智能的工人。而这些高智能的工人,也正是目前中国急需的人才。他们是工人,但是他们却有着较高的学历,所以他们不是蓝领;不过他们不仅拥有高智能还需要双手劳作,而且他们可以生活得很有格调,所以他们并不亚于白领。

(二)现实中有一些例子可以证明

某职业技术学院的一位教师告诉记者:学服装设计的肖梅(化名)从服装职业技术学院毕业的时候,她的毕业设计在国内大学生设计比赛中获得了金奖。在比赛结束的时候肖梅就收到了　家跨国大公司的邀请。这份美差不知让多少硕士、博士毕业生羡慕。

同样的,在广东某烟厂工作的国栋(化名)就是烟厂调烟丝的高工。大学读书的时候,他读的专业当时很多同学都认为是一个偏门,只不过是一门技术,没什么好学的。但是,他坚持学了下来,并且通过学习掌握了一种技术,不管在什么情况下,凡是经过他的手生产出来的烟丝就具有上等的品味。他被多家烟草公司争相邀请,而当初那些瞧不起他攻读专业的同学,开始对自己当初的选择后悔。

社会学者告诉我们,其实,肖梅和国栋能获得高薪并非偶然,他们所处的阶层正好是目前国内最稀缺的劳作阶层——高智能高技术的工人。这类掌握较高的现代科学知识又具有较高操作技能的复合型职业技能人才,也正是目前备受关注的一个阶层，这个阶层也是最近正被各大媒体热炒的词汇“灰领”。有一大批发展中的大小企业需要他们就如龟裂的土地需要甘洌的清泉一样。

(三)市场经济的呼唤

对不少人来讲，蓝领时代已经是很久远的过去了，而灰领时代的到来，意味着新时代的到来。

我们不妨来看一组数据：深圳一家企业开出6000元月薪仍未能如愿找到高级钳工；浙江一家企业用年薪70万元从日本请来一名高级技工；而2002年上海市需求高级职业技能人员1.38万人，供给却只有3800人。全国城镇企业共有职工1.4亿人，其中高级技师只占0.41%，技师也只占3.1%，而在发达国家，这个比例达到20%~40%，人才储备相差十几倍。

首都经贸大学劳动经济学院院长杨河清指出，“目前我国建筑行业高级技师仅占0.3%，影响了建筑行业的科技转化。有96%的企业缺少机电方面的人才，88%的矿产企业缺少采矿方面的具有高知识含量的专业技术人才。各个行业中都存在着灰领人才短缺的现象，直接影响了我国工业在现代化技术方面的吸收，影响了我国企业对高技术附加值产品的生产和企业正常的生产，严重影响了我国打击假冒伪劣产品的工作。综合起来，灰领人才的短缺危机有可能严重影响到我国经济持续健康发展。”他用“人才危机”来形容“灰领”人才缺乏的程度。

(四)灰领人才严重缺乏

当人才市场变化了的时候，什么是最缺的，什么就是价值最高的。有数字表明大学毕业生目前的就业率为50%，而据上海市劳动和社会保障局的一项调查：一个高级技师面前，则有7.33个就业岗位等着他。因为稀缺所以人才的市场流动非常快。往往在一个公司里，跳槽最快、最频繁的就是这个公司的具有高知识、拥有高技术的产业工人。

大量的事实证明,在目前中国,制造业已经转型。现代的制造业最为典型的就是:电子、汽车、通讯以及 IT 业等。杨河清曾经指出,在这类制造业中,高级技师所需的既动手又动脑的复合程度,远远超过了传统制造业中的相同角色。而在"制造业大国"的中国,最缺的是具有高学历同时又有高动手能力的技术工人了。

有需要必然会产生新生的力量,很显然的,在市场经济的大潮中,已经出现了英雄式的"灰领"弄潮儿,最典型的有机械工人许振超。他参加工作 30 年来,以"一代人要有一代人的作为,一代人要有一代人的贡献,一代人要有一代人的牺牲"的主人翁精神,爱岗敬业,艰苦奋斗。他坚信"知识改变命运、岗位成就事业",立志"当不了科学家,也要争当一名优秀工人",刻苦学习,锐意进取,自学成才,攻克了许多技术难关,熟练掌握了桥吊驾驶、维修技术和港口装卸管理知识,成为一名工程师和"有突出贡献的工人技师"。他坚持"不论干什么,干就干一流,争就争第一,拼命也要创名牌,为企业增效,为国家争光",带领桥吊队先后两次创造了世界领先的桥吊装卸纪录,为我国集装箱运输的发展做出了突出贡献。山东省宣传部认为"许振超同志是新时期产业工人的优秀代表,是我们各行各业广大干部职工学习的榜样"。此外,还有诸如李斌等类似于许振超的优秀的有知识的工人存在于目前中国社会的现代化大潮中,时势造就英雄,时代需要英雄。

从一般意义上来讲,"高知识产业工人"所处的具体行业类型有:广告创意、网络管理、会展策划、服装设计、电子工程师、软件开发工程师、装饰设计工程师、绘图工程师、印刷设计、动漫设计、游戏制作、数字音乐制作、信息防御、模具设计、智能楼宇布线、IT 程序、会展设计、广告设计、IC 版图设计、多媒体制作、数控编程技术、机械测量技术、视频处理技术、动作捕捉技术等职业。我们仔细地研究可以发现,这些新型的职业大多与计算机相关,在现代社会,以计算机技术等为代表的高新技术的发展也必将影响到经济领域的各个方面。而随着改革开放和现代化建设的发展,新时期的产业工人,必须迎接这个挑战。

(五)新时代的弄潮儿

灰领和白领,他们之间究竟有什么区别,到底谁将是新时代的弄潮儿呢?

跨国公司 EDS 亚太区总裁路翰的话解答了这个疑问,他曾经说过:20 世纪初,欧美社会的就业结构是一个非常尖的金字塔,一小部分人是白领精英,他们控制着下面“卖苦力”的广大蓝领阶层。白领和蓝领之间的隔板非常厚,很难跨越。而现在却不同。随着技术的发展,很多蓝领的工作已经被机器代替。此时就需要有一批人——他们能改进流程,掌握技术,同时动手操作,这就是灰领。这样人们就看到,这个“金字塔”扁平化了。同时,灰领的社会流动性比较强。蓝领可以变成灰领,灰领也可以变成白领。这个架构,对很多人来说是更有希望了。具体说,在企业中,白领的任务是确定“WHAT”,决定公司要做什么——他要知道客户的需求,制定这个公司的业务内容、发展方向;蓝领则是解决“DO”的问题——要动手去“做”,去实施。而灰领呢?这些设计师、分析师、生产制造规划员、市场营销人员、客户关系管理员、维修专家、质量控制专家等专业人员,他们的职责是决定“HOW”——如何去做,如何去满足客户的需求。

但是,笔者认为,就目前的状况来看,在中国,灰领阶层无论从知识、技能、对社会的贡献、社会对他们的需求度还是收入水平和消费上来说,均不亚于白领。灰领阶层的社会地位应该与白领同等,而不是比白领低一个档次。白领阶层和灰领阶层只是社会的不同阶层,应该是分类不同,而无传统意义上的等级差别。

曾经有一份资料作了这样的一个调查,调查共抽取白领、灰领人士各 250 位,调查对象涉及各种性质的企业。被调查的白领所从事的工作以管理和技术类为主,灰领所从事的职业工种有集成电路布图设计师、首饰设计师、数码影像技术、室内装饰设计人员、网页设计与制作员等。调查显示,白领月薪平均数为 4445 元,月平均消费数为 3880 元,月薪在 1000 元至 3000

元所占的人数约为66%。而灰领的月薪主要集中在1500元至1万元之间，42%的灰领目前能拿到2500元至4500元的月薪。从事灰领工作的人士年龄较轻，平均年龄为31岁，诸多灰领职业富有时代气息，充满挑战性，有许多灰领的月收入超过了中层管理人员。

(六)亟待改变观念

在中国，历来就有“劳心者治人，劳力者治于人”的说法。但是，在科技如此发达的今天，出现了新的社会劳动类型，即“劳心又劳力”者。但是由于传统观念的束缚，我们依然把这些“劳心又劳力者”看成是治于人者。其实，这些看法完全是错误的。比如说，“灰领”中最为典型的IT业的人才，不仅具有高技能、高知识，而且具有高智能。如此的人才，一般来说不太可能受制于人。而至于领导者，也就是说，IT“灰领”们的管理者，就不应该如传统意义上的管理者那样，只懂管理不懂业务，对下属发号施令。他们应该不仅要懂技术，还要实在而民主地对下属做一些服务性的工作，此时的行政执行者，就成为真正意义上的“公仆”。而只有这些行政管理人员具有良好的“公仆”意识，才能更好地做好行政工作，才能让IT业的高级灰领们尽心工作，最大限度地发挥自己的聪明才智。因为，他们的高智能产品才是企业生存的根本。

至于其他类型的灰领阶层，大致情况也应该相同。但是，现在的情况却是，灰领们仍被当作劳力者而得不到应有的尊重和地位。汽修厂的小沈告诉记者，他不仅懂常规汽车的基本修理，而且掌握了最复杂的卫星定位型自动汽车的修理和操作，是个拥有高知识、高技术的工人，典型的灰领。单位虽然给了很高的年薪，但是，他上班的时候却不能和中层干部穿一样的衣服，一起吃饭。所以，他觉得没有被尊重，相当的委屈，因此很快就跳槽了。

所以，我们中的一些人应该认识到灰领的价值，给予应有的尊重和待遇，这样才有利于事业的发展。

不过，目前“灰领”阶层被各界大量的关注，一些专家学者也多次将“灰领”阶层的社会问题纳入自己的研究范畴，这恰恰也是现代社会需求下的改变。这也正说明了整个社会正在转型，正在由“学历”社会转向“资格”社会。也就是说，在将来，决定社会地位和职业待遇的不再是学历的高低，而是取得的职业资格的高低。

这样的社会转型不仅更加务实，而且就目前来讲，将解决很大的一个问题，那就是就业的问题。

中国就业培训技术指导中心主任陈宇指出，目前我国的就业形势比较严峻，“一方面由于人口过多，导致就业总量过剩，出现供大于求的现状；另一方面是就业结构失调，结构性失业比较突出”。陈宇指出，在过去25年中，中国无限供给的价格低廉的劳动力是支持经济高速增长的主要资源，但是低素质、廉价的劳动力又恰恰是导致经济效率低下的根源，也是导致最近5年内我国失业率不断攀高的原因。他说：“结构性失业已经成为我国失业的重要类型，有的人没事做，有的事没人做。”所以需要大量人才分流充入“灰领”阶层。一部分蓝领产业工人需要重新培训或者学习，掌握更高的技术，以满足“灰领”阶层的大量需求；另一方面，一些原本拥有高知识、高技能的人才，需要从白领阶层中分流出来，也充入“灰领”阶层。这样，结构性的失业必将得到改善。

而当“灰领”阶层被大部分人所接受，并且确实意识到这个职业的重要性以及从事这个职业待遇丰厚的时候，大量的人才将从千军万马过独木桥——考学中解脱出来，努力地掌握好一种技能，争取成为一名高智能的灰领。这一个阶层的崛起，恰恰是中国这个制造业大国现代化进程中的必经之路。但是，要成为一名灰领也不是一件容易的事，专家认为，假如一个蓝领，只是初中毕业，那么从蓝领变成灰领的这个过程需要20年，如果先读了中专或者高职再进制造类型的企业，那么这个过程虽然会缩短但也需要专业的培训。而环球培训师们认为：要成为“灰领”并不是要求什么都会做，而是要求在自己的领域至少是亚洲一流。所以，更为重要的是提高自身的素质。而对于一般的蓝领工人来说，学会技术比较容易，但提高个人的素质则很难。这个素质，包括整个团队组合的水准、所具有的职业精神和互相合作精神。所以,从蓝领到灰领这个过程是比较难的,甚至需要一定程度上的飞跃。但是,在中国现代化的过程中,灰领队伍的崛起和壮大却将是必然的。

(七)灰领在中国的"栽培"

认识到这一点的中国人,早就开始着力培养中国的"有知识的工人"阶层。而我国高等职业教育在近两年来也获得迅猛发展,截至2003年底,我国独立设置的高职高专院校达到近千所,占普通高校总数的58.5%,基本上每个地市至少有一所职业院校,另有612所本科院校也带办了高等职业教育,在校生约占普通高等专科在校生总数的43%。近年来,教育部提出了"以服务为宗旨,以就业为导向,走产学研结合的发展道路"的办学思想,社会对高职的认可度明显提高。2003年,全国高职毕业生比上年增加了35万,而就业率提高了5个百分点,平均就业率从67%上升到72%。不仅如此,教育部高教司副司长葛道凯就曾经说过,目前一些高职院校过多强调学科倾向,一些院校盲目攀高升格。因此,教育部考虑高等职业学校的学制今后要逐步由3年转向2年。从2003年开始,要建立5年一轮的教学工作评估制度,所有高职院校都要接受一次评估,连续几年就业率低的专业将限制招生,就业率低的学校不能被评为良好和优秀。如此由上而下的重视,将大大提高中职和高职教育的质量,并且将为中国灰领阶层的壮大打下坚实的基础。

这些改变不仅出现在教育界,相关媒体报道,有不少公司将其有关部门平时积累的教案整理成企业内部系列培训教材,制定了进阶教育课程进行培训。同时,建立各岗位的证照制度,使员工都能持证上岗。要求外来员工做到一专多能。这种进阶培训与专业岗位技能考核的方式,使"灰领"阶层脱颖而出。

社会学者曾经非常形象地作了一个比喻,将来的社会,将呈橄榄状分布。"白领"、"蓝领"分处两个尖端,而"灰领"则是橄榄的"肚子"部分。事实也非常明确地昭示:拥有高知识、高技能的"灰领"们,将是这个社会的生力军和时代的弄潮儿。中华全国总工会副主席、书记处书记黄彦蓉曾经说过："当前，我国进入全面建设小康社会、加快推进社会主义现代化的新的发展阶段，使中华民族屹立于世界民族之林，就必须培养和造就一大批高素质的劳动者队伍，尤其是技术工人队伍。我们必须唤起千千万万个许振超，使各行各业都涌现出更多的许振超式的技术能手，创造出更多的让世界瞩目的'振超'效率。"

三、中国"灰领"告急①

高执业

一个行业的劳动力若供大于求了，行业的单个劳动的社会价格就会下降，反之就会上升。"灰领"短缺了，他的价格自然就上升。提供"灰领"的供给，需要社会来讲话，首推舆论的引导；另外，需要社会来做事，重要的是地方的立法工作也要赶快跟上。我们只有在体制、机制和制度等方面对职业教育以法的形式确定下来，社会呼唤"灰领"，才能从法规上得到落实、保证。"灰领"，这是近来在媒体上出现频率十分高的一个词汇。据说，这个词汇在资本主义的发达国家早就有了。英语为 GRAY COLLAR。这是相对于"蓝领"、"白领"的一个词汇。"蓝领"指穿着蓝色工作服的操作工人，"白领"指穿着白色衬衫的高级职员，"灰领"则是穿着灰色衣服的技术工人。如今上海缺少灰领。

目前，笔者参加上海市人大的一次立法调研，很有感触。这次调研的地点是上海市高级技工学校，是为审议《上海市职业教育条例》而进行的，只见学校的设备健全，规模很大，有的班在听课，有的班在操作高级机床，有的班在排除设备的故障，有的班则是在电脑上观察精密机床的流程。老师介绍

① 引自职业教育网：http://www.chinatvet.com. 2004 年 01 月 07 日。

说，这个学校的毕业生在市场上十分抢手，就业率高达90%。又据媒体报道，我国的“灰领”全线告急。2004年我国的大学毕业生270万，高级技工的存量只有28万多，市场供不应求，上海在这方面的招收缺口就达70%，以至有关部门为了招收某些高级技工，不惜到海外高薪招聘。

其实，从工资的高低来说，有的高级技工的工资并不比有的“白领”低，有的月薪可达6000～8000元，动漫制作技工的工资可达10000～20000元。而从海外招来的顶级技工的年薪更是令人咋舌。

记得笔者在初中升高中时，要考造船、航空、邮电、机械、铁路、钢铁等中专学校的考分是很高的，如能被录取，在同学中是十分有面子的。笔者在读的高中是一所重点中学，学校的学工基地就是一个金工车间。当然，那时一个家庭总有兄弟姐妹好几个，家庭负担不了都读大学的开销，有的就先读技校，为家庭挑些担子。如今都是独生子女了，生活水平也高了，一般来说，家庭对孩子教育的投入，特别是把孩子送去读大学，往往是不惜工本的。至于孩子将来干什么，根据社会上的行情：选择的专业往往是IT、会计、经济管理、外贸、外语、金融等，简单来说是那些“外向型”、“管人型”、“弄电脑”等来钱的，也可以说，都是挤上当白领的“独木桥”。那些自己动手的、操作机床的、用扳头凿子的专业，变得门可罗雀。

社会的这种氛围是不正常的。其实，人才是多样的，社会的需要也是多方面的。有坐办公室的，也有在外面跑的；有动脑的，也有动手的，而且各有所长，各显其能，常常是不可替代的。市场经济基础性的调节手段是遵循价值规律的那双“看不见的手”。一个行业的劳动力若供大于求了，行业的单个劳动的社会价格就会下降，反之就会上升。社会的需求会逼使这双“看不见的手”出来调节。“灰领”短缺了，他的价格自然就上升。当然，等“看不见的手”出来调节，就有点被动了，会造成损失的，因为，人的成才不能立等可取，所谓“十年树木，百年树人”。

“灰领”的告急，与国际产业结构的变化对中国的影响有关。这些年，“中国制造”在世界形成冲击波。上海在跨世纪过程中，紧紧抓住结构调整这条主线，坚持三、二、一产业发展方针，坚持二、三产业共同推动经济发展。

因为一个特大型城市，如果没有强大制造业的支撑，很容易受到金融危机的影响。这种“需求”在呼唤“供给”。提供“灰领”的供给，需要社会出来讲话，首推舆论的引导。另外，需要社会来做事，重要的是地方的立法工作也要赶快跟上。

结束的上海市人大常委会第九次会议，审议了《上海市职业教育条例（草案）》，就是一次很好的立法实践。地方立法是要根据地方社会经济发展中出现的新问题，再依据全国人大立的大法，也叫“上位法”，有针对性地做出适合地方特点的法规条文的制定工作。比如，像呼唤“灰领”的问题就是一个范例。市场经济的发展，办学多元化的出现，教育资源的多渠道的来源，都是一些新情况。尽管我们已经有了1996年的国家的职业教育法，也有上海相关的法规，然而，社会急需反映新情况、适应新需求的有关职业教育法规的出台。

应该看到，对有些法规的需求，发达地区反应比较灵敏，比较超前，比如“灰领”的变化中就隐含对制度的需求。

四、世界制造中心呼唤“灰领”人才①

张小明

现在，不少企业是“有米”难寻“巧妇”。企业梦寐以求的“巧妇”就是高级技术人员，不管多么先进的设计和设备，没有手艺高超的技术人员去实施都是“一纸空文”。

据专家预测，中国正在成为继英国、美国、日本之后的下一个世界制造业中心。然而，有“米”无“巧妇”，是中国制造的尴尬！目前我国技能型人才

① 引自中人网：http://www.chinahrd.net.2004年1月7日。

严重缺乏,特别是高级技工和技师等高级技能型人才更是短缺。全国高级技工人数只占技工总数的3.5%,与发达国家占40%的比例相距甚远。近来,许多企业管理人和专家学者频频发出一个声音:中国制造业正在急切地需要突破瓶颈:“灰领”人才短缺!

(一)“灰领”人才:制造业的基石

什么是灰领人才?它与白领、蓝领有何区别呢?形象地说,灰领就是高级蓝领,正如不少人认为金领就是高级白领一样。之所以将灰领人才作为一个类别提出来,是因为现代制造业正大步走向信息化,电脑、网络已与现代制造密不可分,传统意义上的蓝领已无法适应制造技术的新需要。

传统的技术人员工作的环境比较糟糕,同时工作的方式基本上都是靠双手去做。但现在发生了巨大的变化,不仅工作的环境清洁、明亮,更重要的是工作的方式已经逐渐以电脑等现代化设备代替双手。不过,这也对高级技术人员的能力提出了更高的要求,不仅仅是掌握一门单一的手艺,更重要的是在看懂复杂设计的前提下,能根据实际情况进行设计和创新,以最佳方式将设计方案付诸实施,为公司创造出最大的经济效益。因此,高级技术人员的工作是集脑力和体力于一体的复杂劳动,这些人员被称作“灰领”。

以汽车维修为例,专业人士分析,现代汽车修理的难点和重点已不是机械部分,而是电路的维修。电路修理的技术制高点是电脑板和控制模块的内部电子电路原理,这些控制总成在我国售价很高。传统的、单一型维修人才已无法适应现代汽车维修的需要,只有行业机电一体化人才即高级汽车维修人才才能应对自如,这类人才就是灰领人才。

(二)“世界工厂”急需大批“灰领”

中国谈不上是“世界工厂”的主要理由在于高级技工的短缺导致的技术水平低下。我国钢铁、有色金属、电力、机械、石油化工、煤炭、建材等传统工业的技术水平与国际先进水平差距较大，多数大中型企业关键技术的开发与应用能力相对不足，国际先进技术装备仅占1/10，机械产品达到当代国际水平的不到5%，高新技术产业增加值占国内生产总值的比重仅为4%，远低于发达国家和新兴工业化国家水平。自主知识产权和自行开发的高新技术成果商品转化率和产业化率低，分别只有20%和5%至7%左右。

有人在对机械加工企业调查时发现，用同样的配件，我国组装的手表却达不到瑞士产品的质量标准。现在，不少企业是“有米”难寻“巧妇”。企业梦寐以求的“巧妇”就是高级技术人员，不管多么先进的设计和设备，没有手艺高超的技术人员去实施都是“一纸空文”。

下面的一组数据能够说明一些更深层次的问题。统计表明，目前我国高级技工仅占技工总数的4%，即使是全国最大工业基地的上海，高级技工的比例也不足7%，这与发达国家高达30%～40%的比例相距甚远。据新华社报道，广州市“十五”规划需求技师10万人，而目前不足8000人，其中高级技师不足300人。更严峻的情况是，我国在岗技术工人的年龄结构趋于老化，高级技工的大龄化趋势日益凸显。国家统计局上海市调查队对本市60家制造企业的调查显示，目前上海的技术工人队伍中，22岁以下的仅占3%、23岁至35岁的占40%左右、36岁以下的高级技师一个也没有。

（三）全社会都为“灰领”喝彩

目前，劳动部门正在研究制定一系列的相关政策，新政策将向一线技工倾斜，技工的工资将与职业资格等级以及贡献大小挂钩。在长春一汽，一级操作师与厂高级经理在住房、工资、奖金等方面享有同等待遇，并配备工作用车。北人印刷机械股份有限公司所属一家分公司，在工资改革中给高级钳工开出了月薪5000元以上、年薪超过6万元的“高价”，挣得最多的技工收入水平已经超过了公司老总。最近，广州开全国先河，实行技师考评社会化资助，规定获得技师和高级技师的人员，分别由政府专项资金给予900元至1050元的资助。

以前技术人员一般要到50岁才能被评为技师,55岁才能被评为高级技师。据2003年统计的数据显示,高级技工有48%是36岁至45岁之间,有31%是46岁至60岁之间;技师中的44%处于36岁至45岁之间,46%处于46岁至60岁之间;高级技师在46岁至60岁之间的有56%。老师傅陆续退休,年轻人又不愿从事技术工作,高级技术人员的青黄不接就成了必然出现的尴尬局面。正因为如此,政府出台技术人员统一考核的标准,任何人都可以报名参加考评,只要通过考评就会获得相应的资格证书。这给年轻的技术人员带来极大的信心和希望,现在上海最年轻的高级技师只有29岁,这在以往简直就是天方夜谭。

五、寻高级技师难——灰领人才危机影响经济持续发展①

张　琴

2003年毕业大学生270万,而高级技师存量只有28.7万。

"我国已经出现灰领人才危机,供求严重失衡。"2003年12月6日下午,首都经济贸易大学劳动经济学院院长杨河清教授在上海召开的首届职业培训论坛中指出必须加快我国灰领人才的培养,否则将影响到我国经济持续健康的发展。

"深圳一家企业开出6000元的月薪仍未能如愿找到高级钳工,浙江一家公司以年薪70万元从日本请来一名高级技工,而2002年上海市需求高级职业技能人员已达3800人。"杨河清用几个令人惊讶不已的例子来说明目前我国灰领人才的匮乏。

---

① 引自四川在线:http://www.scol.com.cn.2003年12月7日。

“目前我国的实际情况是求大学生、硕士生易，寻高级技师难。”2002年我国毕业大学生270万人、硕士生27万人，而高级技师的总体存量却只有2万。

目前全国城镇企业共有职工1.4亿人，其中技术工人7000万人，占41%，技师也只占3.1%。另据一项对全国3000多家企业进行的调查显示，58.0%的企业存在人员短缺，但与此相对应的是，近80%的企业缺乏技术人员，尤其是高级技术人员。

杨河清指出，我国工业目前以制造业为中心，制造业增加值一直占GDP的40%以上，财政收入的一半来自制造业，将近一半的城市人口的就业机会是由制造业提供的，制造业已经拥有了比较强的竞争力，中国正在成为下一个世界制造业中心，是我国经济发展的重点。杨河清强调，灰领人才在制造业中起着非常重要的作用，是生产分工中的重要阶层，在生产过程中起着纽带和连接的作用，他们都是生产现场的灵魂。

目前我国建筑行业高级技师仅占0.3%，影响了建筑行业的科技转化，缺少机电方面的人才，88%的矿产企业缺少采矿方面的人才。各个行业中都存在人才短缺的现象，直接影响了我国工业在现代化技术方面的吸收，影响了我国企业产品的生产和企业正常的生产，严重影响了我国打击假冒伪劣产品的工作。人才的短缺危机有可能影响到我国成为世界制造业中心，严重影响到我国的经济发展。

中国就业培训技术指导中心主任陈宇指出，目前我国的就业形势比较严竣。人口过多，导致就业总量过剩，出现供大于求的现状；而另一方面就业结构失衡比较突出。”陈宇指出，在过去的25年中，中国无限供给的价格低廉的劳动力是经济高速增长的主要资源，但是低素质、廉价的劳动力又恰恰是导致经济效率低的原因。

六、灰领家族露出尖尖角，叫板白领前景无限好[①]

董均怡

正当人们对白领、蓝领、粉领和金领这些新词津津乐道之际，“领族”又诞生了新成员，而且这位成员的出现享受了上述诸“领”所不及的待遇。2003 年，以“职业与经济发展”为主题的首届灰领国际论坛的召开，吸引了国际劳工组织就业战略司司长、中国国民经济研究所所长和来自美、德、澳、芬等国的 18 位政府官员、专家学者和工商界人士参加并分享了各自的真知灼见，可见“灰领”于社会，乃至世界经济之作用的举足轻重。

另一方面，这一概念的提出也冲击了许多青年“唯做白领欢”的选择！“小白领的生活水准可能还不及灰领呢！”一位专家毫不留情地指出。为此，记者采访了上海市劳动和社会保障局职业技能开发处处长陈锡娥和职业培训指导中心的相关人士，更加清晰地勾勒出一个当代时髦灰领的形象。

(一)白领+蓝领≠灰领

长期以来，人们习惯于把从事管理层的工作族称为白领，把操作层的工作人员称为蓝领，对两者兼顾的“中间层”却没有一个比较合理的称呼。

陈锡娥处长解释，灰领内涵定义困难，灰领是一种新人才类型，它不是蓝领向白领的过渡阶层，而是有独立智能结构、职业特征的人才类型，有较高知识层、较强创新力和熟练技术掌握力。他们能把传统的技能和新兴的技术很好地相结合，并创造出新的东西。

① 引自新浪教育：http://www.sina.com.cn. 2003 年 12 月 11 日。

她还提到，传统产业中如果一旦与现代信息技术“沾边”，那从事相关工作的人员就是十足的“灰领”，比如传统的机床车工和现代的数控机床操作员，他们需要通过操作电脑甚至是对程序的设定完成对机床生产的控制。

其他的一些新兴信息和通信领域出现的新职业就更是灰领没商量了，如IC芯片制造、IE技术等。灰领和其他“领族”并无明显的区分边界，它还不能构成职业的代名词，因为其中还包括了在某些职业中必不可少的技能，如对3D等动画软件的运用。

所以，灰领将更集中地以核心身份出现在新产业、新职业、创意产业和核心制造业中，而这些产业恰恰是上海今后产业发展的重中之重。从整个社会发展的趋势来看，三者的最佳数量分布应该是呈纺锤形。即白领和蓝领的数量较少，灰领的数目较多。

（二）谁是“灰领”

目前，灰领职业涉及25个项目，它们是：动漫设计员、游戏制作员、信息防御员、模具设计员、智能楼宇布线员、IT程序员、内雕设计、会展设计员、广告设计员、立库管理技术、服装制版师、服装设计师、色彩搭配、现代工艺美术品设计、工业产品设计制作、包装设计制作、首饰设计制作、IC版图设计员、多媒体制作员、数字音乐制作员、数控编程技术、机械测量技术、视频处理技术、动作捕捉技术、印前设计员。

（三）“钱”途：今天谁会“灰”

对于灰领的前景，业内人士都颇为看好。因为毕竟要想做个合格的灰领，必须是身怀“吃饭手艺”的“高手”。一位资深猎头表示，灰领的说法给了高级技工一个正式的“名分”；也让他们更明确今后的发展方向，而目前市场上最好“卖”的就是这批人。上海市人才服务中心负责人表示，对本土猎头而言,高端+人才市场被国外对手垄断,要猎获有一定难度,而低端市场往往又瞄准了"赶场"招聘会,而处于两者之间的灰领是他们今后发展、壮大的一个非常有潜力的空间。

劳保局人士说,此时推出"灰领"的概念,就是向劳动力的供方市场(即求职者)发出"利好"信息:当前,管理和文职岗位应征者严重供大于求,而许多技术性岗位、技能型岗能却招不到人,大量的灰领新职业岗位严重缺人。"利好"是对供求双方市场而言,一方面是就业空间广阔,另一方面是收入丰厚,不亚于一般白领。

据坐落在长宁多媒体产业区内的环球数码媒体科技公司有关负责人介绍:以动作捕捉员为例,这在国外已经成为一个比较成熟的职业,而在我国却刚新起,技术使用设备——VICON 动作捕捉工作站目前全上海仅有 3 台,相应从业人员只有三四个人,而实际上就目前状况来看,上海至少需要设备 300 台,相应的从业人员至少是 300 人,甚至是 600 人。

近年来,许多世界级的电影公司纷纷看好亚洲地区的动画制作水平,并敢于投入项目,自然,薪酬也是"僧少粥多",市场的蛋糕如此诱人,大有想吃多少就有多少之势头。

(四)重大利好"双证书"

上海市劳动和社会保障局继推出此概念后,相关的实质性工作也正在紧锣密鼓地进行中。业内人士透露,2003 年底前,首批推出的 11 个职业和 3 个职业模块的培训机构招投标工作将完成,春节后,报名工作就能启动。届时,有兴趣的市民就能根据爱好挑选培训课程,而且在学费等方面,政府部门还将给予非常优惠的补贴。

据职业培训指导中心负责老师介绍,培训费用均设政府指导价,政府根据报名者的不同情况可酌情给予 50% ~70% 的学费补贴。证书分为 1 ~5 级,1 级为最高,5 级为最低,一般 3 级就相当于高级水平,政府指导价在 2000 ~3000 元左右。同时,有关部门正积极准备和世界水平的职业培训机构联手，如美国的 AUAO 和澳大利亚的 ANTA，引入它们的先进教学方式，加快教材本土化进程，培训者很有可能获得“双证书”认可，即在获得国家资格认证的基础上，经过考核也可获得创造境外就业机会的国际证书。

七、IT 业为何不爱白领偏爱“灰领”？[①]

金　凡

我国大学毕业生应聘、社会招聘从每年的春节前后开始，至仲夏结束。随着暑假的来临，2004 年度本科生就业即将进入尾声。

2004 年的本科生就业行情如何？逐渐复苏的 IT 行业对人才有何新要求？记者带着种种问题走访了上海及长三角部分城市、科技园区、高科技人才市场，初步的调查结果显示，本科生在人才竞争中的优势并不明显，越来越多的灰领占据了白领的岗位。

（一）IT 行业，为何你不爱白领爱灰领？

IT 就业难，天上地下行情多变。由于我国高校逐年来的扩招，越来越多的人跨入了高等学府的大门。然而学生大军数量的扩充也给大学生就业造成了一定的困难，尤其是本科生，从最近三年的趋势来分析，就业的压力已经显著增长——本科生不再是“皇帝的女儿不愁嫁”。

本科生的就业和价值趋势出现了严重的分流，各种发展方向相互博弈。过去几年的情况是“一流的学生出国，二流的学生考研，三流的学生找工作”，如今的人才市场流行语是“一流的学生进大公司，二流的学生出国读不

① 引自人民网：http://www. peopledaily. 2004 年 7 月 21 日。

冷不热的专业,三流的学生才去考研”。

找到一份好工作已经变成某些大学生群体心理上的一种负担。就以 IT 行业来说,同一个专业几年来就业行情大起大落,天之骄子首鼠两端,前后攀比之下,往往无所适从。

以上海交通大学的自动化专业为例,在 IT 行业人才需求鼎盛的 2000—2001 年,人才的供需比例平均达到 1:8,最高潮的时期达到过 1:10,学生毕业后两年内平均年薪近 8.5 万。可就是有好工作,学生还是一个接一个地往外走,没等到来年夏天,1 个毕业班仅出国就走了一半人。

然而最近三年 IT 人才市场变化很大,大量的计算机人才供应使得本科生就业只得“随行就市”。同样的专业、同样的班级编制,2004 年的人才供需回落到 1:3,起点月薪只有 2000 余元,令寒窗苦读的学子郁闷不已。“想想两三年前毕业的师兄,那待遇真是一个天上一个地下。”

不少 IT 专业的毕业生找不到称心如意的高薪工作,宁可待业也不肯屈就。而 2004 年与本科生在 IT 人才市场上竞争的不仅包括研究生、博士生等高学历人群,更多的是来自各个 IT 基础工种、具备熟练工作技能的灰领人才。市场反映,中高级的灰领人才对本科生就业的威胁甚至还大过海归派。

(二)真抓实干出效益:电子制造业青睐灰领

灰领是指具有较高的知识层次、较强的创新能力、掌握熟练的心智技能的新兴技能人才。形象地说,就是既能动脑又能动手的复合型技能人才。记者从上海市政府获悉,在上海“紧俏职业排行榜”上,排名前 10 位的职业中,有 8 个属于灰领范畴,如电子工程技术、工业产品设计制作、多媒体制作员、包装设计制作、会展设计等。

目前,上海市约有 1.5 万个技术型和技能型岗位虚位以待。未来 5 年,灰领人才缺口保守估计将逾 26 万人,相应的工作岗位广泛分布于电子真空制造、芯片制造、通信设备制造、无线电整机装配调试、电子设备维修、电子产品模具制造、装配调试和维修、计算机系统集成等领域。

灰领(Gray Collar)一词源于美国,原指负责维修电器、上下水道、机械的技术工人。而现在的灰领被赋予了新的定义——掌握一定的现代科学知识和较高的操作技能水平的复合型人才。

从能力结构来看,灰领是具有较高心智和一定的操作技能的工作群体;从产业结构来看,灰领是在制造业中创造产品、服务核心价值的专门人员;从社会分工中所处的位置来看,灰领是生产或服务领域的技术领军人物,是一线生产或服务岗位上的骨干。

与部分“眼高手低”,梦想白领生活的本科生相比,IT制造业雇用灰领工人容易上手,容易产生效益。相比高学历人士的“见财起意”、“见异思迁”,灰领雇员对中小型IT企业的忠诚感、归属感也比较强。

记者在昆山地区的台资IT制造企业内看到,很多中层管理职位由在企业工作数年后的大专灰领担任,他们的月薪是一线操作工的3~5倍,有的甚至高于部门主管级的白领。

整个苏州、昆山地区,有专门的对口学校、培训机构为企业定点培训灰领人才,企业也适当地与人才基地保持合作,有的人才培训平台就设在企业的生产线上,甚至细化到某个车床组。人才出了校门就进厂门,灰领供需形成培训产业,用当地的话说“一个萝卜一个坑”。

就IT制造企业的观点,灰领往往在企业的实际运营中起着重要作用。“在整个制造生产活动中,灰领人才不仅是某些关键生产环节中的操作者,还是整个生产环节的组织者;同时他们还具备很强的技术革新开发攻关、项目改进的能力。”

“企业有企业的实际情况。大多数企业喜欢真抓实干出效益的人才,而不是办公室政治和盲目高薪的热衷者。”苏州工业园区的一位人事主管说出一句让人印象无比深刻的话,这是不是在影射当前大学生“好逸恶劳”、不愿付出、贪图享乐的某些弊端,令人深思。

无论是上海还是基于整个长三角的产业升级和经济发展,中国都急需大批灰领。目前在上海140万技术人员中,灰领高级技工仅占6.2%。在我国电子工业排名百强的企业中灰领只占技术工人总数的3%左右,而在发达国家这一比例是30%～40%。专家呼吁，如不加大力度培养符合现代化要求的技术人员，不要说IT行业，中国的工业现代化都将无从谈起。

（三）产业建筑工：IT行业重新认识灰领人

针对IT行业"重商业轻技术"、"重策略轻执行"、"重白领轻灰领"的不良趋势，专家指出，中国IT行业要建成擎天大厦，需要的不仅仅是比尔·盖茨式的领军人物，更需要的是从事基础性工作的"泥瓦匠"和"建筑工"，需要那些为电子工业发展、技术水平提升做贡献的产业工人。

但是IT人才市场的结构失衡不容易一下子得到转变。2003年是高校扩招后的第一个就业高峰，全国高校毕业生就业总量从2002年的145万猛增到212万。据预测，到2010年之前，我国每年毕业的大学生都将在350万以上。

随之而来的是大学生就业率不可避免的滑坡，2004年7月份就业签约率从20世纪90年代末的80%下降到73%。2004年毕业的大学生达到270万，硕士生27万，而高级技师存量只有28.7万。找本科生、硕士生易，寻灰领人才难，觅高级技师难；大多数本科生电脑熟练，游戏精通，但见到数控机床却只会发呆。

无论是"世界工厂"的战略定位，还是IT与电子制造业的融合，科技制造业将成为中国经济的核心产业之一。我国制造业增加值一直占GDP的40%以上，财政收入的一半来自制造业，将近一半的城市人口的就业机会是由制造业提供的。转变就业观念，培养灰领人才迫在眉睫。

从2003年起实施的为期三年的上海"技能振兴计划"已将加大对灰领的培养作为一项重要内容。上海将在在读大专学生中通过推行"双证书"——学历证书和职业资格证书并重，提高其动手能力和职业素质。

2004年，上海市职业培训工作要以数字制造业和创意产业等新兴产业作为职业培训的主攻方向。上海市教委将拨款对核心制造类专业装备建设给予重点支持，公共实训中心即将在年内完工或启动，国家级数控加工技术实训基地也将落户上海。

以现代信息技术为中心，中高职学科的“复合式教育”已提上职教改革的议事日程。未来两年，上海还将建立10多个市、区级公共实训基地，以加快培训灰领人才的步伐。到2005年，上海的高级职业技能人才将占到技术性从业人员比重的15%左右。

按照这样的发展趋势，灰领将成为新生代IT从业人的发展方向之一，尤其是大学生就业的主流。“参照IT发达国家的经验，如韩国和日本，部分灰领技能培训很有可能成为今后中国大学生就业前的必修课。”行业内称此为高校学生“回炉再造”，届时准白领与灰领阵营还将再度竞争，本科生的竞争弱势有望得到改变。

八、新职业中的“灰领”人群①

傅秀宏

编者按：灰色，有点土。其实，灰有很多种，“银灰”就很漂亮，它闪耀着银子的光芒，代表着工业时代的殊荣，揭示着手脑并用的优势。“灰领”一词，起源于美国，原指穿灰色工作服维修电器、下水道、机械等的技术工人。今天，计算机广泛应用，“灰领”领域迅速拓宽，它包括：电子机械操作员、数控机床控制员、模具设计师、室内装饰师、首饰设计师、智能楼宇布线员、游戏设计师、多媒体作品设计师、动漫设计制作者、数字音乐制作员、IT程序员、信息安全防御员、广告设计师、会展设计师、色彩搭配师、外科医生、新闻记者、飞行员等。这些职业，要求专业知识与动手水平俱佳，操作技巧与组织协调能力并举，开发革新与项目攻关意识领先。灰领所干的活儿，绝大多

① 引自搜狐女人：http://women.sohu.com.2004年3月16日。

数不是重复性的，而是通过创新为企业获得利润。

（一）时髦的灰领，要敢干又不怕苦干

徐金涛是一家数码科技公司的动漫制作员，从事纯三维制作。他的具体工作是在电脑上给动画片中虚拟的人物、特异怪兽以及一些场景，选取不同的材质来表现它们的质感，运用富有看点的色彩、装饰、道具等构置动作造型，按自己的构想和创意布置视觉效果，从而产生令人惊叹的娱乐动感和彩幻享受。这是一个充满了游戏趣味的工作，据说，《海底总动员》中的尼莫，就是从类似这样的工作中产生的。

徐金涛说，小的时候非常喜欢绘画，念大学时很爱玩游戏。他在大学时学的专业是机械制造，毕业后做了两年多机械设计工作。出于对自己绘画兴趣爱好的不懈追求，2003 年他辞职专门到现在的数码公司进行了一年的 CG 技术培训后，就一直在数码公司做动漫工作。

与那些整天弦要绷得很紧的 IT 程序员相比，自己不必担心程序出了这样那样的问题而该怎么去处理，工作相对感性、艺术一些；但同时必须具备理性的头脑，“要敢于发现‘亮点’，还要敢于把‘假亮点’熄灭，并善于发现自己存在的不足，不断总结经验，才会赢得市场”。

他说，做灰领要拿得起放得下，也许你学的专业和你喜爱的工作有出入，如果值得自己为此转行，就大胆去干。这是灰领最重要的素质。他觉得，自己这个转行的过程“非常艰难”，但硬是靠自己不懈努力的劲头，把自己最初的想法和追求一点点变为了现实。“最重要是自己喜欢，所以现在即使有时比较忙，要加班，平均每天面对电脑 10 个小时以上，也不觉得有什么；能做自己喜欢的事，是最幸运不过的。”

做一个时髦灰领，是非常诱人的。问到徐金涛的收入，他说自己的平均月收入都在五位数上下。工作时间有时很忙，有时则相对有弹性。与那些在高级写字间工作、朝九晚五做白领的大学同学相比，他对自己的生活状态相当满意。

(二)苦点累点的技术活，需要有点头脑、有点学识的人去干

孟志新在大学里学的专业是法律，与IT无关，怎么也没想到，他竟干起了楼宇布线员。他说，干法律就得考律师，第一年自己没考上，可人总不能闲着，正好朋友所在的网络工程公司需要人手，为了生活就过来了，结果一干就没有罢手。

他介绍，智能化楼宇布线员承接着智能建筑的基础设施布设工作，在今天的楼宇建设中必不可少。各种信息网交错密布在楼宇中，一般人不大了解。一个大楼做下来，用的各种信号线要好多车来运。他说，自己所做的一项最大工程，整幢楼仅网线就用了200多箱，加起来有6万多米。这其中的项目包含有电话、计算机网络、安全监控、火灾报警、中央空调和有线电视等，具体的线也分电话线、光纤、双绞线、音频视频和其他信号线。

在实际布线中，布线员爬上爬下、打眼套管、定位连通，既需要智力，更需要体力。孟志新说，常常头脑里规划好了，实际工作中又打破了规划。需要适度调整再干。比如，本来二号大厅没有规划上投影屏幕，但后来决定安装，为另装一个投影屏幕，他要么在天花板中铺拉一条铁筋绑定信号线，要么给信号线安上一个个拉线吊钩，为此他花了整整一个下午。站在塔形梯上，头和上身钻进吊顶里面，手里拿着电钻，为吊钩打眼定位，这样干下来，常常是汗水湿透整件衬衫。

别看孟志新是法律科班出身，对楼宇布线还挺在行。他总结经验说，布线要技巧，交涉协商也不能少。造新楼宇工程布线与基建同步，布线员就要在土木工程中预留插管，进行施工指导和监理，这常常需要与基建人员协调。做老楼宇布线，就需要布线员去敲墙头、打电钻和做一些修修补补的工作，虽然这些重体力活一般是请另外的工人来做，但常常为了抢工期，布线员就要与工人一起干，爬高摸低、插管拉线是免不了的。有时为一根线，可能要在很小的空间里干上很长的时间。

做工程布线，还要面对意料之外的问题。事先要把各种情况尽量考虑

到,仔细检查各个环节,不然,一个意想不到的原因就会影响到整个工程的进度。前些日子,在一家银行布线,完成后线路检测不通,一条一条检查线路之后,竟发现是连接两根网线的配线架出了问题。

小孟说,以自己的观察,现在的社会,苦点累点的技术活,十分需要有点头脑、有点学识的人去干。再说,人这一辈子不能只会一项技能,干一种工作。问他对月薪3000多元满意吗？他说还行。前段时间他在大学城布线,正赶上大学城的一个楼盘要开盘,价格较便宜,房产公司说,大学城教工优先。小孟拉着学校老师一起去售楼处,冒充老师,和售楼小姐套磁,居然也买到了一套满意的住宅,正好用来结婚。说到这儿,小孟异常兴奋:“这个工程做得太值了!”

(三)“色彩”让女人化蝶而出

身为女性的杜晓红,开有自己的“色彩工作室”,是一个标准的灰领。她的工作有点特别,专业色彩搭配。杜晓红从业“色配”已两年多,之前开过广告公司,后专门拜师研学“色彩季节理论”,与时尚服饰审美接轨,逐渐把这套理论引入消费市场,竟出奇制胜。

“为女性寻找属于自己的色彩”,是杜晓红工作中的最大亮点。通过色彩的测试,为每一位顾客找寻适合自身的色彩搭配原则与方案。每天在五彩斑斓的色布中耳濡目染,杜晓红眸间的色彩是充满魅力的,她就在色彩的变幻之中永不疲倦地捕捉灵感。杜晓红说,每个人都有色彩个性,为稳定的头发、眼睛、眉毛、嘴唇、皮肤的颜色,寻找“出彩的布色”,需要一百多块不同颜色的色布供她在为具体对象服务时挑选。经过色彩测试和对比分析,才可做款式与色彩搭配分析。比如说方青卓比较丰满,但她穿一些鹅黄的、嫩绿的却显得很轻盈,原因是经色彩测试她是属春季型的人。杜晓红解释说,她的顾客大部分都是知识女性,对自己的形象和品位要求较高。还有不少女装厂、童装厂要求进行色彩服务。

杜晓红进一步介绍,每个女人都有“心理嗜好色”,但它不一定就是她与生俱来的身体季节色。纯白和纯黑只有在冬季里人穿着才最漂亮。肤色、发色以及瞳孔色等人体色特征，能够确定每个女性是春季型、夏季型、秋季型还是冬季型，所以选择服饰，不一定买贵的，而要买对的，对的东西才最适合自己。

谈起自己从事的这个行业，杜晓红坦言，这并不是人人可做的。天资之外，入行成本也相当高，动辄上万元的色布采购，还要经常学习国外最新色彩搭配课程……曾有人急功近利，学识能力储备和动手搭配技巧不足，就忙着开店赚钱，结果不到三个月就因顾客人稀而遭倒闭。

杜小姐说，目前她的色彩工作室里还招聘有流动的"色彩顾问"，专门根据色彩数据，替女顾客参谋购衣，这样顾客可以根据派出的"色彩顾问"，进行最佳选购。正面临求职面试的大学毕业生和公司白领，寻求"色彩顾问"的较多，他们通过色彩搭配把自己的风格、品位和内涵传递给了对方，使自身亮起来。

对于灰领这种叫法所使用的"色调"，杜小姐最后发表高见说，"亮丽银灰"是这个阶层的主旋律，在我们国家应改叫"银领"更合适。那样，清新、明朗，更符合青年人的性格。

目前，灰领阶层快速增长的就业领域，主要集中于新产业、新职业中。从收入来看，这些新产业、新职业中的灰领，年轻有为，具有大学学历，拥有高端技能，其薪水有些比普通白领还高，从而拓展了年轻一族的就业"版图"。据上海媒体报道，灰领的月薪至少在5000～6000元，他们已成为推动新经济发展的中坚力量。

但相对而言，在我国的钢铁、有色金属、电力、机械、石油、化工、煤炭、建筑、建材等传统行业，多数大中型企业关键技术的开发与应用人才相对不足。常常是引进了先进的生产线，不少企业望"米"难寻"巧妇"。企业梦寐以求的"巧妇"，就是高级技术人才，也即"灰领"。提高这些行业"灰领"和准"灰领"的收入水平，对这些行业发展具有拉动作用。

眼下，灰领已经成为求职队伍中最大的赢家，在很多企业和单位中，技能型、操作型的人才，因能与"最终产品"直接挂钩，而被企业老板一路看好。

九、灰领是最大的赢家[1]

潜　龙

2003 年申城劳动力市场供需两旺,“灰领”群体异军突起,但“有人没事做,有事没人做”的供需结构性矛盾依旧明显。上海市职业介绍中心目前公布了 2003 年上海劳动力市场统计数据,2003 年尽管遭遇了“非典”,但上海市劳动力市场招聘岗位和求职人数仍处于增长状态。

统计显示,2003 年有 1.8 万多家用人单位进入劳动保障部门职业介绍所发布招聘信息,较 2002 年度增加了 3000 家,共发布招聘岗位 59.4 万个,比 2002 年的 48.4 万个和 2001 年的 35.3 万个分别增长了 22.7% 和 68.3%。同时,2003 年本市求职人数为 63.6 万人,比 2002 年的 57.4 万人和 2001 年的 38 万人,分别增加了 10.8% 和 67.4%。与此相对应,反映供需平衡状况的求人倍率(招聘岗位数/求职人数)与 2002 年相比出现了明显的反弹,达到 0.93%。

在上海经济持续高速发展的大环境下,上海市建立了社会责任体系、实施新增就业岗位计划以及不断拓宽普通劳动者就业门路等促进就业举措,取得了显著的社会效果。

“灰领”群体无疑是 2003 年度职场中最大的赢家,在位居需求排行榜前十位的职业中,有 8 个职业是市劳动和社会保障局推出的“灰领”职业。这种现象突出体现了在知识经济时代,新产业高速发展背景下的职业变迁特点。在今后一段时期,“灰领”都是用人单位需求的热门岗位,求职者应当积极适应这种变化。职场呈现供需两旺的同时,也表现出部分领域供需结构性矛盾依旧十分明显。

在行业的供需方面,高技能人员的供给速度依旧赶不上需求速度,虽然持有

① 引互联星空:http://www.chinavnet.com.2004 年 1 月 18 日。

高级及高级以上证书的求职人数近两年里增加了3.7倍，从2001年的0.16万人上升到2003年0.75万人，高级技术工人占技术工人的比重已经从2002年底的6%上升为2003年底的9%，但高技能劳动者的供给仍然难以满足市场需求。2003年对高级技术工人的总需求量为5.03万，比2002年增加了近2倍，比2001年增加了4.5倍。因此，尽管2003年高级技术工人供给量增加到0.75万，但仅仅达到需求量的14.9%，缺口非常大。譬如，1个车工求职者平均可以有1.34个岗位供其选择。而一些热门的职业，如计算机操作人员、行政业务人员、企业管理人员、中餐厨师等岗位则处于供过于求（求人倍率小于0.8）的状况。计算机操作人员严重过剩，求人倍率只有0.13，相当于8个人竞聘1个岗位，行政业务人员面临的就业形势也不容乐观，6个人竞争1个岗位。

供需的不平衡还突出表现在年龄方面，单位的用人年龄集中在青壮年，96.1%的单位对劳动者的年龄有所要求。16到35岁之间的劳动者构成单位用人需求的主体，占总需求的64.4%，其中对16到25岁之间劳动者的需求占34.3%。但从求职者的年龄构成看，36岁以上的劳动者成为劳动力供给的主体，占求职者总数的57.2%，其中，36到45岁的求职者占36.9%。26到35岁这一劳动力群体，只占求职者总数的19.2%。

十、白领泡沫与灰领紧缺是效率的缺失[①]

尚德琪

关于用人之道，美国著名汽车制造商福特有一个经典故事：20世纪初，福特就计算出了T型车生产线共需要8000多道工序。而且，他精确地知道，其中949道工序需要“强壮、灵活而且身体各方面都非常好”的成年男性承

① 引自网易商业报道：http://bi2.163.com.2003年12月12日。

担,3338 道工序只需要“普通身体”的男工,剩下的则可由女工或年龄稍大的儿童来承担。而且,他说:“我们发现 670 道工序可以由没有腿的人来完成,2637 道由一条腿的人,2 道由没有手的人,715 道由一只手的人,10 道由失明的人来承担。”

肯定有人对他的精明觉得不适,但却不得不佩服他的经济头脑:不同的人才,有不同的价格;需要什么样的人,就招聘什么样的人。大材小用不仅是对人才的浪费,而且也会提高企业的运作成本。

在我们身边,似乎正在发生相反的事情:相当一部分人找工作,都是被文凭的门槛卡在了外面;同时,相当一部分人靠文凭找到了工作,却做着与文凭很不相称的事情。

遍览人才招聘启事,遍观人才招聘会,你会发现用人单位打出的招牌中,差不多都有一个共同的特点,笔者总结其是“文凭越高越好”。“本科以上学历”、“硕士、博士优先”等短语,几乎成为用人单位的口头禅。

人们把高级管理人才叫做白领,把产业工人叫做蓝领,而把技师类的人才叫做灰领。有了这种白领需求的暗示,文凭教育就成为一时之尚。于是,很多企业就把拥有更多的高文凭人才当作实力进行炫耀;工商硕士就成为潦原之火;很多人都以为戴上研究生的帽子就成为时代的宠儿。

市场是个比较公平的调节器。在市场的作用下,一些我们不愿意看到的结果终于出现了。《中国青年报》在头版连续报道的“找本科生硕士生易,寻高级技师难”的现象,是其中令人尴尬的情形之一。

前些年对高文凭人才的过分追捧,已经在人才市场上形成了一种“白领泡沫”。在我们身边,本科生找不到工作,或者说找不到适合于他们的工作,已经不是个别现象。而同时,市场需要的人才,却十分难得——“购买”灰领人才的预期长期疲软,已经导致相当一部分人对人才需求的形势形成错误的判断。

需求预期只是灰领稀缺的原因之一。另一个原因是灰领的“市场价格”长期低迷。而导致这一低迷的直接原因是社会对文凭的“偏爱”。文凭,不仅在找工作时是一道“硬杠杠”,在评职称、涨工资时也是。而技能和能力等，在文凭面前只能是"仅供参考"（不仅在企业界，在事业单位也是如此）。这有观念的原因，也有体制的原因。总而言之，都是蔑视效率的表现。

福特的用人之道，与其说是过于精明，还不如说重视效率。

在一些企业和单位，技能型、操作型的人才，都与"最终产品"直接挂钩，说他们是挑大梁的一点不过。但是，作为人才，他们并不是很有价值，体现在待遇上就是：要涨工资不容易，要评职称很困难，因为他们的文凭不达标。

因此，这几年，一边是持假文凭的人到处都是，一边是混真文凭的人一大批。从经济学的角度讲这和"找本科生硕士生易，寻高级技师难"的现象一样，都应该看成是市场对我们的一种惩罚。

十一、"灰领热"难解中职招生之"渴"[①]

储智勇

一段时间以来，在灰领、高级蓝领等概念被炒得火热的同时，各类企业对高级技术人才的短缺也已经是迫在眉睫。国家劳动和社会保障部公布了用 3 年时间在国内培养新技师 165.4 万人的计划，给北京下达的指标是 2 万人，其中 2004 年培养 4000 人，2005 年培养 6000 人，2006 年培养 10000 人。

2004 年 6 月 4 日至 6 日，北京市的应届初中毕业生就要填报中招志愿了。在北京市热切呼唤高级技术人才的形势下，作为高级技术人才的重要培养环节之一的中等职业技术教育会不会迎来她的春天呢？在各中职学校即将拉开招生帷幕的时候，记者带着这样的问题采访了北京丰南职高校长杨维宁、北京公共交通高级技校校长谢亚平和首钢职业技校校长孙继伶。他们对记者表示，尽管人才市场中高级技工紧缺，但中职教育在招生等环节

---

① 引自北京青年报，2004 年 5 月 17 日。

上存在问题,以及来自政策、观念等多方面的束缚,导致无法放手培养人才。

(一)中职教育并未受到应有的重视

在采访中记者了解到,近来炒得沸沸扬扬的“灰领”人才概念并未直接带动中职教育的发展。现在人们所说的“灰领”不是“蓝领”向“白领”的过渡阶段,而是一种新型的人才,是一个有独立智能结构、职业特征的人才类型,他们应该具有较高的学历、丰富的专业知识、较强的动手操作能力。几位校长表示,最终教育成灰领人才的是高等职业教育而非中等职业教育,尽管目前人们通过“灰领热”将目光投向了职业教育,许多家长也已经明白了掌握一技之长的重要性,不再将高中、大学作为孩子唯一的出路选择,但多数人依然抱着“干活的收入少,低人一等”、“万般皆下品,唯有读书高”的落后观念,对中职教育的重视还远远不够。

谢亚平告诉记者,按照以往工厂中工人等级晋升的惯例,一个初级工成为中级工需要五到六年的时间,中级工成为高级工要七到八年的时间;而在中等职业学校中求学 3 年之后就能够通过劳动部门的考核达到中级技工的水平,而中职毕业生通过一部分学校开设的 2 年制高级技工班的学习就可以考取高级技工等级证书。再加上高等职业学校的深造,一个“灰领”人才就可以打造完成。他说,中等职业教育在“灰领”培养过程中无疑有着极为重要的地位,许多动手能力强的初中毕业生其实有充分的理由选择中职而非普通高中。

孙继伶认为,北京集中了相当的高等教育的优质资源,相比之下,职业教育的发展却落在了其他省市之后,直接导致了北京技术人才短缺,相当数量的企业在寻找技术工人时把目光投向了外地,这对首都的就业是相当不利的。

(二)观念误区造成高中扩招挤压中职生源

随着几年来高中的扩招,中职生源的紧张也逐渐显现了出来,这也是目前中职教育发展中面临的最大问题。几位校长都不同程度地对生源问题表示担忧。杨维宁说,2003 年中招时北京市有近 18 万的初中毕业生,这其中至少有 9 万人是要进入高中学习的,而全市的中等职业技术学校最多只能面对剩下的 9 万生源;未来几年,初中毕业生将会逐年减少,2006 年将减少至 10 万人,即便高中不再扩招而保持 2004 年 9 万人的招生规模,也只有 1 万人留给中职了。他说,全市两百多所中职学校只面对 1 万生源的时候,无疑对中职教育是毁灭性的打击。而与此同时,普通高中的教育资源也很难满足如此大的招生规模,教学质量也势必下降。

杨维宁说,正常的人才学历结构应该是三角形的,即受职业教育的人数其实应该多于受大学教育的人数;而普通高中的逐年扩招,实际上打破了人才总体结构的这种客观规律。他说,高中教育是一种选拔教育,家长怀着望子成龙的心情希望自己的孩子能够考高中、上大学,可实际上有些形象思维能力强、动手能力强而书本学习能力比较弱的孩子根本不适合高中、大学教育。他认为这种观念上的误区正是造成高中连年扩招的重要因素,那些本该到中职学习技术的孩子被迫上高中、考大学是他们的悲哀,也是高中、大学教育的悲哀。

(三)办学找准定位才能生存发展

在生源有限的情况下,中等职业技术学校的就业情况却是让高等教育毕业生“眼红”不已的,记者采访的三所中职学校,有就业愿望的学生就业率基本上都是 100%。在教育战线工作了 40 多年的杨维宁这样解释原因:第一,首都经济的快速发展催生了越来越多的企业,就业机会的绝对数量在增加;第二,企业“人才高消费”的现象在逐渐“退烧”,接受职业教育的人才有时比大学教育出来的人才更能胜任某些岗位;第三,也是最重要的一点,那就是相当一部分学校在市场中找准了自己办学的定位。

充分考虑市场的实际需求情况和自身特点来设置专业是找准办学定位的一个重要方面,大而全或一哄而上的办学模式是无法在市场中立足的。孙继伶举了一个反面例子,前些年专业建设中的“财会热”导致各个学校财会专业一哄而上,结果造成人才过剩,市场无法消化,不少学生毕业就意味着失业,这无疑是对教育资源的浪费,也是对学生的不负责任。

丰南职高在原有的医学生物技术、园林花卉等优势专业的基础上,面向2008年奥运会大环境的休闲体育产业专业也将于2004年第一次招生。杨维宁透露,该专业第一批学生毕业时正好是奥运会前夕的2007年,将有广阔的施展空间。实践是职业教育中相当重要的一个方面,学生是否有充足的实践机会是决定所培养人才实际能力的重要因素。公共交通高级技校和首钢职业技校依托各自的上级单位为学生提供了充足的实践场所和动手机会,保证了毕业生过硬的技能和一定的实践经验,这也是企业用人所考量的重要标准,毕业生的高就业率也就不奇怪了。

(四)呼吁:中职教育尚需多方扶持

要让中等职业技术教育得到更好、更健康的发展,需要政府和社会各界多方面的扶持。在采访中,几位校长发出几点呼吁,以求中等职业技术教育的发展能有更好的环境。

第一,他们呼吁政府有关部门按照人才结构的客观规律办事,发挥宏观调控的作用,适当引导市场的需求,给“高中热”、“大学热”降温,让适合学习职业技术的学生到职业教育体系中来,找到最能够实现自己价值的人生道路。

第二,他们呼吁政策给职业教育更多的扶持,把“政府统筹、分级负责”的原则落到实处,为学生实践、锻炼提供充足的经费支持。

第三,他们呼吁教育研究机构改变职业教育研究不到位的现状,形成一套完整的教育理论体系，以指导职业教育的教学和实践。

第四，他们呼吁建设一定规模的行业或地区职业教育协会，以统筹中等职业教育资源，并提供交流、资源共享的平台。

第五，他们希望师资培养单位多为职业教育培养一些拥有现代教育理念和较强动手能力的“双师型”教师，为职业教育教师队伍补充新鲜的血液。

十二、港人北上淘金，灰领成新宠[①]

雷　雨

近20年来，北上就业的港人多以高层管理人员为主，随着内地人才本土化增强，这一市场日益饱和。目前，本港“灰领”阶层日益成为新宠。“灰领”通俗地讲即是通晓理论知识和具有较高实际操作技能的复合型职业人才，就业领域广阔。由于内地“灰领”严重短缺，一些精明的港人已经在这一领域崭露头角。

（一）深圳领风骚

二十出头的Aegis，在香港出生，大专学历。他自幼喜爱音乐，曾专门自费北上星海音乐学院进修，两年前开始在位于罗湖的一家深圳数一数二的大型夜总会担任音乐总监。Aegis告诉记者，这家夜总会在香港的名气很大，而且消费水平比香港便宜很多。深圳皇岗口岸实现24小时通关后，有相当多的本港年轻人时常到此泡吧、蹦迪。这家夜总会的股东之一、从美国读MBA回来的张生告诉记者，内地娱乐界近年发展迅速，设备先进，观念前卫。

① 引自香港商报，2004年8月6日，第十二版。

他认为,之所以聘请香港的专业人员,是因为他们对设备仪器的运用更熟练,减少培训成本;更主要的是他们了解港人口味,对音乐潮流反应更敏锐,曲目的选择更时尚和前卫。由于内地娱乐界对香港相关专业人才需求甚殷,使得 Aegis 很容易就在深圳找到这样一份自己喜欢的工作,而且薪酬并不亚于香港。“深圳生活品质不低,费用却低很多。而且自己的一群好友又经常过来玩,不会感到孤单。”Aegis 对现状感到很满意。

(二)美容培训师走俏

近年来,本土美容业专业人才纷纷北上求职,深圳美容化妆品商会袁群小姐说,内地美容设备的不断更新,是其直接原因。在深圳,基于政策方面的原因,不少美容机构尽管并非香港人,但均有香港背景,如皇家女子俱乐部、玛莎美容管理机构等,这些机构直接将香港的美容仪器和先进的管理经验带到深圳。而且深圳本土美容经营者面对日趋激烈的竞争形势,非常关注港台及海外的美容资讯,以便和国际接轨,纷纷来港“挖角”,聘请香港美容技师在深担任培训师。港人吴小姐目前受聘于深圳一家连锁 SPA 美容院做技术总监,负责培训深圳本地技师。她告诉记者,自己任职的香港公司代理一国际知名品牌的瘦身产品。该美容院刚刚引进最新设备,她专门过来进行员工培训。据悉,由于美容界薪酬差距等原因,真正在深圳打工的港人并不多,大多担任美容培训师。美容业被视为内地的朝阳产业,目前有相当多港人正涉足这一领域。

(三)汽车修理工抢手

出身于“修车世家”的港人邱生得到父亲的言传身教,修理宝马、奔驰等进口轿车得心应手,目前在深圳一家汽车修理厂担任高级技师。邱生高超的技术令其成为修理厂的“金字招牌”,厂方亦开出了月薪两万元人民币的高薪。邱生告诉记者,以往在香港找工作并不难,但近两年汽修业状况不尽如人意。于是他选择北上。他坦言，给人打工只是权宜之计，主要目的是“了解市场、培育用户，为将来开汽车维修厂做准备”。他认为，内地汽修业刚刚起步，特别是随着居民私家车保有量的激增，汽修市场蕴藏着无限商机。深圳正通汽车修理厂吴经理在分析汽车维修这门技术时表示，内地汽车产业发展迅速，无形中带动了汽车修理业的兴旺，由于汽车不断升级换代，汽车修理的技术含量也越来越高。他说，现在汽车修理技术的关键不是机械而是电路。普通的修理工不懂电路修理技术，因此传统的单一型维修人员已无法适应现代汽车维修的需要。只有行业机电一体化人才才能应对自如，“毋庸置疑，对于进口车维修，香港的专业技术人才发挥了很大作用”。

（四）“灰领”短缺制约经济

深圳市劳动和社会保障局职业培训处处长罗兴光对记者表示，尽管企业有先进的设计和设备，但是如果没有专业技术人员操作、实施，一切都是纸上谈兵。他表示，劳动部门多次到富士康、飞亚达等企业调研发现，这些企业并不缺管理人才和工程师，而是缺乏高级技工人才。深圳市职业技能训练中心吕革新副教授表示，所谓“灰领”是新近出现的一种职场称谓，是一种新的人才类型，与“白领”动脑、“蓝领”动手相比，“灰领”既要动脑又要动手，具有双重优势。目前在人才市场、劳动力市场频频亮相的“灰领”人才包括网络管理、软件开发工程师、室内装饰设计师、广告创意师、模具工程师、服装设计师、美容美发师等25个大类的岗位从业人员。其中，汽车运用与维修、护理、旅游、多媒体动漫画等市场紧缺专业人才成为重点需求。深圳人才市场郑举武主任告诉记者，深圳人才济济，博士、硕士遭到冷遇并不是新鲜事，本科生想找到一份理想的工作就更不容易。与此形成鲜明对比的是，有数千个“灰领”职位虚位以待，市场缺口巨大。他特别指出，深圳地区的“灰领”人才主要集中在通信和IT行业，但是随着人们生活品质的提高，第二产业迅猛发展，因此服务行业如护理、康复保健技术、畜牧兽医、宝玉石鉴定等以往较冷僻行业的技师人才短缺现象日益凸显。他告诉记者，连续举办的两届港深“人才嘉年华”交流会都出现了此类人才短缺的现象。据悉，到2005年，广东省从事技术工种岗位人员应达800万人，而目前广东实际只有218万名技能型人才，缺口仍在400万以上。深圳市人才市场2004年一季度供求信息表明，位居用人单位招聘需求排行榜前20位的职业中，类似“灰领”人才的职业就占了10项，总需求量达1.15万个。同样，在当地劳动力市场，企业对“灰领”人才的需求也较迫切。

(五)职校学生成抢手货

深圳职业技术学院学生处吕处长告诉记者，该院分配到各大银行的有100多人，联通公司一次就选走了50名毕业生。某些专业的学生毕业前两三个月就被用人单位领走了。现在汽车销售、汽车维修生意红火，机动车专业2003年7月毕业70人，用人单位5月份就来电话催他们去上班。

(六)港深携手培养专才

记者从深圳大学了解到，总部位于香港的环球数码创意控股有限公司(简称IDMT)，成立之初即通过与深圳大学合作，成立了先进的数码媒体培训基地，创建了亚洲一流的数码媒体培训研究中心，以培养适应市场需求的“灰领”人才，据悉，至今已培养学员共700多人。据了解，IDMT毕业的学员目前就职于内地及世界各大著名动画公司、工作室、广告企业，并在业内取得了公认的专业人才制作人员的口碑。即将毕业的汪生告诉记者，单纯的绘画专业本科毕业，在广告公司做设计，薪资平平也没什么大的发展空间。而经过三维影视动画的专业培训，成为有实用技术的高级三维动画人员，含金量立刻会提高，“许多公司会抢着要，而且薪资也将翻番”。中国人才热线总监黄路真表示，IT往往被人们视为金领，而事实上，多媒体制作、游戏制作、动漫设计、视频处理技术、动作捕捉技术等具体职位都属于“灰领”范畴，而这正是市场短缺的人才。香港贸易发展局深圳办事处的一位官员表示，内地需求的香港人才都是专业人士，在香港亦有不错的发展。不过由于内地的发展空间和机遇可能会更大，他们选择北上。相信随着《关于建立更紧密经贸关系的安排》（CEPA）的实施，香港服务业进军内地市场，会吸引更多香港"灰领"北上觅职。

（七）大学生先受职训再求职

由于珠三角和香港人才交流关系日益紧密，此前香港总商会、渣打银行和香港青年协会专门组织本港及海外的83名优秀大学生考察珠三角投资及就业现状。正在香港职业训练局接受培训的蔡咏雯小姐对记者表示，内地的人才储备量可观，相信本港年轻人北上将会面临巨大的竞争压力，所以不妨先在本港"试水"。另外，国语不再是港人北上的绊脚石。记者目前从香港中文大学国语教育研究及发展中心了解到，每年举办获得全国认可的国语水平测试，五年前每场测试只有百人应考，而2004年其每场测试人数是以往的四倍。

十三、留学市场"潜力股"：灰领专业①

梁　杰

如今，即使留学名气响的大学，读热门专业，也不等于会找到好工作。因此，与其千军万马去挤热门专业的"独木桥"，不如放平心态，读一些实用的专科或职业课程，回国找份灰领工作，这是时下留学市场上的一股新潮流。随着"海归"就业难问题目益凸显，国内学生的留学观念日趋理性化。

---

① 引自人才市场报：http://www.sina.com.cn.2005年4月26日。

高学历的精英路线，并非适合每个人，也许留学热门专业未必适合你，相比之下，出国学习一技之长，才是大多数人的立身之本。

（一）灰领专业热销留学市场

留学展反映出这样一个现象：虽然商科、IT专业仍高烧不退，但国内学生在选择留学专业时已明显趋于务实，对电子商务、物流等灰领专业表现出越来越浓厚的兴趣，甚至一些铁定心要做“白金海归”的学生，也开始转投到理工学院、职业技术学院这些专门定制灰领人才的海外院校。

从留学中介机构了解到的情况也是如此。中智国际教育咨询公司最近推出法国齿科助理职业培训学院的留学项目，虽然是牙医助理专业，拿的是专科文凭，但咨询者依然络绎不绝；澳大利亚的留学项目原本以IT、商科专业为主，但最近有不少人关注起美发、牙医等职业教育课程。

该公司留学顾问刘维娜介绍说，“灰领”概念近来在人才市场上非常流行，灰领并不等于低学历，而是指既能动脑又能动手，具有较高知识层次、较强创新能力、掌握熟练新知技能的新兴人才。国外的职业学校就是专门培养这方面的人才。

据了解，最近几年，随着国内留学市场金矿效应的日益显现，一些国外职业学校也开始抢滩中国市场，推出各类职业教育培训课程。例如，意大利的院校带来了服装服饰设计、文物保护、葡萄酒制作等技术型专业，启动灰领留学市场吸引中国学生；加拿大企业通讯商务学院和墨尔本商务管理学院虽然名不见经传，但其开设的视觉产品和商务通讯、网页设计和网络产品等时髦灰领专业，对年轻人却有一定的吸引力；澳大利亚阿德雷德大学和摩托罗拉公司合作推出的顶尖灰领专业——芯片设计，由于具有高科技背景而备受关注；苏格兰高等教育文凭（HND）项目，同样瞄准了灰领留学市场。

（二）灰领专业的三个优势

金融、商科、IT、国际贸易、经济管理……这些与高收入紧密联系的专业，一直是留学生就读的“大热门”。然而，一窝蜂地上，同类人才过剩，使得工作难找。上海莘远国际教育服务有限公司资深留学顾问李铭提醒说，出国留学不要只盯着学历教育，国外职业教育也有一定优势。

优势一：国外职业教育成熟。

国外的高等职业教育大多都已相当成熟，在硬件设施、教学质量等方面都处于较高的水平，而且，培养目标明确，强调专业技能，并形成了各自的优势专业，如韩国的美容专业、瑞士的酒店管理专业等。

优势二：回国就业前景良好。

随着全球制造业中心逐步向中国转移，市场对应用型高级技工人才的需求与日俱增。仅上海一地，未来5年，灰领人才缺口将达到50万人。高等职业教育培养目标就是具有一技之长的灰领人才，与国内就业市场的需求较为吻合，学生学成回国后更有用武之地。

优势三：留学优惠政策多。

美国、澳大利亚及欧洲一些国家对培养专技人才非常重视，在政策上给予诸多的优惠。以法国牙医助理专业为例，不仅为攻读该专业的中国学生提供带薪实习的机会，法国政府还会负担一定的费用；新加坡政府为进入政府理工学院攻读高职课程的留学生提供相当于学费80%的赞助，而且毕业之后可在新加坡工作3年。

李铭认为，目前国内就业市场上，“技术高手”的发展空间要比“学历高手”宽广许多，因此，国内学生可选择攻读职业教育中一些有发展潜力的专业。

十四、灰领留学前景无限，澳日职业教育全接触[①]

佚　名

“灰领”概念近来在人才市场上非常流行，“灰领”并不等于低学历，而是指既能动脑又能动手，具有较高的知识层次、较强的创新能力、掌握熟练新知技能的新兴人才。而国外的职业学校就是专门培养这方面的人才，它们无论在硬件设施上还是在教学等方面都处于相当高的水平，因此对广大有意出国深造的学生来说，职业学校也可成为出国留学择校时的一个重要选项，在短时间内完成人才从“半成品”到“精品”的打磨过程。

(一)澳大利亚就业、深造均便利

澳大利亚职业技术教育有100多年的历史，积累了丰富的经验，是职业教育高度发达的国家，全国现有约270所技术与继续教育学院，有职业教育在校生130余万，占全国人口的7.1%；其中，全日制学生只占30%左右。公立的TAFE学院约有60所，分布在各个州。

澳大利亚职业教育与培训系统(Vocational and Training System)，简称VTS，属于高等教育范畴。该系统提供的教育及培训侧重培养学生的实际运用能力并面向具体的行业。学生可以通过全日制学习或在职学习等方式为自己未来的职业发展奠定基础。由于毕业生学到的都是雇主所需要的技能，所以他们很容易找到工作。

职业教育与培训课程由公立的技术与继续教育学院和私立职教院校提

① 引自：http://www.5lielts.com.2008年5月17日。

供。所有的院校都接受政府有关部门的监督以确保教学质量。公立的技术与继续教育学院被称为TAFE学院，一般说来规模较大、教学设施比较先进，学费也较为低廉。

在澳大利亚学历资格框架下，职业教育与培训院校的毕业生还可以继续深造，包括到大学学习高级专科文凭和本科学士学位课程。而且只要学生在大学里选择的是相同或相关的专业，其学分还可以转入大学，通过较短的时间完成大学学业。因此，很多澳洲的高中毕业生都会选择先读一段时间的职业教育以获得扎实的实践经验，再决定是否进入大学继续深造。

澳大利亚的职业教育包括很多热门课程，如计算机、商业研究、营销、旅游酒店餐饮、护理学等。VTS课程符合全国统一的行业技能标准以满足雇主的需要，这些行业标准通常也作为考核学生学业成绩的依据，学生必须完成学业并通过相应评估，才能被准予毕业。除此以外，许多院校还提供经政府批准认可的英语课程和大学预科课程，学生毕业后可直接进入大学攻读专科文凭课程或学士学位课程。

（二）日本专门学校培养通用人才

日本的专门学校（相当于中国的职业学校）近来出现了前所未有的人气，特别是一些职业前景看好能够获得国家资格的护理、医疗等专业受到了学生的广泛青睐。据最新统计数字显示，2004年专门学校的报考人数是录取人数的10倍。

值得特别关注的一个现象是专门学校成为许多“大学毕业生族”直接学习的场所。

因此以大学毕业生为主要接收对象的专门学校开始在日本层出不穷地涌现，使日本的职业教育出现了多样化走势。据日本文部科学省的最新调查显示，专门学校的报考人数较过去5年前增加了2.5个百分点。在日本，与其毕业后不能直接成为社会通用的人才，还不如进专门学校学习实用技能以提高自身的竞争力，这一观念已被愈来愈多的人所接受。大学毕业后进入专门学校学习,在许多人看来也许感到不可思议。但大学教授的知识多以纯学术研究性为主,而一些实用性技能的培训却是大学所无法承担的。去专门学校提高自身的实战能力目前已成为专门学校的非凡魅力所在。

另外,在全球经济一体化激烈的竞争中,一些企业已没有过多的时间来给新人适应工作、适应社会。今后,用人单位在招聘时对人员的实用性的要求将会愈来愈大,这势必会导致以培养掌握高科技职业技能的教育将成为今后专门学校的办学宗旨。

十五、打造灰领人才遭遇四大瓶颈[①]

赵媛媛

劳动和社会保障部公布,中国计划在未来三年培养50万被称为"高级蓝领"的高技能人才,主要集中在制造业、服务业及其他技能含量较高的职业。在前不久结束的全国人才工作会议上,高技能人才培养也被提到了国家人才开发战略的高度。但在采访中记者发现,打造高技能人才还存在四大瓶颈。

(一)传统观念制约人才发展

现在已经是技术总监的孟师傅说,在过去,即使你在专业技术方面身怀绝技,但手中并没有实际权力,身份、地位上的确有不平等的感觉。他曾经与企业管理部门的人一起接待客户,企管部门的人穿着西装革履,双方互相介绍身份后,客人会主动和企管部门的人搭话、递名片,而对自己就冷淡得

① 引自硅谷动力网教育频道:http://www.enet.com.cn.2004年3月4日。

多。如今做到管理层的他，会用表格、图文形式把技术创新带来的效益向上汇报，而这在10年前是没有领导愿意花费时间看的。

"'灰领'人才短缺的最大原因是观念问题"首都经济贸易大学劳动经济学院院长杨河清指出，中国人历来有"劳心者治人，劳力者治于人"的观念，重学历轻技能，好像只有脑力工作者才是人才。由于社会关注财富而不是劳动，这也影响了大学生的择业观念。在北京，高级技师岗位与人才的比例是7.3∶1，在西安甚至达到43∶1。

（二）用人观念没有转变

企业招聘时还会表现出不正确的用人观念。联大机电学院张恩祥博士说，部分企业用人时容易走两个极端。要么大量招聘不具备从业资格的人员上岗；要么片面看重学历，如汽修技术岗位宁愿聘用专业不对口的本科生也不要汽修专业的高职生。朝阳区一家职业高中的领导几年前曾主动向某著名汽车公司推荐其学校的毕业生，但这家公司表现得很高傲，表示只对清华、北理工等名校毕业的学生感兴趣。后来因为急于用人从该职业高中"急调"了一批学生，这才发现找对了人，后来企业对这所职高毕业的学生"照单全收"，学生一入行工资就开到3000元。

劳动和社会保障部职业技能鉴定中心主任陈宇说，人们可以不重视职业技术教育，社会可以鄙薄技术技能人才。但是，当生产和消费的迫切需要到来时，有一天，我们会发现，技术技能人才大幅度短缺，他们的工资和待遇将大幅度上扬，很可能远远超过大学毕业生们。

（三）人才培养有待重视

"高学历热"正在导致"老总好找，蓝领难求"的现象。深圳等地，找一个好钳工甚至比找一个博士生还难。浙江一家企业以年薪73万聘请懂模具制造的高级技工，最后在日本找到了需要的人才。国家对于高等教育的投入远大于职业教育，这让中国的职业教育一直难于独当一面。

“国内企业获得‘灰领’的主要方式是企业自己培养，这是作坊式的办法，师傅带徒弟，效果很差。”杨河清说，企业最需要的是复合型人才，但目前企业开展的技能培训主要有岗位培训、职业资格培训和复合培训，复合培训所占的比重最小。现行教育体制注重书本理论，忽视实践操作，不符合“灰领”人才的培养要求。

北京一家汽车维修厂的修理工栾师傅在分析自己这门技术时说：“现代汽车修理的难点和重点已不是机械部分，而是电路的维修。而一般的修理工都不懂电路修理的技术。我们这类的传统的、单一型维修人员较难适应现代汽车维修的需要，只有行业机电一体化人才才能应对自如，这类人才就是所谓的‘灰领’人才。”

(四)政策力度不足

一方面，媒体的报道显露出高技能人才的短缺；另一方面，高级技能人才的社会地位、收入待遇还有待提高。企业的用人观念、相关人才政策扶持等让人拭目以待，又不敢过早乐观。

劳动和社会保障部职业技能鉴定中心主任陈宇说，双证书制度的建设、国家职业资格框架体系的确立，确实打开了职业教育的新思路，但仍未完全解决工人的成长通道问题，技师、高级技师的地位和身份不明。当年提出设立技师、高级技师的初衷，是鼓励和表彰工人中的佼佼者。但无论如何出色，他们仍然是工人。现在看来，这样的定位远远不够，也不符合实际。

十六、制造业企业遭遇“灰领荒”①

薛亚芳

作为人才市场上的需求主力之一，制造业的人才需求在7月盛夏依旧是亮点。在“2005年长江三角洲现代制造业专业人才招聘会”上集中了机械、电子、汽车、通信等领域的数百家制造业企业；在嘉定区举行的招聘会上，机械、电子领域的制造企业同样占据主导。随着世界制造中心向中国转移，中国正从制造大国走向制造强国，制造业人才需求因此保持强劲态势。然而，采访中记者发现，制造业招聘热点虽多，且企业需求量大，但符合要求的“灰领”人才少。

（一）制造企业“灰领荒”凸现

“最近我们一直在招聘海外维修经理，要求懂维修技术、外语能力较好，可连续招了好几个星期，至今还没有合适的人选。”上海贝尔阿尔卡特人力资源总监范星告诉记者，“该职位要求并不算高，但不知为何就是招不到合适的人选。”

这样的困惑在不少的制造企业的人力资源总监处都有。一位日资重型机械制造企业的人事经理告诉记者，公司欲聘一名机械设计工程师，要求也不高：懂机械设计，有一定工作经验，会简单的日语就行，但招才榜高挂了很长时间，至今仍无合适人选。“同行的人事经理都感觉招聘专业技术人才很困难。”这位人力资源总监告诉记者。

① 引自人才市场报，2004年11月30日。

在嘉定区举行的招聘会上,40 多家企业中绝大多数属于制造业,6000 多个岗位主要集中在电子工程师、机械、模具工程师以及采购、生产管理、生产一线技术人员等。尽管应聘者很多,但相当部分职位依旧空缺。

的确,目前上海现代制造业发展迅猛,人才储备却明显滞后,制造业"灰领荒"问题日渐凸现。

(二)人才招募体现"现代版"

传统制造业向现代制造业升级,制造企业人才招募条件也时时处处体现"现代版"。

以"模具设计师"职位为例,由于计算机技术的日益普及,企业在招聘中不仅要求应聘者有塑料模或压铸模设计经验,而且还要熟悉三维软件操作,即能够运用现代设计手段来进行模具设计;再如,上海的日资制造企业多,一些企业在招聘品质管理、采购、生产管理等方面的人员时,往往在专业知识和技能要求上还加上"能用日语进行沟通"的条件。

"复合型"要求是造成目前制造企业人才紧缺的原因之一。具体来看,"现代版"制造企业对复合型"灰领"的要求,表现为下面四种类型:

传统技能与现代技术复合。上文中的模具设计师就是典型,须将传统模具生产制造技能与现代设计工具结合起来。

技术水平与外语能力复合。这种"复合"要求在外资制造业企业中十分明显。"技术 + 英语"或"技术 + 日语"的要求在专业技术岗位最为常见,"技术 + 韩语"的要求有时有出现。

专业知识与一线生产技能复合。以机械行业生产工艺设计人员为例,往往既需要有专业知识背景、懂技术,同时还要有一线生产工作经验,熟悉生产流程等经验。

专业技术与管理能力复合。制造企业的生产总监就是很好的例子。既要懂技术,又要懂生产管理,对从业人员来说,是专业技术能力与管理能力的双重挑战。

（三）三大制造行业招募量大

制造业涉及行业较多，但从综合人才招聘会、网络以及平面媒体和制造业人才招募的情况看，机械、电子/通讯、汽车三大行业人才招募量较大，同时人才缺口也较大。

1. 机械制造

机械制造企业在人才招聘会上是需求大户。对技术人才的需求主要集中在两个层面：一是熟练的操作型技术工人，二是集专业知识与技能于一身的技术工程师。对于前者，企业招聘时不重学历，看重实际动手能力，有相关职业资格证书者有一定优势；后者包括机械工程师、机械设计工程师、模具工程师、数控工程师等，这些职位是目前市场的热门职位，“万元月薪诚聘”的招聘启事并不少见。

2. 电子/通讯制造

大型电子制造企业招聘会不在少数。在“2005 年长江三角洲现代制造业专业人才招聘会”上，万特电子、九阳小家电、联想电子等均在进行招募。2005 年以来，各大通讯设备制造商招募战从未曾有过消停，华为、上海贝尔阿尔卡特等近期仍有招聘计划，且其中也涌现出不少新兴需求热点，如手机生产技术人员等。

3. 汽车制造

汽车零部件制造、组装等制造企业招聘也是热点。上海爱仕达汽车零部件有限公司正在招募项目经理、技术部主管、铸造工程师、模具工程师、质量工程师等多个职位。

（四）紧缺职位细数

从产品设计到整个生产过程，以及各种辅助、后续工序，现代制造业人才链各个环节均有人才缺口，相关人才炙手可热。

1. 研发工程师

由于每个企业所在的行业、技术平台、生产工艺都不同，因此对研发设计人才的要求往往十分个性化。其中比较热门的职位有：

产品设计工程师。产品设计师的重要任务就是要熟练运用相关软件进行机械设计、制图，综合考虑产品定位、客户需求、生产工艺、成本等多个因素，完成产品的推陈出新。

模具设计工程师。模具设计工程师是首屈一指的紧缺人才。要求能够运用 PROE、AutoCAD 等设计工具，并熟练掌握数据加工中心技术，根据各个企业的不同要求，掌握冷冲模、塑胶模或压铸模的制造和设计。

机械设计工程师。机械设计工程师几乎是各个招聘单位都需要的。招聘条件往往是要求有专业知识背景、操作经验和相关行业背景，有 2 ~ 5 年机械设计经验者为佳，需要独立使用 AutoCAD 等设计工具进行机械设计。

2. 生产管理人员

从招聘需求看，制造业企业对生产管理人员的需求明显上升，从生产总监、生产部经理等高端生产管理人员到品质管理、现场生产管理等一线生产技术人员，需求量均十分可观。

生产总监。生产总监作为统率整个企业生产的高层管理人员尤其紧缺。企业在招聘时，一般要求在相关制造行业有丰富的生产管理经验，对产品生产工艺和流程了如指掌，系统掌握各项生产技术，监督整个生产过程，并能对产品质量进行控制。同时，在生产进度管理、车间管理、人员管理上具备一定经验，以保证按期完成生产任务。

品管/质量工程师。在生产过程中品质管理、质量控制等越来越受到重视，企业对相关人员的需求量不断增长。一般而言，品管或质量工程通常要求大专以上，机械、电子等相关专业，熟悉生产型企业的质量管理体系、质量成本管理、质量检验管理，有若干年相关行业 ISO、QC 等方面的经验。

3. 生产辅助人员

在生产辅助人员中，相当于工厂“粮草官”的“采购人员”是需求对象。企业在招聘时注重相关行业的采购经验，要求熟悉国内外供应商，有较强的理解分析能力、执行能力、议价能力和采购能力。

十七、中国缺数千万“灰领”

王　宏①

伴随中国高校的不断扩招，大学生就业难的现象越来越引起人们的广泛关注。“两会”期间恰逢大学生求职高峰，与会的许多政协委员呼吁：大学生就业应另辟“灰”径——到社会急需的“灰领”职业中去。

（一）“灰领”人才供不应求

“随着我国制造业的发展，‘灰领’人才在制造业乃至整个经济持续发展中地位越来越重要，也为大学生提供了广阔的职业选择空间。”全国政协委员、民盟上海市副主委鲍敏中说。

目前，“灰领”人才在中国供不应求。资料显示，中国城镇企业共有职工1.4亿人，其中高级技师仅占0.41%，技师只占3.1%，而在发达国家，这个比例达到20%～40%。也就是说，中国至少还缺三四千万“灰领”。

一边是大学生就业难，一边却是巨大的“灰领”市场无人问津。据上海劳动和社会保障局的一项调查显示，一个高级技师面前，有7.33个就业岗位等着。在北京，高级技师岗位与人才的比例是7∶3。

① 引自星辰在线：http://www.csonline.com.cn，长沙晚报，2004年3月8日。

（二）从学历社会向资格社会转型

"'灰领'人才奇缺的主要原因是观念问题，社会上普遍重学历而轻技能。"鲍敏中说，"由于社会关注的是财富而不是劳动，严重影响了大学生的择业观念。"

结构性矛盾加剧了灰领人才短缺的状况。鲍敏中指出，中国不少专业培养的大学生并不符合就业市场的需求，尤其是在以各种尖端技术产业、信息产业和高技能服务业为代表的知识经济时代，新兴产业和传统产业中新职业大量出现，要求求职者既要有理论和专业知识，又要有熟练的操作技能。

"CEO 是人才，'灰领'也是人才。"全国政协委员章鲁说，"灰领"并不是介于"蓝领"与"白领"之间的中间地带，从本质上说，是一种新的有独立的智能结构、职业特征的人才类型，它标志着中国从学历社会向资格社会的转型已经开始；为适应这一转型，无论是社会还是大学生都应转变观念。

"随着'灰领'的不断增多，白领、蓝领与灰领的比例将成'菱形'，即白领和蓝领的比例逐渐减少，'灰领'会越来越多，越来越受到社会关注，成为吃香的'银领'。"鲍敏中委员乐观地预测。

十八、灰领人才危机影响经济持续发展[①]

周 凯

找本科生、硕士生易，寻高级技师难。2003 年毕业大学生 270 万，而高

① 引自《中国青年报》：2003 年 12 月 7 日。

级技师存量只有28.7万。

“我国已经出现灰领人才危机，供求严重失衡。”中国劳动学会副会长、首都经济贸易大学劳动经济学院院长杨河清教授在上海召开的首届职业培训国际论坛上表示，必须加快我国灰领人才的培养，否则将影响到我国经济持续健康的发展。

“深圳一家企业开出6000元的月薪仍未能如愿找到高级钳工，浙江一家企业用年薪70万元从日本请来一名高级技工，而2002年上海市需求高级职业技能人员1.38万人，但供给却只有3800人。”杨河清用几个令人惊讶不已的例子来说明目前我国灰领人才的短缺。

目前全国城镇企业共有职工1.4亿人，其中技术工人7000万人，高级技师只占0.41%，技师也只占3.1%。另据一项对全国3000多家企业进行的调查显示，58.5%的企业管理人员短缺，但与此相对应的是，近80%的企业缺乏技术人员，尤其是高级技术人员。

杨河清指出，我国工业目前以制造业为中心，制造业增加值一直占CDP的40%以上，财政收入的一半来自制造业，将近一半的城市人口的就业机会是由制造业提供的。“目前中国制造业已经拥有了比较强的竞争力，中国正在成为下一个世界制造业中心，发展先进的制造业是我国经济发展的重点。”杨河清强调，灰领人才在制造业中起着非常重要的作用，“灰领是生产分工中的重要阶层，在生产过程中起着纽带和环节的作用，他们都是技术骨干，并且是生产现场的灵魂。”

“目前我国建筑行业高级技师仅占0.3%，影响了建筑行业的科技转化。有96%的企业缺少机电方面的人才，88%的矿产企业缺少采矿方面的人才。各个行业中都存在着灰领人才短缺的现象，直接影响了我国工业在现代化技术方面的吸收，影响了我国企业对高技术附加值产品的生产和企业正常的生产，严重影响了我国打击假冒伪劣产品的工作。综合起来，灰领人才的短缺危机有可能影响到我国成为下一个制造业中心，严重影响到我国经济持续健康发展。”

中国就业培训技术指导中心主任陈宇指出，目前我国的就业形势比较严峻。“一方面由于人口过多,导致就业总量过剩,出现供大于求的现状;而另一方面是就业结构失调,结构性失业比较突出。”陈宇指出,在过去的 25 年中,中国无限供给的价格低廉的劳动力是支持经济高速增长的主要资源,但是低素质、廉价的劳动力又恰恰是导致经济效率低下的根源,也是导致最近 5 年内我国失业率不断攀高的原因。他说:“结构性失业已经成为我国失业的重要类型,有的人没事做,有的事没人做。”

延伸探索篇

第九章　高职就业与灰领人才的竞争能力[①]

周　凝

一、高职竞争能力的灰领要素结构

高等职业教育是高等教育的重要组成部分，是培养适应生产、建设、管理、服务第一线需要的高等技术应用型专门人才。高职生在知识型、管理型"白领"和体力型"蓝领"之间选择技术技能型的"灰领"作为自己的职业目标，是高职生综合理想追求的一种定位。与中职生、普通大学生相比，高职生有其自身的特点。

根据高职毕业生的灰领定位，结合灰领的职业特点，进行技能结构各要素分析，给出分析框架（图9－1）。该框架根据高职生的特征，结合外部环境因素对人才的要求，以整合的观点分析了核心竞争力的结构及形成过程。

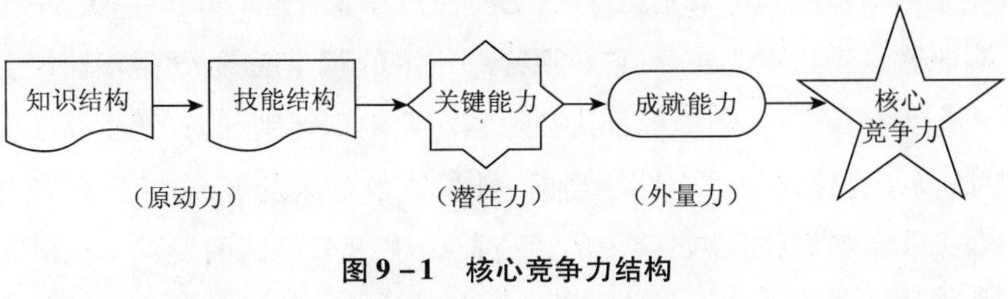

图9－1　核心竞争力结构

首先分析高职生独特的知识结构。在知识的基础上，分析技能结构，再

① 引自东南大学周凝硕士的硕士学位论文。

对关键能力做阐述，最后研究学生的成就能力。整个分析过程也就是核心竞争力的形成发展过程，也是它的内部结构的具体体现。知识结构是指一个人所拥有的知识体系的构成情况与结合方式。它是一个由诸多要素组合而成的有序列、有层次的整体信息系统。对于高职大学生来说，合理知识结构的构建，既是其自身文化素质的重要组成部分，也是社会所需，更是将来就业后是否有所建树的内驱力。因为，第一，知识结构是一个人文化素质的质的方面，它和知识的掌握程度的有机结合便形成了一个人的文化素质，知识结构通过努力是可以构建的，而一个人对于知识的掌握程度是有限的。在这科技迅猛发展、知识量激增的新时代，任何一个智力超群、勤奋非凡的人，都只能掌握人类全部知识中极微小的一部分；第二，现代职业对求职者的要求是拥有较高的知识程度，并能根据社会的发展和所选职业的具体要求，将自己的知识科学地组合以形成合理的结构；第三，客观事实告诉我们，一个人能否在事业上有所建树，能否为社会做出有益的贡献，也不完全取决于他所拥有的知识的数量，是否具有合理的知识结构以及根据解决问题的需要对知识进行重组的能力，在此似乎占有更为重要的分量。因为我们经常看到这样的现象，有的人积累的知识量很大，却一辈子也做不出像样的发明创造来；而另有一些人，他们在做出第一项发明创造时所拥有的知识领域不大，原因就在于后者的知识结构更为合理。因此，高职大学生应该充分认识知识结构在选择职业和就业中的重要作用。根据市场的需要，塑造自己，既要注意用丰富的知识来充实自己，更要注意建立合理的知识结构。

高职教育作为职业教育，它必须针对一定的职业范围，学生不能培养成通才。作为高等教育，高职教育又必须与职业培训区别开来，学生除了上岗工作外，尚须有较强的适应性。当前，科学技术迅速发展，职业岗位及其内涵的变动非常频繁，对高职人才的适应能力提出了更高的要求。要满足针对性和适应性两方面的要求，高职人才必须有合理的知识结构。高职课程的知识内容大致可分为三种类型：基础理论、专业理论和专业技术。基础理论的内涵是普遍的客观规律，包括自然科学和社会科学。专业理论是基础理论在一定专业范围内，沿着实际应用方向的综合和发展。专业技术知识是与高职人才的具体工作直接有关并频繁使用的技能知识。

从三类知识的性质可知,专业技术知识直接反映当前职业岗位的要求,体现了高职教学的针对性。专业理论是专业技术的基础,它常常是相近专业的共同基础。基础理论表达的是自然和社会的普遍规律,是专业理论的基础。因此,这两类知识支持着高职人才的适应性。

高职人才合理知识结构的关键,就是协调基础理论、专业理论和专业技术知识的比重。根据不同的专业要求,在教学实践中,调整这三类知识的比例。

1. 高职生知识结构的几种模型

合理的知识结构不存在一个固定的普遍模式,但有一般规律可循。目前,学术界对高职生知识结构模式较有代表性的看法有以下三种:

(1)宝塔型知识结构(见图9-2)。这是我国普通高校目前培养人才的基本模式。这种知识结构模式把基础理论和基础知识形象地比喻为宝塔的底部,然后,从下到上依次由专业基础知识、专业知识、学科前沿知识构成。宝塔顶部是主攻或从事的职业目标。这种知识结构模式强调基础理论的宽厚扎实和专业知识的精深,容易把所具备的知识集中于主攻目标上,有利于迅速接近学科前沿与从事纯理论和应用科学的研究工作。

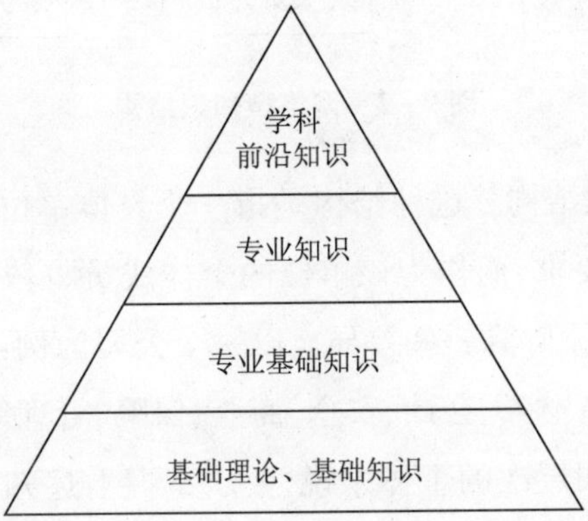

9-2　宝塔型知识结构

(2)网络型知识结构(见图9-3)。这种结构是以所学的专业知识为中心点、把其他与该专业接近的、有着较大关联性的知识作为网络的各个联结点相互联结而形成的适应性强、能够在较大空间发挥作用的知识结构。这种知识结构能使专业知识处于网络的中心，并强调与专业知识相关联的系统知识的辅助作用，在运用知识时还能充分发挥整体知识的协调作用，从而达到知识广度与深度的统一。随着市场经济的建立与发展，具有这种知识结构的求职者，因其自身知识结构的弹性与应变能力，越来越受到就业市场的青睐。

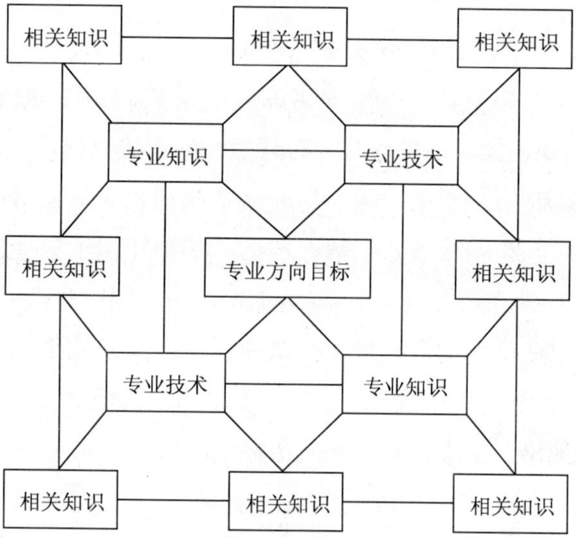

图 9－3　网络型知识结构

(3)帷幕型知识结构。这种结构是指一个具体单位对其成员在知识结构上有一个总体的要求，而作为该单位的个体成员将依自己在单位中所处的层次，在知识结构上存在一些差异。以一个公司为例：公司对其成员的整体知识结构要求具备财务、会计、安全、商业、保险、管理等知识与具体技术，而对公司中处于不同层次的个体来说，要求掌握上述知识的比重是明显不同的，从而组成各种不同的知识结构。这种知识结构强调个体知识结构与整体知识结构的有机结合。它要求求职者在求职过程中不但要注意所选职业类型在整体上对求职者知识结构的要求，还要了解自己所选的职业岗位在该单位中的位置及具体层次，以此来调整自己的知识结构，增强就业后的适应性。

2. 就业对知识结构的要求

知识经济时代，不同职业对求职者的文化素质和知识结构提出了许多不同的要求，同时也提出了许多共性要求，而且这些要求随着科技的迅猛发展和社会生产日新月异的变化而愈来愈高。在这里我们只介绍不同类型的职业对求职者知识结构的共性要求。

(1)宽厚扎实的基础知识。“万丈高楼平地起，全靠基础来支撑。”这是人尽皆知的最浅显的道理。知识结构中的基础知识也是如此，它是知识结构的根基，如果不宽厚扎实，其知识结构就不牢靠。对于高职大学生来说，今后无论选择何种职业、何种岗位层次，也不管向哪个专业方向发展，都离不开宽厚扎实的基础知识。而且，基础知识是知识更新的原动力。虽然近几年随着科技的迅猛发展，知识更新不断加快，但基础知识始终占有重要地位。特别是随着市场经济的建立和经济的高速发展，社会的产业、行业、职业结构调整的速度必然加快，在这种形势下，高职大学生择业、就业已不可能像从前那样“从一而终”，职业岗位随时变动的情况不可避免。高职大学生要适应这种变化，就必须拥有扎实宽厚的基础知识，以不变应万变。大学教育根本一点，是要扩大学生的知识面，把基础知识的面拓展得尽可能宽一点。这样，学生就有了“后劲”。

(2)广博精深的专业知识。我们强调宽厚扎实的基础知识的重要性，但并不否认专业知识的核心作用。高职大学生毕竟是高校培养出来的为生产第一线和工作现场服务的，承担将设计、规划等转化为现实产品或其他物质形式及生产具体物品的懂技术、善管理、会智能型操作的高级应用型人才。因此，专业知识应是高职大学生知识结构的核心部分，也是高级应用型人才结构的特色所在。所谓“广博”，即是广采博学。知识面过窄，难以适应现代化科学技术发展的需要，也很难在事业上有所建树，同时，也难于适应用人单位所要求的“一个人能胜任几方面工作”的实际需要。所谓“精深”，就是说高职大学生对自己所要从事职业的专业知识学习要有别于中专学校、技术学校出来的学生，要有一定的深度，不仅要有量的要求，更要有质的要求，对于专业的概念体系、理论体系、学科的历史现状、研究动态等要有深入的了解，成功的人才往往都是在宽厚的基础知识上对专业知识的精益求精，从而成为某一学科、某一领域有造诣的专家。同时，高职大学生还应对与本专业邻近的知识有所了解和熟悉，善于将所学专业的领域与其他相关知识领域紧密联系起来，做到广博相济，以博促专。只博不专，难以形成自己的特长优势；只专不博，视野不开阔，也难以深入下去。目前，许多高职院校设置的“主辅修制”、“双学历”、“专升本”、“跨专业选修课”等就是适应当前对高科技应用型人才“广博精深”的知识内涵要求而进行的改革。

（3）有一定的其他知识技能。现代各类职业都要求从业者的知识“实用性强”，市场经济的发展进一步强化了这种特性。这既为以应用为特色的高职大学生提供了广阔的就业机遇，又为他们对知识技能的摄取提出了新的挑战。因为在市场经济条件下，任何一个现代企业或其员工的社会性不断加强，他们不可能再像以前那样只单一地面对少数几个部门和经常打交道的几个人，他们必须面对整个社会，不断与“市场”打交道，并根据“市场”这张晴雨表来不断调整自己的知识结构及行为。正因如此，尽可能多地掌握一些应用型的知识和技能的高职大学生就更为用人单位所看重。如目前用人单位普遍要求高职毕业生“一专三能”，即广博精深的专业水平和外语能力、计算机能力以及某一工种的一技之长，如驾驶、公关、绘画等。

3. 高职生技能结构分析

培养职业技能是职业技术教育与其他教育在教育内容与要求上的主要区别，是职业技术教育的又一个重要特征。高等职业技术教育培养高层次的技能复合型人才，它不仅区别于普通高等教育的学科型模式，而且区别于技工、职业高中专业工种的等级考核。

按照高等职业技术教育培养高层次技能复合型人才的要求，在专业教学的基础上，强化职业技能训练。职业技能应区分为基本技能、重点技能与综合技能。基本技能是技能训练的基础；重点技能主要体现专业特点；综合技能则是多种技术深度结合的技能，反映技能层次高低。三者相辅相成，缺一不可。但对高等职业技术教育特色来说,重点技能和综合技能更为重要,特别是解决技术相互渗透所形成的较为复杂的应用性问题,更体现出综合技能的重要性。重点技能与综合技能的高低,应作为高等职业技术教育质量评价的重要内容之一。

以办公自动化高职教学为例,办公设备组装、正确使用、调试及维护,电器安装等可作为基本技能予以考核;复印机、速印机故障诊断、维修技术,计算机及外围设备组装与调试、维修等应作为重点技能安排实训;典型办公设备的调试、维修,尤其是集计算机、电子技术以及计算机通信与组网技术的,应作为综合技能予以加强。

在西方经济发达国家,把从业人员的良好职业技能视作企业的最大资本,视作经济实力的基础与保障。在我国社会主义现代化建设中,为了使高等职业技术教育真正适应高新技术密集型产业和经济发展的需要,真正发挥高等职业技术教育在经济发展和社会进步中的巨大作用,无疑应将职业技能作为高等职业技术教育重要的目标要素。

4. 关键能力

关键能力的概念最早出现在20世纪70年代初。德国劳动力市场与职业研究所所长梅腾斯于1974年在他的《关键能力——现代社会的教育革命》中,对“关键能力”的概述进行了论述。关键能力提出以后,在欧盟各国以及澳大利亚等国家和地区引起极大反响并在职业教育领域得到广泛应用,关键能力的培养成为职业教育课程开发和教学改革的基本指导思想。近年来,随着我国与国外在职业教育领域的交流与合作不断扩大,关键能力的概念引起了有关方面的重视。

关键能力指的是具体的专业技能和专业知识以外的能力。它强调的是,当职业发生变更,或者当劳动组织发生变化时,劳动者所具备的这一能力依然能起作用。由于这一能力已成为劳动者的基本素质,从而能够在变化了的环境中重新获得新的职业知识和技能。这种从事任何职业的劳动者都应具备的能力,常被称为跨职业能力,也有人形象地称之为“可携带的能力”。由于这种能力对劳动者未来的发展起着关键性的作用,所以,又被称为关键能力。

梅腾斯在《关键能力——现代社会的教育革命》一文中，认为关键能力有四种基本要素：①基本能力。这是高于具体专业能力之上的能力或者说是各种具体的特殊专业能力所具有的共同特性，同时它们又可以自上而下的向特殊专业能力迁移和转化。这些能力包括逻辑性、计划性和连贯性思维等。②水平能力。这是一种获得和运用信息的能力，运用信息的目的是为了扩展知识水平和保证信息在不同知识领域之间的水平迁移。③可迁移的知识原理。这虽指的是不同职业或知识领域共同具有的能力，如测量技术、机器维护、劳动安全意识、环境保护意识、计划安排、合作精神等能力。④传统的、经久不衰的能力。它强调的是当职业发生变更，或随着劳动者年龄的变化，劳动者在过去所具备的这种能力依然起作用，如社会和法律知识、经济常识、计算机知识、外语、自然科学、历史知识等。

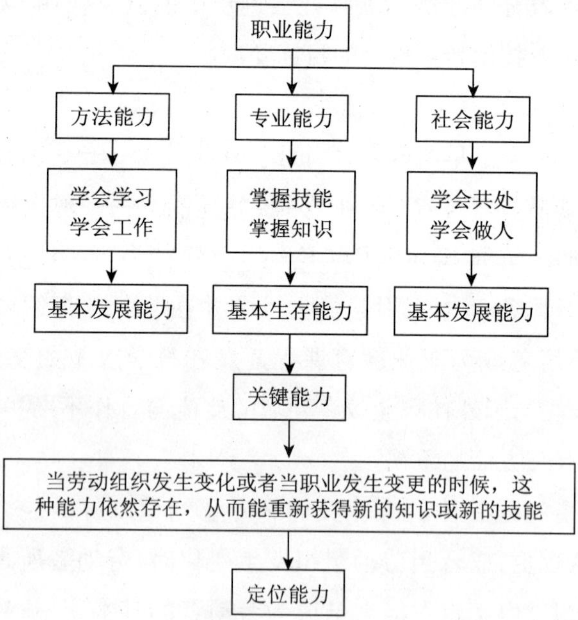

图9-4　关键能力

5. 成就能力

成就能力就是最终获取职位的能力。人才市场的竞争越来越激烈,毕业生参加多次招聘会仍然找不到合适的工作,在职场遭受冷落。但很多人不知道自己屡屡求职受挫的原因是什么。其实,许多求职者未能找到合适的工作,并不是他们缺乏应有的工作能力,而是因为求职能力不足和缺乏应有的求职技巧,如错误定位、求职观念不明确、信息收集不充分、自身能力与目标职位不匹配、面试方法不正确、缺乏主动性,等等。

求职过程是一个自我能力展现的过程,也是一个发现自我能力缺陷的过程,在这个过程中,求职者应该逐渐对自己的能力有更清醒的认识,并积极地进行定位调整。可以说,如今的社会,想找一份好的工作,除了要通过专业实力让对方满意外,求职本身所表现的能力也在受到审视和考验。你的准备工作是不是充分,你能否面对面试官提出的问题而不紧张慌乱,你是否有足够的准备去应对,等等。这些看似很简单的问题,有时候会决定一个人的一生。求职能力往往是一个人工作能力的反映,应该从现在开始,努力在这些方面培养求职的能力。

首先,最重要的一个方面是应聘者的表达能力,特别是面试时的言谈举止,而最能体现应聘者言谈举止的就是面试时的表现,因为面试是应聘最关键的一个环节,应聘者给用人单位留下的印象决定着应聘的最终结果。通过面试,评判员可以从中看出你的品质、素养等内在的东西。那么个人的应变能力和口才就显得十分重要,这就需要靠平时多多锻炼和提高了。另外还要注意,一般他们提问时对应聘者的气质看得比较重,这点或多或少涉及应聘者的思想品质方面,所以也要注意一下仪表、衣着等。

另外,用人单位都很重视毕业生的为人处事,他们往往通过毕业生在面试过程中的各种表现来判断这一点。毕业生面试时的表现好坏就在于平时是否严格要求自己,是否注意培养和提高自己各方面的能力和修养。

其次,最直接的一个方面是应聘者对外语、计算机的运用能力。如简历的设计,就体现了应聘者对计算机的运用。简历包括了封面、求职信、自我介绍等,这些一般都是由应聘者自己制作的,所以简历制作得是否出色、是否引人注意将会直接影响到整个应聘的进行。外语的口头表达至关重要，也成为当今面试成功的核心竞争力。

通过以上的讨论和分析，我们都可以看出，应聘是一个通过毕业生的外表、成绩、简历、证书，特别是言谈举止等来考验毕业生各方面综合能力的过程，是个人综合能力的体现。因为用人单位在招聘的过程中对一个应聘者的了解只能通过他(她)的言谈举止、外表、成绩、证书以及简历等外在的东西来判断应聘者内在的能力及品质等，从而决定是否聘用，所以这些也就很自然地成为应聘者个人综合能力的体现。

应聘中体现的一切表现是个人综合能力的一个集中反映，而个人综合能力更加反映在应聘以外的日常生活中，反映在我们的学习和工作上，反映在我们分析问题和解决问题的时候，所以我们想要在应聘中最好地体现自己，也就必须在平时不断要求自己，不断提高自己。

总之，大学期间对于个人各方面能力和素质的培养与提高是非常有必要的。在知识上、心理上、身体上、气质上(主要是精神面貌和思想品质)等都要好好培养和提高。这是一个循序渐进的过程，也许这个过程从读大学的第一天就已经开始了，在努力学习书本知识，提高自身文化素质的同时，还要注重学习怎样做人，怎样与别人相处，这些是书本上所没有的，却是相当重要的；多参加一些校内校外的各种活动，如演讲、辩论赛之类，以提高社会实践能力；保持平常心去对待每一次挑战，时刻了解和提醒自己在哪方面存在的不足，及时改进；坚持锻炼身体，不断提高自己的身体素质，身体健康的重要性是十分明显的，它是我们学习和工作的基础；养成良好的生活习惯，严格要求自己，保持良好的精神面貌和培养优秀的思想品质。

6. 核心竞争力要素分析

一个学生在就业中能否达到自己所期望的职业，取决于学生的核心竞争力。从以上的核心竞争力结构分析来看，学生的知识技能是原动力；关键能力是潜在力；成就能力是外显力。如果高职生在这三个层面都具有独特性，那么就可以说具有了核心竞争力。

(1)高职生核心竞争力的原动力就是高职生独特的知识和技能。高职课程的知识内容，大致可分为三种类型：基础理论、专业理论和专业技术。扎实的基础知识、够用的专业知识、熟练的专业技能是高职生的特色。

高职教育对理论的要求以“必须”、“够用”和“实用”为度。所谓以必须、够用为度，即是说不追求专业理论知识的完整性，而是严格按照职业岗位工作的需要去精选适合的专业理论知识，职业岗位需要什么，就教什么，需要多少，就教多少。即是说满足理论在实际中的应用，重点介绍专业理论知识的应用范围、应用范例，突出知识形态的技术应用。

熟练的专业技能可以说是高职生具有竞争力的一个关键。首先，高职教育实行“双证书”制度，即高职院校毕业生应取得学历证书和技术等级证书或职业资格证书两种证书的制度，这既是社会各界和用人单位的呼唤，更是高职教育自身特性的需要。高职教育是培养面向基层生产、服务和管理第一线的高级实用型人才。“双证制”是实用型人才的知识、技能、能力和素质的体现和证明，特别是技术等级证书或职业资格证书是高职院校毕业生能够直接从事某种职业岗位的凭证。高职生在具备“双证书”的基础上，就能实现所谓的“零距离”上岗。其主要指高职毕业生所具备的职业能力，特别是专业实践技能，基本上能适应其所学专业面向的主要职业岗位，不需要再进行岗前培训就可直接顶岗工作。

高职生“高”在有较强的动手能力和实践能力。这是高技能人才诸能力中最本质的能力，也是最基本的特征。高技能人才熟悉和适应现场工作环境、工作规则以及工作的协调合理性，熟练掌握岗位通用的基本技能、有专业背景的专门技能以及某些特殊技能，有较强的综合工作能力，能完成技术比较复杂或非常规性的工作，并能运用较丰富的生产实践经验或先进的技术手段，及时准确地发现和排解操作中的技术故障。对生产中较关键的技艺难题、操作难题敢于负责、敢于决策并能独立有效地加以解决。具有一定的技术管理和技术创新能力，在现场对初、中级技术工人能发挥骨干带头、攻关中坚、质量把关、指导培训的作用。

(2)高职生核心竞争力的潜在力就是高职生独特的关键能力。应具备的“关键能力”包括以下三个方面：一是专业能力方面，要求能系统地、综合地学习和掌握专业知识，具备对技术的理解能力和掌握能力，具有很强的职业适应能力。除适应期短外，适应面也较宽，不仅能适应个别岗位的工作，而且适应相关岗位群的工作；二是方法能力，学生要掌握并具有自我学习、处理和解决问题的方法及能力；三是社会能力，要求学生有质量意识、环境保护意识和社会责任感，具有与人交往与合作的能力。

(3)高职生核心竞争力的外显力就是高职生独特的成就能力。竞争意识、表达能力和工具性知识，可以概括为高职生的成就能力。当今，由于社会对“灰领”人才的日趋重视。高职生在就业竞争中意识进一步加强，高职生定位准、持双证的明显优势使他们在就业中敢于挑战本科生，敢于挑战高技术的岗位。这使高职生的就业质量得到提高。

工具性知识包括外语、计算机运用能力，在高职生的培养中已经深入进行。21世纪人才的工具性知识主要体现在外语和计算机两方面。外语应用能力是指在工作和交往活动中实际运用外语的能力。在三资企业，技术员工的英语水平至关重要，但一些毕业生的英语难以达到与外籍员工进行业务沟通的水平。一些企业现在引进了大型的进口机器，为了能熟练地操作并对机器进行日常维修，技术员工的英语水平至关重要。英特尔科技有限公司的有关负责人还认为，员工的英语能力直接关系到他们在企业的发展，技术人员若能熟练地用英语表达，将有更大的发展空间。高职生若具备较好的外语运用能力，就给自己的就业加了很重的砝码，增强了他们的就业竞争力。在英语教学上加强学生听说(应用)能力的培养，即突出应用性和实践性，是高职教学的本质要求。如西安翻译职业学院采取了“外语+专业+现代化技能”的模式培养复合实用型涉外人才，很多毕业生被外资、合资企业直接录用，其毕业生连续多年就业率在98%以上，部分专业的就业率达到100%。因此，教育部高等教育司印发《高职高专教育英语课程教学基本要求》来指导高职英语教学。随着信息社会的到来，特别是“信息高速公路”的联网必然会引起通信技术、联网技术、自动化技术、电子技术等领域中人才需要的大量增长。因而，对以计算机为主体的信息技术类知识的运用，将成为21世纪人才的基本能力之一。

高职生对计算机的运用主要表现在:具有计算机操作等级证书,能很好地进行信息检索来获取知识,能进行维护。

二、高职生核心竞争力的培养

1. 影响核心竞争力形成发展的因素

明确了个人核心竞争力的构成及特点,对高职学生来说无论是在学习还是工作中都要善于挖掘自己的潜力,着力培育和提升自己的核心竞争力。影响核心竞争力的形成主要有以下几个要素:

(1)知识因素。知识是能力的基础,并能促进能力的发展。能力的发展和提高是在掌握和运用知识的过程中完成的,没有相应知识的高职生,不可能成为合格的高职生,更不可能具有核心竞争力。学生拥有知识量的多少,会影响到他的成败。比如,实践能力是高职生核心竞争力的一个重要表现,但实践也以知识作为基础,仅凭模仿是无法掌握的。可以说,知识是学生活动赖以生存的基础。不仅如此,知识还是提高能力的途径和手段。

(2)心理因素。提高高职生核心竞争力的行为活动,也是一个心理活动的过程。提高核心竞争力与心理因素的关系极大。从某种意义上讲,高职生的心理素质强,培养核心竞争力的效果就好;心理素质弱,效果就差。实践证明,一个人心理素质的强弱度和他自己的主观努力是分不开的。学生如果主观能动性强,就能在充分认识自己心理素质的基础上自觉地进行心理素质的补偿训练,借以优化心理机制,增强素质度,使心理素质和培养核心竞争力的活动基本理想保持一致。另外,高职生的角色地位对他提高核心竞争力的行为活动也有一定的影响。作为高职生,如果能对自己所处的角色地位进行实事求是的正确分析和估价,就会感到他特定的角色地位,不仅仅是一种价值的需要、心理的满足,更重要的是一种历史责任和社会责任,从而实现从自卑心理到不断进取的心理转变。

(3)实践因素。实践是一切认识的源泉,也是培养、提高能力的源泉,能力不是人们生而有之,而是学而有之,做而有之的,实践因素对于高职生核心竞争力的形成和提高具有决定性的意义。

(4)环境因素。人的活动总是在一定的环境中进行的,并且是以一定的环境为其作用对象的。对高职生来说,无论什么类型的环境,只要是所接触、所作用的就都能在客观上对其核心竞争力产生一定的影响。就大的社会环境来说,比如社会的经济状况、社会的人才需求状况等都会对学生的能力培养产生影响。就学生所处的学习环境来说,比如学生所在的学校、院系、专业的状况。学生要从事好自己的学习,不能不与自己所在的学校、院系、专业环境发生直接的接触,并在这一过程中,磨练自己的能力。每个学校、院系、专业都有其优势和劣势,对学生核心竞争力的形成起着影响。

(5)方法因素。法国科学家贝尔纳认为,良好的方法能使我们更好地发挥和运用天赋的才能,而拙劣的方法则可能阻挠才能的发挥。作为一个高职生必须明确方法对培养核心竞争力的影响,正确地选择方法,科学地运用方法。培养提高核心竞争力的方法是各种手段或实践操作的集合,构成核心竞争力的诸方面和诸因素的优化以及它们的合理配置都有其具体的方法。

2. 核心竞争力培养的三个阶段

(1)开发与获取核心专长和技能。能力是在学习和掌握知识、技能,并具备了一定的态度和经验的基础上形成的。首先,知识是能力基本结构中不可缺少的组成部分。能力的形成、发展与知识的获得和积累是分不开的。根据知识的不同表述形式,人们常常将知识分为陈述性知识和程序性知识。在教学实践中,人们把知识的学习划分为习得、巩固和转化、迁移和应用三个阶段。知识学习的三个阶段是学习者的内心活动过程,它需要外在教学手段的诱发。在第一阶段,两类知识尚未分化,是新材料学习阶段,教学设计的关键是吸引学生的注意,激活学生的原有知识。在第二阶段,陈述性知识要完成的目的是进一步巩固新的意义并使之与原有知识进一步分化。这时教师应指导学生复习,教给学生有效复习和记忆的策略。而对程序性知识来说,这一阶段要完成由陈述性知识向办事技能转变的任务。因此,教师应精心设让多种变式练习,促使学生练习,并及时对练习结果提供反馈和纠正。在第三阶段,对学习者而言,是知识的迁移和运用,对教学过程而言,是进行学习结果的测量和评价。由于陈述性知识解决“是什么”的问题,程序性知识解决“怎么办”的问题,教师应当针对不同类型的知识,采取不同的行为指标,设计不同的问题环境,这样才能获得真实可靠的评价结果。

其次,技能是通过学习而形成的合法的活动方式,它是在一定生理条件的基础上,在心理活动支配下,按某种要求通过反复练习形成,并通过人的外在的比较固定的活动方式表现出来的,可视可辩,人们能通过仿效、学习掌握技能。技能的学习以程序性知识的掌握为前提,一般通过感性认识(看或听)、模仿(学习)、练习反馈等过程由不会到会再到熟练,从而达到自动化式的定型。熟练自动化的定型技能具有流畅性、迅速性、经济性、同时性和适应性等特点。

技能分为操作技能和心智技能。操作技能又叫运动技能或动作技能。日常工作和生活中的许多技能都是操作技能,如音乐方面的吹、拉、弹、唱,生产劳动方面的车、刨、焊、磨,办公方面的打字、复印,医护方面的打针、量血压,体育方面的球类、体操等。操作技能的学习可分为操作的定向、模仿、整合和熟练等四个阶段。影响操作技能形成的因素有:示范讲解、练习的量与练习方式、反馈以及个体操作某种活动所具备的生理与心理素质等。心智技能也称智力技能、认知技能,是通过学习而形成的合法则的心智活动方式。阅读、运算、记忆等都是常见的心智技能。心智技能的学习分为三个阶段,即原型定向阶段、原型操作阶段、原型内化阶段。影响心智技能形成的因素主要有实践模式的确立与选择、良好的组织、丰富的知识与有效的教学等。

再次,态度是通过学习形成的影响个体行为选择的内部准备状态或反应的倾向性。它由认知成分、情感成分或行为成分构成。职业教育中态度的含义更为宽泛一些,除一般意义的态度外,它还包括职业精神(敬业精神、创业精神)、职业信念、职业道德等。因此,职业教育要特别注意学生职业态度方面的培养,以利于职业能力的形成。态度不是先天就有的,而是社会性学习的结果。在家庭、社会和学校等不同情境的作用下,通过他人的社会示范、指示或忠告，将社会的要求内化为学生自己的态度，并会在一定条件下产生迁移和改变。

态度的形成经过顺从、认同和内化三个阶段。顺从是表面接受他人的意见或观点，在外显行为方面与他人一致，而在认识与情感上与他人不一致。在这种情况下，个人的态度受外部奖励与惩罚的影响。这种态度是由外在的力形成的，如果外在情景发生变化，态度也会随之变化。认同是在思想、情感和态度上主动接受他人的影响，比顺从深入一层。因此，认同不受外在压力的影响，而是主动接受他人或集体的影响。内化是指在思想观念上与他人的思想观点一致，将自己所认同的思想和自己原有的观点、信念融为一体，构成一个完整的价值体系。由于在内化过程中解决了各种价值的矛盾和冲突，当个人按自己内化的价值行动时，会感到愉快和满意；而当出现了与自己的价值标准相反的行动时，会感到内疚、不愉快。这时，稳定的态度（品德）便形成了。

学校对学生职业能力的培养要与态度培养联系起来，进行职业分析，确定培养目标，都应考虑态度因素。如，在职业能力深入开发时，要根据能力分析结果，按照不同的能力需要给出所需的态度。这些态度涵盖着从事职业能力的多种行为能力，如敬业精神、职业信念、职业道德、创业精神、合作精神、积极的工作态度等。

（2）竞争要素整合。知识、技能、态度等的习得或会应用，并不等于自己具备了就业核心竞争力，学生核心竞争力的形成和发展，必须参与特定的职业活动或模拟职业情境，通过对已有的知识、技能、态度等的类化迁移，并得到特殊的发展与整合，从而才能形成竞争力。

迁移广泛存在于各种知识、技能与行为规范及其之间的学习之中。通过迁移，各种经验得以沟通，经验结构得以整合，这便于形成综合的能力。迁移的类型不同，实现迁移的过程与条件也有所不同。迁移对于提高解决问题的能力具有直接的促进作用，在学校情境中，大部分的问题解决是通过迁移来实现的，迁移是学生进行问题解决的一种具体体现。能否将原有的经验迁移到目前的问题情境中，这直接决定了能否解决问题，要培养学生解决问题的能力,就必须从迁移能力的培养入手。迁移是习得的经验得以概括化、系统化的有效途径,是能力与品德形成的关键环节。应用有效的迁移原则,学习者可以在有限的时间内学得更快、更好,并在适当的情境中,主动、准确地应用原有经验,防止原有经验的惰性化。教学者可以应用迁移规律进行教学设计,在教材的选择、编排、教学方法的确定、教学活动的安排、教学成效的考核等方面,加快教学进程,提高教学效果。

整合是经验的一体化现象,即通过概括,使新旧经验相互作用,从而形成在结构上一体化、系统化,在功能上能稳定调节活动的一个完整的心理系统。整合可通过同化、顺应与重组三种方式实现。

同化,是指不改变原有的认知结构,直接将原有的经验应用到本质特征相同的一类事物中去,以提示新事物的意义与作用。

顺应指将原有经验应用于新情境中时所发生的一种适应性变化,当已有经验结构不能将新事物纳入时,需调整原有的经验或对新旧经验加紧概括,形成一种能包含新旧经验的更高一级的经验结构,以适应外界的变化。

重组指重新组合原有经验系统中某些构成要素或成分,调整各成分间的关系或建立新的联系,从而应用于新的情境;在重组过程中,基本经验成分不变,只是各成分间的结合关系进行了调整或重新组合。

通过同化和顺应这两种整合方式,可促进新旧经验的概括化;通过重组,可促进经验的系统化。通过不断迁移,经验得到整合,经验系统得以逐步地概括化、系统化,发展成为类化的经验,即基本能力。

迁移的产生不是自动的,它受制于各种条件。对不同类型的迁移而起决定作用的影响因素是不同的。影响迁移与整合的基本因素有:学习材料相似性和学习目标与学习过程的相似性、原有认知结构、学习的心向与定势。另外,除上述因素以外,诸如年龄、智力、学习者的态度、教学指导、外界的提示与帮助等都在不同程度上影响着迁移的产生。为了实现知识、技能、态度等有效的迁移与整合形成核心竞争力,在实际教学中,从下面几个方面着手应用迁移规律,能促进迁移的真正实现。

①精选教材。选择那些具有广泛迁移价值的科学成果作为教材的基本

内容，在选择这些基本的经验作为教材内容的同时，还必须包括基本的、典型的事实材料，脱离事实材料空谈概念、原理则是空洞的无生命力的，也无法迁移。合理编排教学内容，精选的教材只有通过合理的编排才能充分发挥其迁移的效能，否则迁移效果小，甚至阻碍迁移的产生。

②合理安排教学程序。教学程序是使有效的教材发挥功效的最直接的环节。无论是客观的整体的教学规划还是微观的每一节课的教学活动，都应体现迁移与整合规律。处理好教与学的先后次序是非常必要的，否则教学效率受到影响，教师教起来不顺，学生学起来吃力，不易把握所学内容的内在联系，这直接影响着认知结构的构建。

③教授学习策略、增强迁移意识。授之以鱼，不如授之以渔。教学的目的是让学生学会学习。因此，掌握必要的学习策略及认知策略是达到这一目标的有效手段。学习策略及其认知策略具有广泛的迁移性，结合实际课程的教学来教授有关的学习策略和认知策略，不仅可以促进对所学内容的掌握，而且可以改善学生的学习能力，使学生学会学习，增强迁移的意识，从根本上促进迁移的产生。

④建立模拟的职业环境。职业能力的形成，有赖于学生置身于真实的职业环境。通过模拟职业环境可以使学生形成明确的职业意识，培养合作与共事能力，并能使学生熟练掌握职业所要求的主要的知识、技能、态度和关键能力，参与真实的职业活动。实习、实训模拟的职业环境和真实的职业活动还有一定的距离，因为真实的职业活动中会出现各种各样、较为复杂的情况，且学生的心理状态也与模拟环境有较大不同。

(3)核心竞争力提升。一个人的核心竞争力只在相对时间中存在，不可能长期存在，它的动态发展是必然的。曾经的核心竞争力可能又变成一般的能力，因此，拥有核心竞争力的学生应该随时准确分析，根据社会岗位要求变化，及时调整或升级转换自己的优势，以支撑自己始终保持核心竞争优势。

3. 核心竞争力培养途径分析

研究核心竞争力，旨在识别并谋求一套有效方法，着力形成自身的核心竞争力。为此,要从理论和实际的结合上,探索高职生培育核心竞争力的途径。培养社会所需的高技能人才,提高高职毕业生的就业核心竞争力,对学校来说是一项系统工程。为把这项工作落到实处,学校应该在以下几个方面努力:

(1)突出特色教学。高职教育在培养目标、培养模式上与中等职业教育和普通高等教育有较大的区别。高职毕业生的主要任务是将成熟的科学技术成果转化为生产力,并应用于生产和管理之中。因此,实施高职教育必须加强教育改革。要培养具有核心竞争力的人才,作为职业学校,首先要掌握市场需求信息,灵活适应市场。要努力适应市场需要,必须观念更新,核心不仅为了就业,而是促使学校和企业对职业学校这一层面上人力资源更好地关注和开发。在市场经济条件下,毕业生不能仅仅看作是学校的“产品”,更重要的应该成为联系学校和企业这两个社会子系统的纽带和桥梁。一方面学校培养的学生只有根据某类岗位群的需求,有针对性地加强专业和技能培养,才能把学生这一潜在的生产力转化为现实的生产力;另一方面,企业的竞争和发展也需要大批具有较高职业素质和专业技术能力的员工。因此,高职院校应该紧扣市场,培养市场需要的具有较强竞争力的毕业生。

因此,在专业设置上,要以社会对职业岗位或岗位群的需要为依据,在创办过程中,要对地方产业结构和经济特点进行调研,善于发现新的社会需求、新的职业岗位或岗位群,据此设立新的专业。高职院校应成为工作岗位的创造者,开设的专业要有实用性和前瞻性。

核心竞争力的培养很重要的一点是需要教学的改革。首先,要以职业活动为核心,变革教学内容。知识技能范围要广,理论知识深浅要适度;注意各学科的横向联系及学科自身的纵向关系,既考虑企业的生产实际需要,又注意未来发展的需要。其次,教学模式也是培养学生竞争力的重要条件。职业教育应广泛借鉴国外先进的职教模式,继承我国传统模式的长处,构建符合我国职业教育实际、可操作性强的教学模式。对于高职院校来说无论是借鉴国外的模式,还是采用国内正在试点的“宽基础、活模块”的集群化教学模式,都应既考虑专业针对性,又考虑职业的广泛性,既注重专业能力的培养，又注重学生可持续发展能力的形成，这样才能保证学生综合职业能力、核心竞争力的形成。第三，教学方法可以直接影响到能力培养的效果。在教学组织和实施手段上应以“学生为主体”作为基本教学策略，通过各种贴近现实的教学方法，来提高教学效果和教学效率。要因材施教，积极实行启发式、讨论式教学鼓励学生独立思考，激发学习的主动性，培养学生的科学精神和创新意识。理论教学在强调基本概念的基础上，突出应用，要加强现代教育技术、手段的研究和应用，注意直观化教学，增加学生的感性认识，以利于能力的培养。

在教学内容上，高职教育不是把几门职业技术课进行简单的组合，必须从职业技能和职业素质的培养要求出发，按照应用性、实践性的原则改革教学内容，突出基础理论知识的应用和实践能力的培养。基础理论要以应用为目的，以必须、够用为度；专业课程要加强针对性和实用性，要注重成熟技术的学习和熟练掌握。在教学方法和手段上，应大力推广现代教育技术，继续推行启发式、讨论式、实践式教学，加强实训环节，注重动手操作能力的培养，注重培养学生具有综合运用所学知识解决实际问题的能力。在教学内容上，苏州工业园区职业授术学院根据外商投资企业的用工要求，制订了全新的高职教育教学大纲和课程计划，并要求教师自编“活页讲义”，按照“必须、够用”的原则，将问“会了没有”、再问“懂了没有”作为教学逻辑，实行以工业项目导入教学，将理论知识、应用技能和工业项目有机组合，形成若干个教学模块，各教学模块既自成一体，又相互联系，并可以根据教学需要任意组合。同时，该学院还十分注重英语交流能力的学习和训练，部分专业课还采用英文“活页讲义”，使学生更能适应外商投资企业的需要，强化了原先薄弱的英语应用听说读写能力。

(2)加强实践操作，提高应用能力。高职教育培养的是应用型专门人才，高职毕业生具有基础理论知识适度、技术应用能力强、知识面较宽、素质高的特点。在设置课程和落实教学内容时，必须紧扣“应用”这一主旨。而培养学生技术应用能力的重要途径是实践教学。

由于校内实训基地受到场地、规模、资源、经费、职业环境等各方面因素的限制,学生的实训效果也将受到一定的影响。因此,要真正搞好实践教学,提高高职生的实际动手能力,还必须建立校外实践教学基地,借助社会力量来办好高职教育。在建设过程中,学校要利用自身优势主动为相关单位提供服务,如职业培训、宣传策划、技术改造、提供优秀毕业生等。根据互惠互利的原则,争取单位的信任和支持。同时,要充分发挥专业指导委员会的作用,利用专家的特长和名人效应来建立实践教学基地,从而保证高职生在实际的职业环境中进行顶岗实习,真正在第一线的岗位上进行实践。在实习过程中,学校要与单位配合,共同负责对实习生的指导、管理和考核,以检验和提高实习效果。

高职教育是一种就业教育,高职生只有在第一线的岗位上利用所学的专业知识和技能进行顶岗实习,才能真正提高实际应用能力和职业水平,毕业后才具有参与第一线岗位工作的能力,才能在就业竞争中处于主动有利的地位。上海历来重视与企业、社会的零距离接轨,把行业标准纳入教育计划。运用职业见习基地的优惠政策,在教学过程中引进职业见习机制,使学生与用人单位及早相互沟通、相互认同、相互"买单",实现高职生的充分就业。

(3)加强关键能力的培养。高职毕业生将直接进入生产一线,成为各职业岗位的主力军,对他们来讲,关键能力的培养尤为重要。

①在课程设置中体现关键能力。现在普遍采用的"宽基础、活模块"的模式,不失为一种较好的新框架。它的内涵是在基础教学中要有广泛性,要面向一个职业群体,而不仅仅是某个专业。在此基础上,再强调职业的针对性。让培养出的学生既有一定的专业知识,又有适应职业发展变化的能力,既教会其生存,又教会其发展。职教教材要有职教的特色,要合理地组织、选择国家课程,并大胆、有效地实施本校课程,将二者有机地结合在一起。

②在课堂教学中突出关键能力。在课堂教学中,要以学设教,突出学生主体地位,让学生成为课堂的真正主人,创造和谐、生动的教学气氛。教学中可采取灵活有效的教学方法,优化课堂结构,如采用小组讨论、重点讲授、个别辅导相结合的方法。教师由教授者变成咨询专家、专业顾问和现场主

持人。学生在讨论中通过自主行为获得了知识，同时在无形中锻炼了与人交流、团结协作、合理组织语言和自我学习的能力，调动了学生的参与意识和主观能动性。长此以往，触类旁通，学生就从"学会"变成了"会学"，掌握了获取知识的本领。

③在实践中渗透关键能力。高职院校要更突出职业化，在学习过程中要加强实践动手能力的培养。通过实践环节，深化对理论知识的消化和理解，使学生锻炼实践操作能力，培养严谨求实、理论联系实际的优良作风，也培养了学生的关键能力。

苏州工业园区职业技术学院，建立综合科技教学环境，将理论学习、应用模块和工业项目有机地组合在一间课室中，并按照工业流程或技术发展的过程设计安排实验室的布局，使学生在学习过程中，就能对所学知识的实际应用形成整体的而不是片面的、相互联系的而不是支离破碎的概念，将关键能力的培养渗透进实践教学中去。

(4)职业道德的培养。高职教育是面向生产和管理服务一线的教育，因此对学生进行良好的职业道德教育非常重要。高等职业技术院校培养的人才是否具有竞争力，一看是否有专业知识和技能，二看是否有较高的思想道德素质。

高职院校必须培养学生的奉献精神。现在的学生缺少自我控制力，意志薄弱，缺乏面对困难、克服困难的勇气和信心，没有艰苦创业的意识和奉献精神。因此，对学生加强奉献精神的教育，是职业道德教育的重要内容之一。高职院校应该把学生的专业与个人理想、职业联系起来，激发学生对所学专业的兴趣，从内心热爱本专业。毕业后走向工作岗位才能勤勤恳恳，兢兢业业，把职业当成自己一生的事业来追求。

高职院校必须培养学生的竞争意识和服务意识。高职学生直接从事本专业的职业，他们的竞争意识和服务意识怎么样，直接关系到企业产品的质量和服务。因此，引导、培养学生树立正确的竞争意识和服务意识尤为重要，树立正确的竞争意识和服务意识，才能立足岗位，干好本职工作。

对学生进行职业道德教育，首先进行理论教育和思想品德教育；其次，发挥专业课教师的职业道德教育优势，在专业课教学中渗透职业道德教育；另外，在社会实践中培养，在实习实践中，让他们在一个真实的职业环境中养成良好的职业道德习惯。

（5）做好就业指导，提高就业水平。

做好就业指导工作是加强高职生就业竞争力的关键所在。就业指导是一项系统的复杂的工作，它所涉及的范围很广，包括如何培养职业意识，如何确定择业目标，如何做好求职的各种准备，求职过程中需要注意哪些问题，需要掌握哪些技巧以及就业政策、劳动法规等。就业指导应延伸到整个高职教育的全过程，具体来讲，要从思想、心理、政策、技巧和信息五个方面进行指导。

①思想指导。就业必然会涉及高职生的思想观念，包括人生观、世界观、价值观和职业观。面对地域、单位、工作岗位等诸多因素，高职生的就业心态和选择结果各不相同。就业首先是一种思想活动，这要求学校对高职生进行思想上的指导，帮助高职生树立一个正确的择业观，从个人实际和自身特点出发，主动适应国家和社会的需要，做到以事业为重，勇于到生产、建设、管理、服务第一线建功立业。帮助高职生确立高尚的职业道德，抵制眼前功利的诱惑，在市场经济迅速发展的今天，个人的信誉和操守尤为重要。帮助高职生选择正确的成才道路，引导学生正确处理好个人愿望与社会需求、索取与奉献、生活与事业、个人与集体等关系，以提高思想境界，树立积极的人生态度。

②政策指导。在社会主义市场经济体制下，国家对大中专毕业生的就业制度，由“统包统分”成功地转向“双向选择、自主择业”，这是一次巨大的深刻的转变。学校必须对学生加强就业政策指导，宣传国家及地方政府对高职毕业生就业的原则、方针、政策以及学校的有关规定和具体实施办法。同时要对与高职生就业有关的劳动法规、医疗保险和人事制度等有关政策进行指导、教育和咨询，以帮助高职生克服在就业时因对政策缺乏了解而表现出的盲目性和随意性。

③求职技巧指导。高职生的求职过程是与用人单位进行双向交流和选

择的过程，更是高职生展示自己品质、才能和实力的过程。正确掌握和运用一定的求职技巧，是求职成功的重要因素。求职技巧指导既要实用又要符合科学。第一，要指导高职生在求职前做好各种准备，如职业道德、知识技能、思想心理、求职材料等。第二，要指导高职生了解求职的程序和面试时应注意的问题，包括谈吐、服装、姿势等礼仪规范，以给对方留下良好的第一印象。第三，要指导高职生了解用人单位和求职岗位的相关情况，以提高应变能力。第四，要指导高职生进行表达能力训练，学会介绍自己，推荐自己，充分展示自己的思想修养、知识、才能和有关特长，以提高学生对用人单位的吸引力。

④心理指导。高职生的就业心理是很复杂的，有的缺乏主见、存在依赖心理，有的期望过高、存在失望心理，有的低估自己、存在自卑心理等。这要求学校要及时对高职生进行心理指导。首先，引导高职生正确评价自我，充分认识自己的个性特点，挖掘自身潜力，增强自信心，克服自卑心理。其次，化解学生在就业上的心理负重感，正确分析形势，正确认识社会，正确对待失败与成功，增强心理承受能力，以积极、健康的心理参与就业竞争。第三，引导学生积极进行调适，消除就业中的不良思想和行为，保持乐观的情绪和良好的心态。

⑤信息指导。就业指导仅是口头指导、纸上谈兵是远远不够的，更重要的是具体的就业信息指导。学校要通过各种途径和手段，收集用人单位的需求信息，如实践教学基地单位的用人要求、各种传播媒体的招聘广告、人才市场和劳动力市场的需求信息等，加以汇总、分析、归类和公布，以便于毕业生根据自身条件和要求进行选择；学校要及时做好介绍和推荐工作，更好地为高职毕业生和用人单位服务。

⑥个体的设计。以上几个方面都是学校应该努力的，作为学生个人，在能力的养成方面，本身的动力性因素也是非常重要的。就业所需要的能力总是在一定的动机、需要的激励和驱使下形成和发展的，对职业的成就动机越强、抱负越高，能力相应就越高。另外，当一个人对所从事的职业活动产生兴趣与爱好时，就会全身心地投入到活动中去，从而提高从事该职业所需

要的能力。职业理想是学生的向往和追求,有了追求才会进而产生掌握一技之长、发展职业能力的愿望。这些都是个人需要努力的。

在动机、兴趣充分的基础上,学生个体要对自己的整个实力,进行一个设计。学校具有一套培养核心竞争力的方案,来帮助学生获得竞争优势,学生在接受学校培养的基础上,已经具备了一定的竞争力。另外,学生还要结合自身,综合设计表现特色的方面,比如拥有一些核心专长。这样才能达到别人无法模仿。

4. 核心竞争力培养的保障条件

(1)培养方案的设计。高职院校应该以培训学生核心竞争力为最高目标。优化组合教育资源,综合运用教育技术,把人才学、创造学、教育学、心理学、生理学、行为学、社会学等有关学科的原理有机结合起来,通过教与学的互动及其智能的物化等方式,为学生提高原动力、潜在力、外显力,促使学生具有就业竞争优势。

核心竞争力的培养是一个系统,这个系统涉及各个方面。所谓各个方面,是指教育制度、教育思想、教育观念、办学条件、师资水平、课程结构、教材、教法、考试评价等教育的各种要素。学校有必要形成一套能提高学生竞争力的培养方案,用培养核心竞争力的理论去深化整个系统中各要素的改革,使之优化重组,满足竞争力培养的要求。

(2)具有竞争力的学校品牌特色培养。近几年,高等职亚技术教育虽然得到了长足发展,也产生了一定的社会效益,但和传统意义上的高等教育相比,其影响力和社会知名度还远远不够。许多用人单位对高等职业教育不甚了解,对高职院校的教育质量、办学特色知之更少。因此,大力做好招生专业宣传,提升学校办学的社会信誉,这对高职院校来说尤为重要。学校要大张旗鼓地广泛宣传高职教育的内容、学院的办学特色、专业设置及毕业生特点,使全社会了解高职教育、支持高职教育、欢迎高职毕业生。

高职院校要在学科建设、专业设置、教学水平、办学质量等方面突出特色,培育精品专业,创出自己的品牌,培养社会急需的高品质人才。以"名牌产品"提高用人单位的注意和认同,扩大社会知名度和认可度。

(3)尽量采用以就业为导向模式的培养方式。解决高职生在就业方面存在的问题,除了政府的政策扶持、企业的通力合作、社会各界的大力支持外,关键还在于高职教育本身要构建起"以市场需求为目标,以能力培养为中心,以就业为导向"的高职教育模式,真正提高学生的综合素质和专业能力,增强学生的就业竞争力。以就业为导向,必须创新以就业为导向的教学机制;引入职业资格证书制度,实施"双证书"制度;坚持校企、产学相结合;加强高职生的职业生涯指导,建立科学的职业指导体系。

通过对核心竞争力理论的提出、发展及现状研究,为后续工作提供借鉴。要知道什么是高职生的核心竞争力,首先必须明确核心竞争力的本质。从四个角度的界定结合起来,便形成一个关于高职生核心竞争力真实内涵的直观形象:核心竞争力 = 优势 +(知识 + 技能 + 能力) + 获取力 = 成功获得理想就业。具体地说,高职生的核心竞争力是指必须在长期或短期之内对自身成长和发展起重要作用,对竞争对手来说是无形的、难以模仿的,是该学生独有的,是其知识、技能和能力的整合,是学生能够长期保持竞争优势的一种竞争力。它具有独特性、整合性、动态性、能量性等特征。

结合以上关于核心竞争力理论文献的分析,结合笔者对它的理解,给出分析框架:首先,分析高职生独特的知识结构,在知识的基础上,分析技能结构,再对关键能力做阐述,最后研究学生的成就能力。整个分析过程既是核心竞争力的形成发展过程,也是它的内部结构的具体体现。最后认为:学生的知识技能是原动力;关键能力是潜在力;成就能力是外显力。如果高职生在这三个层面都具有独特性,那么就可以说具有了核心竞争力。

研究核心竞争力,旨在谋求一套有效方法,着力形成高职生的核心竞争力,关于影响核心竞争力形成的因素是:知识因素、实践因素、心理因素、环境因素、方法因素。核心竞争力的形成有三个阶段:开发与获取核心专长和技能、竞争要素整合、核心竞争力提升。最后分析核心竞争力的培养途径。

第十章　灰领人才复合技能与强化培养[①]

江群翔

随着我国高等教育大众化时代的到来，相伴着高等教育的连年扩招，高校就业形势日趋严峻：一方面大学生总体就业压力大，大学生就业中的结构性矛盾日益突出，大量的技术岗位虚席以待，企业以高薪求一人而不得的现象比比皆是。“灰领”一词在此时浮出水面，并渐渐为国人所熟悉。社会在对“灰领”对于国家的经济发展的作用寄予厚望的同时，把目光投向了职业教育，特别是高等职业技术教育——一种以培养高级技术型人才为主的职业教育类型，寄望于高职在灰领人才的培养上有所作为。

在信息化和数字化的浪潮中，我国正面临着产业结构调整和产业技术升级带来的革命性冲击。一方面，传统产业与数字化相结合，出现了一些知识含量、技术含量较高的新职业，如与核心制造业相关的数字化设计人员、数控机床操作人员等；另一方面，知识经济催生了以“高新技术”和“文化内涵”为特征的新兴产业和创意产业，如动漫设计、广告设计等。新兴的职业不断出现，原有的职业进行着调整和转化，从而出现了许多要求劳动者既具有理论和专业知识，又具有很强的动手能力的岗位，这些岗位的工作人员，已经很难用传统意义上的白领或蓝领来界定了。人们把这些具有较高知识层次、较强创新能力，掌握熟练心智技能的新兴技术人才称为灰领。灰领人才作为一种高技术型人才，在当今社会突显出来，并起着越来越重要的作用。在这样的背景下，灰领人才的培养成为教育界（尤其是职业教育界）、企

① 引自湖南师范大学江群翔的硕士学位论文。

业界乃至整个社会都异常关注的问题。

一、灰领复合技能人才的功能作用

在当前我国经济快速发展、产业结构调整、劳动力结构发生变化、就业形势日趋严峻的情况下,培养大量的灰领人才是社会发展的迫切需要,更是高职院校发展的突破口,高职学生发展的需要。勿庸置疑,培养灰领人才,无论是对于整个社会,还是高职学校、高职学生,都具有必要性和可能性。

1. 培养“灰领”是社会发展之需

(1)灰领人才是构建和谐社会的基石。当前在全球范围内出现的两极分化,导致了严重的世界性和地区性的问题。我国贫富分化加剧,失业人口增多。西方发达国家的例子表明,他们之所以繁荣稳定,就是因为有一大批收入比较高的稳定的中产阶级作为社会中坚,成为社会稳定的基石。要从根本上消除社会的严重分裂和分割,构建和谐社会,就需要在建立合理的社会秩序的同时,培养社会中最稳定的中产阶级。灰领人才作为一种高级技术型人才,在当今社会中起着重要作用,他们的地位较高、薪酬较高,我们姑且把灰领人才归为中产阶级。培养社会中最稳定的灰领阶层,这样的一个中坚阶层可以成为社会稳定的基石,成为构建和谐社会的基石。

(2)灰领人才是国家经济振兴的基础。随着科学技术的发展,现代科学的各个分支急剧渗透,生产服务不断综合化,技术技能相互交叉叠加,出现了许多新兴职业,同时,产业结构的变化也促使许多新的职业出现。这些职业岗位对于职业教育培养出来的从事一线生产的技术型人才来说,无论在知识上还是在能力上都有了更高的要求。“灰领”作为世界性产业发展和劳动力发展中的一种潮流,在此时应运而生。目前我国虽然经济增长速度很快,但经济效率低下,资源浪费严重。其中原因除了体制环境问题,主要的是劳动力素质问题。因此,大批量灰领人才的出现,能符合新兴职业岗位的要求,提升产品在国际上的竞争力,繁荣经济。可见,灰领人才是促进国家经济振兴的基础。

(3)灰领岗位是缓解社会就业压力的通途。“灰领”产生于产业结构和劳动力结构的变化,产业结构的变化促使许多新的职业出现,职业的更新使得更多的就业机会出现,如金融、商贸、计算机、服务业等行业的迅速崛起,就给社会提供了大量的就业岗位。我国劳动和社会保障部公布的“2004 年三季度部分城市劳动市场职业供求状况”显示,全国 115 个城市的用人单位的需求主要集中在批发和零售贸易、餐饮业、制造业和社会服务业三大行业,制造业呈现持续上升态势。三大行业需求合计约占总需求的 72.4%。在就业压力日益增加的今天,许多要求高技术及创新思想的灰领岗位却虚位以待,一人难求。不少企业打出高薪聘请的广告,有的岗位甚至年薪数十万。可见,培养大批灰领人才必定能够缓解社会上高级技术型人才供不应求的局面,从而缓解社会就业压力,妥善解决社会就业问题。

(4)灰领人才是实现制造业核心价值的关键。“灰领”往往在将设计思想转变为实际产品的过程中起着至关重要的作用。“灰领”在整个生产活动中,是将思想付诸于行动、体现于产品以至产品最终问世的关键纽带。“灰领”在生产领域的重要作用是显而易见的,他不仅是某些关键生产环节中的操作者,还是整个生产环节的组织者;同时他还具备很强的技术革新、开发攻关、项目改进的能力。他能够针对生产第一线的实际需要,有效带动和组织协调其他技术人员一起动手进行某些技术攻关,把精密的设计图纸变成一个个实实在在的高质量产品。正是因为“灰领”的带动,保证了企业不断进行技术革新、工艺改进、产品推陈出新、生产活动正常进行。大批灰领的存在使制造业和创意产业不断发展。因此,灰领是创造企业核心价值的关键人才,是防止“产业空心化”的中坚力量。

(5)灰领人才缺口凸显,“灰领”培养大有作为。目前,我国灰领人才严重缺乏,首先表现为“灰领”供给缺口巨大。2001 年全国城镇企业共有职工 1.4 亿人,高级技师只占 0.41%,技师也只占 3.1%,而在发达国家,这个比例达到 20% ~40%,人才储备相差十几倍,也就是说,我们至少缺三四千万灰领人才。据有关统计资料表明,全国技师、高级技师仅有 60 万人,占全国劳动力总量的 2% ~3%,与发达国家 30% ~40% 的比例悬殊很大。另据一项对全国3000家企业进行的调查,近80%的企业缺乏技术人员,尤其是高级技术人员。据2004年深圳市人事局对2000家企业的问卷调查显示,68.49%的企业反映,最紧缺的人才是专业技术人员和研究开发人员。在全国最大的工业基地上海,约有1.5万个技术型和技能型岗位虚位以待。未来5年,全市的灰领人手缺口将达到50万人次。广州市"十五"规划需求技师10万人,而目前不足8000人,其中高级技师不足300人。

其次,"灰领"队伍老化,结构断层。我国在岗技术员的年龄结构趋于老化,高级技师的大龄化趋势日益凸显。据有关部门2001年对全国2084家各类企业技术人员现状的调查显示,45.78%的技师年龄集中在36~45岁,41.78%的技师年龄集中在46~60岁,低年龄段的高级技师和技师人数明显少于高年龄人数。老师傅陆续退休,年轻人又不愿从事技术工作,高级技术人员的青黄不接就成为必然出现的尴尬局面。

从我国目前灰领人才匮乏的现状而灰领又在我国社会经济中发挥着越来越重要的作用来看,培养大量的灰领人才已是迫在眉睫的大事。

2. 培养"灰领"是高职生存之道

我国的职业教育包括了国际公认的"职业教育"和"技术教育",而我国的"高等职业教育"则主要是高等技术教育。高职教育是高等教育的重要组织部分,是有别于学术型、研究型的普通高等教育的职业技术型教育,是职业技术教育的高层次教育阶段。现阶段,举办高等职业教育的学校有:短期职业大学、职业技术学院、普通高等专科学校、独立设置的成人高校、本科院校内设置的高等职业教育机构(二级学院)、具有高等学历资格的民办高校等。高职经过这几年的发展,虽然在理论和体系建构上获得了坚实的发展,但仍存在着由于社会认可度不高、社会关注度不够而带来的生源差、就业难等问题,对于有些高职院校甚至可以说是面临着生存危机。如何在高等教育大众化的竞争中求得生存,求得发展?笔者认为培养灰领人才将会给高职带来机遇,带来勃勃生机。高职院校作为进行高层次阶段的职业教育的载体,培养灰领既是其职责、使命,又具有不可替代的优势,更是自身发展的突破口。

(1)培养灰领人才是高职院校的首要职责。据中新网报道,原教育部部长周济在全国高职教育第三次产学研结合经验交流会上强调,高职教育的主要任务是培养高技能人才,也可叫做技术型人才。这类人才处于生产或服务的第一线,他们有如下的特点:一是知识和能力的涉及面较宽,其深度相对较浅;二是综合应用能力和解决实际问题的能力较高;三是协同工作能力和组织能力是他们的重要素质;四是经验和经历对于他们的工作质量特别重要。技术型人才和前文所说的灰领内涵有相似之处,笔者认为,技术型人才大部分可归类为"灰领"。周济认为,以制造业为重点培养高技术型紧缺人才,是高职教育的责任。因而,高职教育的培养目标决定了培养灰领人才是自己责无旁贷的使命。

(2)高职院校培养灰领人才具有独特优势。目前我国"灰领"培养主要通过两条途径:一是职业教育,二是企(行)业培训。随着工业技术的快速发展,高等职业教育作为高等教育大众化的产物,始终被发达国家看作是保证其经济发展的"秘密武器"而受到格外重视,在高等教育中的比例不断扩大。我国高等教育自1999年以来大幅度扩招,其中高职教育就占了相当比重。统计数据显示,截至2003年底,我国独立设置的高职高专院校已达908所,占普通高等学校总数的58.5%,此外,还有612所本科院校举办高职教育,高职教育的在校生已达479万,招生数达200万,约占普通高校招生总数的52.3%。而企(行)业培训因为受师资力量的局限,采用作坊式的方法,师傅带徒弟,效果很差。企业最需要的是复合型人才,但目前企业开展的技能培训主要有岗位培训、职业资格培训和复合培训,复合培训所占的比重最小。不仅如此,企业培训经费投入严重不足,也影响了培训质量。据国家劳动和社会保障部于2004年8月12日发布的全国40个城市劳动力需求调查报告表明,2003年企业职工教育经费投入占职工工资总额的比例为1.4%,未达到国家规定的最低比例1.5%,企业用于就业人员的人均教育经费投入仅为195元。此外,职业教育中中职培养的是技术工人,是"蓝领"。因此,高职院校无论是在规模,还是在师资等方面都具有较之中职和企业培训所无法企及的优势。因此,要解决"灰领"短缺的问题,靠高职院校培养灰领人才是一种比较可行的方法，高职院校培养“灰领”具有不可替代的优势。

(3)培养灰领人才是高职院校解困致胜的突破口。目前，我国高等职业教育的改革和发展取得了长足进展。除了规模的发展，我国高职教育的发展思路更加清晰，培养目标为技术型人才基本上已达成共识；社会对高职教育的认同度有了明显的提高。但同时，高职教育的改革和发展面临着许多困难和问题，成为阻碍自身发展的瓶颈，进而影响社会经济的发展。

高职院校的发展面临着质量瓶颈，生源、就业瓶颈和经费瓶颈等问题。一些由中专升格而成的高职院校，在人才培养规格和办学理念上都跟不上现实的要求；有的独立设置的高职院校，在生源和经费投入上都很有限，规格和数量都上不去，教学质量就更加难以保证；而有的普通高校的高职学院，沿袭一般本科的模式办学，培养的是学术型人才。整个高职院校的教学质量都亟待提高。高等教育体系市场化开放以后，高级技术应用型人才的培养渠道也实现了多元化，高职院校无论是在生源市场还是在毕业生就业市场，都面临着极其激烈的双重竞争。我国国民长期存在着一种对高学历和名牌大学文凭的崇拜，高考成绩好的学生一般都不愿填报高职院校，高职院校录取分数线低，生源质量差。而在毕业生就业时，由于高职院校在人才培养定位、质量上的问题，有些毕业生不符合社会的需求，加上对名牌大学文凭的崇拜和“人才高消费”等原因，导致了高职毕业生就业难。高职教育经费的投入不足已阻碍了教学质量和办学水平的提高，从而最终导致毕业生“产出”量的不足。目前，独立设置的高职院校主要或全部依靠对学生实行高收费制来获得教育经费的投入量。建立在这种纯市场机制基础上的投入产出关系，对初生的高职教育而言，不仅易于加深或强化社会上已经产生的对高职的误解，而且这种教育经费过度靠市场调节来获得的单一模式，常常因其与生俱来、后劲不足的体制性障碍而走向无效或失灵。

“灰领”的培养使得在夹缝中生存的高职院校找到了一线生机和希望，因为，高职院校培养“灰领”能缓解高职毕业生就业出口难的问题。目前我国大量的“灰领”岗位虚席以待，如果高职院校能培养适合这些岗位、满足企业需求的灰领人才，高职毕业生就业就不再是难事。学生就业率提高，将给高职院校带来一系列的机遇，形成一个良性循环：读高职的学生多，学生生源质量高，学校的教学质量提高；企业对高职院校培养的学生感到满意，投资办学的热情便会提高，高职便会克服发展瓶颈，快速步入发展的快车道。

3. *成为“灰领”是学生成才之路*

（1）高职学生成为“灰领”有利于个人的个性发展。社会的每个人都有不同的智力品质，有不同的兴趣、爱好、性格、气质等，这些差异造成个体的人在专业领域或技能领域分解、形成不同的职业分工。职业高职学生要成为“灰领”，就必须以职业岗位群为落脚点，接受适合自身发展的基本实践、专业实践、综合实践等不同层次与不同阶段的专业训练和职业培训，在这个过程中，他们的独立动手设计、制作、开发和创新能力会不断加强，智力得到开发，从而学有所长、业有所专，通过职业岗位实现自身价值，促进个人潜能发挥，可见，成为“灰领”有利于高职学生的个性发展。

（2）高职学生成为“灰领”符合自身的智能发展特点。高职院校生源构成比普通高校复杂。它的学生一部分来自普高毕业生，一部分为单招单考的三类中职毕业生（中专、职高、技校）。其高考分数要比重点大学或普高本科录取的分数低，所以这部分学生的文化基础要较普通高校的学生低，成为学术性人才的可能性不大。来自中职的毕业生接受的是职业教育，强调的是职业实用性，知识结构、能力结构与智能类型和普通高中的毕业生差异较大，其理论基础一般较差。但是这部分人在所学的领域有一定的职业基础。从总体上说，我们仍可将个体所具有的智能类型大致分为两大类，一是抽象思维，二是形象思维。通过学习、教育与培养，主要智能倾向为抽象思维者可以成为研究型、学术型、设计型的专家，而主要智能倾向为形象思维者有可能成为技术型、技能型、技艺型的专家。一般来说，职业教育培养的人才，主要具有形象思维的特点。我们经常可以看到这样的现象：一些学生在学习学术性课程时无精打采，成绩平平；但学习操作性、技术性知识和技能时，则兴致盎然，成长很快。一些学生作为学校学生可能是后进生，是被动学习的陪读者；但在职业学校选择了适合自己的专业时，学习积极性极大提高，成为优秀学生。所以，高职学生成为“灰领”符合自身的智能发展特点。从这个意义上来说，高职学生更适合成为技术型人才，更可能成为“灰领”。

(3)高职学生成为“灰领”具有广阔的职业前景。经历了连续几年的高等教育大扩招之后，随之而至的是大学毕业生数量迅猛增长的高潮。在本已严峻的就业市场上，大学生就业面对更加巨大的压力。一方面是大学毕业生总量大幅增加，另一方面是中国经济增长趋于平稳，能够提供的就业岗位有限。从 10－1 可以看出大学生越来越严峻的就业形势。

表 10－1　2001—2003 年大学生就业情况表

年份	毕业生人数	就业人数	初次就业率	需年增加就业需求
2001	115 万	80.6 万	70%	
2002	145 万	104 万	71.7%	30%
2003	210 万	135.2 万	64.4%	30%

可见，2002 年、2003 年想要同 2001 年有相同的初次就业率，需要劳动力市场提供多于 2001 年 30% 的就业机会，2002 年毕业生离校时有 50 万未能就业，2003 年有 70 万未能就业。如此多的大学生失业，是不是我国大学生供大于求呢？不是，据全国人才流动中心主任何宪说，目前，中国从业人口中具有各类大专以上学历的仅占 5%，而 1998 年工业发达国家为 26%。因此，在相当长的一段时间内，都不能说中国的大学生饱和或供大于求。是什么原因促使大学生就业难呢？除了大学生个人的就业取向外，笔者认为最主要的原因是劳动力的供给结构不能适应劳动力的需求结构的变动，即结构性矛盾。在近几年的大学生就业市场上，结构性矛盾突出，一方面是很多大学生找不到工作，大学生毕业便失业的比率连年上升，另一方面，却出现了许多高薪求人而不得的情况。如 2003 年的北京市大学毕业生的一次就业率为 83%，而北京市劳动和社会保障局的调查表明，每一个高级技师有 7.33 个岗位需求。

在大学生就业整体遭遇寒冬的情况下，在某些高职院校却出现了可喜的局面。据《新华日报》报道，无锡职业技术学院是一所以培养大专学历应用型人才为主的高等职业学校，2005 届的毕业生成为各方争抢的“稀缺资源”，截至 2004 年 10 月底，就有 47 家企业到校“预订”毕业生，一些优势专业如电子、汽车专业的学生，早就已被抢订一空。不但如此，该校的毕业生已经连续三年呈现严重供不应求的局面，每年的毕业生就业率保持在95%以上，比普通高校高出十多个百分点。另据《华西都市报》报道，一些普通高校毕业生到技校“回炉”学习一技之长在重庆已形成一股不小的风潮。这些例子说明，高职学生成为“灰领”不但可以使自己具有一定的谋生本领和生存能力，而且还具有广阔的职业前景，“灰领”所独有的应用和复合能力，能够保证他们在面临换岗、转岗时，始终立于不败之地。

二、灰领复合技能人才的培养对策

我国高职起步较晚，但发展很快。据有关部门预测，在2005年我国高等院校1600万人的在校生中，有50%是高职学生，高职的发展面临着前所未有的机遇，但同时我们也看到，由于种种原因，高职培养的人才质量离“灰领”的标准还有一定差距，在高职实际的人才培养中，还存在着很多的问题。

1.“灰领”不“灰”是高职教育的问题所在

(1)高职培养的人才与“灰领”的标准存在差距。这一问题从高职毕业生的就业状况可见一斑。据教育部统计，高职毕业生就业率一直低于普通高校毕业生和研究生的就业率。至2002年底，该年高职毕业生就业率仅为50%~60%，远低于同期普通高校毕业生80%的就业率。中国高等职业技术教育研究会组织的一项全国高职院校毕业生就业情况调查结果显示，2003年6月底的毕业生一次派遣就业率平均为60.9%，未就业率平均为37.9%，不就业率平均为1.2%，有些高职院校的毕业生就业率甚至不到35%。高职培养的人才同灰领人才的标准存在差距主要表现在以下几方面：

①部分高职毕业生知识结构不完善。知识结构是衡量人才培养质量的主要尺度之一。“灰领”理想的知识结构是以基本理论知识为基础，以专业知识、管理知识为核心，以通识知识为平台。知识结构是知识的基本化和知识的综合化。知识基础化是指要把知识结构的重心放在基础知识、基本原理上。知识的综合不是简单的叠加，而是一种整合，使各种知识相互渗透，

形成整体性概念。部分高职学生由于文化基础差、学习动力不足、知识结构不完善、知识面窄，没有完善的知识结构，便不可能形成较强的能力。因为虽然知识和能力处于两个不同的层面，但它们是相互依托、彼此促进的关系。离开了知识的学习，能力的形成就失去了基础，反过来，知识的掌握又是以一定的能力基础为前提的，它影响掌握知识的速度和深度。因此，高职毕业生知识结构的不完善，必然导致其职业能力的薄弱，使其与灰领人才的标准存在差距。

②部分高职毕业生能力结构不完善。一些高职毕业生的能力结构不完善，成为与灰领人才的最大差距，尤其是实践操作能力的缺乏，成为许多高职毕业生的"软肋"。动手实践能力强，应当是高职生相对于普通高校毕业生的优势，然而，事与愿违，不少高职生在实际岗位上"上手较慢"，技术不到位，实际操作技能欠缺。"灰领"综合职业能力的高低，往往集中通过实践能力的高低得以体现。"灰领"实践能力低，就说明其综合职业能力低，达不到灰领人才的标准。另外高职毕业生能力结构不完善还表现在其合作能力不强，不具备团队工作能力；沟通能力差，不善与人交流，不能与人进行良好的交往、沟通，与灰领人才的标准存在差距。

③部分高职毕业生缺乏可持续发展能力。人们常说，20 世纪是学会生存的世纪，而 21 世纪则是学会发展的世纪。既要满足社会需求——求得生存，又要满足个性需求——求得发展。高职学生通过教育，获得可持续发展能力，获得职业生涯的成功，从而促进其个性的发展、人格的完善。目前，在我国高职培养的人才中，或多或少地存在着其可持续发展能力缺乏的现象；或求知欲不强，缺少思考，缺乏终身学习能力，不能适应社会发展；或价值观、人生观出现偏差，得过且过；或知识、技能基础薄弱，不能适应转岗、换岗的变化；或创新意识不够，发展后劲不足；等等。由此可见，高职培养的人才在发展能力方面与灰领人才的标准存在差距。

(2)高职人才培养方案及条件未能保证"灰领"培养。综观高职培养的人才与灰领标准的种种差距，再回头审视我国现有的高职教育，便不难发现，目前我国高职在灰领人才培养中存在着一些问题。

①培养目标定位不明。高职经过近几年的快速发展,尽管在艰难的理论探索和实际办学中逐步达成共识:高职的培养目标是技术应用型人才,但是实际上部分高职院校并没有这样做。一些中专升格而成的高职院校,由于师资、设备等原因,培养的是低层次的技术工人,是蓝领;有的普通高校的高职学院,沿袭一般本科的模式办学,培养的是学术型人才。因此,部分高职院校人才培养目标不明,导致作为高级技术人才的灰领培养缺失。

②专业设置针对性缺乏。目前,高职在专业设置上存在着针对性不强的问题。一是不能针对社会、企业、市场的需求,仍按学科型设置专业;二是由于不能把握科技发展的趋势,有些高职在专业设置上出现过于宽泛和过于细化的两极趋势,以致培养的学生不能零距离上岗或缺乏转岗、换岗的能力。

③课程体系改革滞后。课程体系的构筑原则是充分体现专业的培养目标、学科性质和特点,以适应社会和经济发展的需要,有利于学生形成合理的知识结构和能力结构。当前高职在课程和教学内容体系建设方面存在几个问题:一是没有形成符合灰领人才培养所要求的课程体系;二是教学内容陈旧,不能根据科技的发展、新兴职业岗位对人才的要求及时更新教学内容。

④实训基地功能不强。除了真正实现校企联合的学校有着建设良好、设备先进的校内外实训基地外,大部分高职院校都存在着实训基地不够或质量不高的情况。不少高职院校在实训基地建设方面相当滞后,传统专业普遍存在着设备陈旧、老化的现象,对于新兴专业实训基地的建设更是不能适应技能教学和实习的需要,有的新专业根本就没有实训基地。在灰领人才的培养中,职业岗位实践教学在教学计划中占有较大的比重,突出技术能力和实践动手能力的培养和训练。实训基地是人才技术能力、实践动手能力培养的物质载体,这个物质载体水平不高,学生技能及实践能力的培养必定大打折扣。

⑤师资素质整体不高。高职教师队伍的素质不高表现在:其一,数量不足,观念落后。高职院校教师人数明显不足,面对新形势,多数教师观念落

后，知识老化，教育方法、教学手段陈旧。其二，学历层次偏低。我国高职教育起步较晚，加上一些历史原因，教师队伍学历水平普遍偏低，很难适应高职发展需要。其三，结构不合理。就教师个体而言，实践能力不强，“双师型”教师缺乏；就高职学校整体而言，基础课教师偏多，专业课教师不足。其四，补充渠道不畅。目前高职院校师资的补充主要来源是普通高校的毕业生，他们理论知识丰富，实践经验不足，成长起来需要时间；企业优秀人才进事业单位严格受控，“双师型”人才很难补充进来。“双师型”教师队伍是人才培养质量的保证，“双师型”教师的缺乏，严重地制约着高职实践教学的质量和效果，常言道“打铁先得本身硬”，承担实践教学的教师如果自身技能不到位，又如何能培养出技能合格的学生。

(3)校企合作是“灰领”培养的理想途径。直面目前我国高职培养的人才与灰领人才标准的差距，针对高职院校在灰领人才培养中存在的种种问题，笔者认为，要培养“灰领”，采用校企合作是一条比较理想的途径。因为灰领人才应具备的知识与能力，其中有相当部分只能在实际工作场所获得，而不是仅靠学校教育就能获得的。同时，许多新技术是一边应用，一边发展，未必能及时地反映到学校教育中来，往往只有在实际工作地点才能获得最新的实用技术和较强的技术创新能力。所以高职院校必须与行业、企业密切合作，共同培养灰领人才。

校企合作，即在为社会培养和培训合格的劳动者这一目标指引下，开展职业院校与企业、行业、服务部门等校外机构之间的合作，将学生的理论学习和实际操作或训练紧密结合起来，以提高高职教育的质量和学生的素质，并增强企业与毕业生之间双向选择的可能性，最终促进经济社会的发展。如深圳职业技术学院为强化学生实践能力的培养，构建了以校内工业训练中心园区和校外实践基地相结合的学生实践教学网。除了让学生在校内工业训练中心园区进行实践操作外，还先后与130多家管理先进、条件优良、热心教育事业的企事业单位签订了长期的教学合作协议，建立了遍布深圳的校外实训基地。在这些实践教学基地中，学生“真刀真枪”地进行操作训练，全方位地体味现代企业精神，熟悉工业环境，同时接受创新精神和职业素质的训导。

①采用校企合作培养“灰领”具有不可替代的优势。

首先，校企合作、产教结合能确保灰领人才的培养质量。这种途径既可以发挥高职院校规范办学的功能，又可以发挥企业生产实际课堂的作用。学生可以受到学校中完善的专业理论教育和较系统的技能训练，还能在实际岗位锻炼解决生产中实际问题的能力。缩短了教与学、学与用的距离，也增强了学生的实践能力，这样培养出的人才不是“胚才”，而是可以“零距离”上岗的灰领人才。

其次，校企合作、产教结合能保证灰领人才的培养数量。如果说仅靠企业培训来培养灰领，数量是很有限的。高职院校和企业合作就能既发挥自身的规模效应，又利用企业的技术优势，在保证灰领人才培育质量的同时，也保证能培养大批量的企业需要的灰领人才。

再次，校企合作、产教结合能促使学校和企业做到资源共享、优势互补。目前高职院校的师资中真正具有“双师”资格的人很少，讲理论的老师多，上专业课特别是上实践操作课的老师少。通过校企合作，学校可以充分利用企业的人力资源，聘请企业内经验丰富的一线技术人员担任学生的实践课老师。设备问题，也是令许多高职院校头痛的问题，如果采用校企合作，这个问题便会迎刃而解。

在当前灰领人才短缺的情况下，单靠师带徒、企业培训灰领根本不能满足社会需求，单靠高职院校又不能直接从学校培养出灰领，因此，高职院校和企业合作办学、实行产学结合来培养能满足企业要求的灰领人才是一条比较合理的途径。

②校企合作培养灰领的三种方式。实践证明，实现校企合作主要有三种方式。

其一为产学研结合方式。学校利用校办产业实现“校企合作”。有实力的学校可以根据专业特点兴办企业，实施科技和经营理论成果转化；或建立开放性、企业化管理的、集教学生产科研为一体的实践教学基地。

其二为校企联合培养方式。这种方式是指在灰领人才培养中实行校企联合,共同培养人才。企业不仅参与研究和制定培养目标、教学计划、教学内容和培养方式,而且参与实施与产业部门结合的那部分培养任务。

其三为校企股份合作培养方式。企业以设备、场地、技术、师资、资金等多种形式向高职学院注入股份,进行合作办学。企业对高职学院承担决策、计划、组织、协调等管理职能,企业以主人的身份直接参与办学过程,分享办学效益,企业通过参与办学来参与灰领人才培养。所以,参与灰领人才培养成为企业的一部分工作和企业份内之事。企业对学校的参与是全方位的整体参与、深层参与,管理上实行一体化管理。如苏州工业园区职业技术学院,采取董事会领导下的企业参与方式运行。学校根据企业要求设置专业,开设相关课程,教学方法采用情景模拟方法,理论课程开设以必须够用为前提,实践课程占半数以上,以提高动手能力为主,边学习理论边实践。学校培养的人才适应企业需要,受到企业欢迎。

③实行校企合作应处理好三对关系。运用校企双方一定广度和深度的合作来培养灰领,不管采用哪种方式,都有几种关系要处理,处理得好,校企合作则兴,否则会受到限制。

首先,要处理好学校和企业的关系。高校与企业合作,应该是多层次、多形式、多方位的。企业成为高职教育的主办者之一,但某一家企业对灰领人才的需求量一般来说是有限的,因此,在校企合作中,高职仍然是"灰领"培养的主体。高职不但要为企业服务,也要为社会服务。在培养"灰领"的过程中,高职必须遵循学校教育的规律,保持学校教育固有的特色。学校和企业要严格履行职责,真诚合作,互利互惠,共同发展。

其次,要处理好理论学习和实践培训的关系。通过校企合作教育培养,既能锻炼实际操作,又能进行技术革新、现场解决问题,理论学习与实践培训二者缺一不可。在理论学习中,学生通过基础知识学习和专业基本理论学习提高理论素养,为掌握职业基本技能奠定良好的基础,开阔视野,促进知识迁移。在实践培训中,学生运用理论学习的知识,在真实的工作场景中掌握、巩固和提高职业技能、技巧和职业素养。理论知识是职业技能形成的基础,对职业技能的掌握反过来也可以加深对理论知识的理解。理论学习与实践培养在任务和内容上存在着明确的分工,二者都不可偏废。

最后,要处理好受教育者的学生和学徒的关系。校企合作中的高职学生具有双重身份,在高职学院是学生,在企业是学徒、实习生。学生和学徒的双重身份能够使学生学以致用,把在学校的理论知识学习和在企业的有针对性的实际技能训练紧密结合起来,高职学生能在真实的职业场景中,体验劳动的喜悦,最终形成正确的劳动观念和态度。学校和企业应尊重受教育者的双重身份,创造条件使受教育者健康成长。

(4)改革创新是灰领培养的现实选择。针对高职人才培养现状,要通过校企合作的理想途径培养“灰领”,笔者认为必须在办学体制和教学工作等方面对我国高职院校进行一系列的大刀阔斧的改革。

①理念更新是“灰领”培养的先导。要培养“灰领”,首先必须树立“以人为本”的教育理念,针对高职学生特点,实施成功教育。

高职生源在构成上的复杂性、高职学校的定位以及未来就业的去向不同于普通高校,致使高职学生在心理等方面形成了自己的特点。

首先是自卑心理重。由于高职教育阶段的特殊性,社会对高职院校认可度不高,从入学条件看,多是第三批录取以后的学生进高职院校,这样,无形中将高职院校归于低档次。因此,高职生最大的压力就是感到自己是层次最低学校的学生,产生自卑心理,自认低人一等。

其次是学习动机不强。高职学生大多数是对考取更高高校无望或对学习不感兴趣、对未来不抱希望的学生。这些学生文化基础较差,在学习上存在一定困难,加上对前途缺乏信心。因此在这部分人身上存在学习兴趣不大、学习劲头不足的问题。据一项对湖北职院等高等职业院校3000多名学生的调查表明:有24%的人认为自己的学习跟不上,有31.2%的人对自己所学专业兴趣不大,从未迟到、早退、旷课的只占51%,认真听讲的只占65%,有30.9%的人对个人前途缺乏信心。

再次是自制力差。自主但不自制,是高职生的又一个弱点。这样较弱的自制力,抑制了学生的成长,也使高职学生的聪明才智得不到很好的发挥。不善于自制,还表现在行为的失控上。高职学生违纪现象多,旷课、上课迟到、看通宵电影或迷恋网吧整夜不归，成为高职院校一部分学生经常发生的现象。

树立以人为本的教育理念，需要从两方面着手；一是在教育实践中贯穿合作教育的基本思想，创设和谐、平等、自由的教育情境；二是把发展“人”作为教育的出发点，把学生职业技能的训练和学生的个性发展与人格完善有机统一，全面提高学生的综合素质。

首先要帮助学生树立自信心，激发内在活动。相当一部分高职生是带着不同程度的无奈和失落来到学校的，必须首先帮助他们正确认识自己，树立自信心，使他们认识到，高职生与同一层次的普通学校的学生相比，是同一层次不同类型的人才，没有智力的高低贵贱之分，只有智能结构的不同而已。认识自己的特点，正确进行自我定位，树立自信心。同时，学校也应创设情境，为学生提供获得成功的愉快情感体验的机会。

其次，创造条件促进学生个性的发展。“以人为本”就是在注重共性教育的同时，要注重个性教育。针对高职学生的特点，学校应创设、营造鼓励创造性的教育环境，强化个性培养，注重个性教育，要引入学分制的教学管理方式，发挥学生的学习自主性；要多开设选修课与讲座，使学生的学习有更大的选择余地，要由刻板的模式化教育转变为多样化教育，为他们的个性化学习创造更大的空间。

最后，建立良好校风，促进学生人格完善。学生的发展离不开学校的教育环境、管理环境和人文环境，而人文环境在学生人格健全、个性发展中有不容忽视的地位。学校人文环境又与学校目标导向、价值取向、教师素质、办学氛围以及课程体系和校园环境息息相关，必须从学生人格完善的高度去关注和重视高职院校的人文环境，倡导人与人、人与社会、人与自然的和谐，把人与人相互包容、尊重、团结、合作的群体精神，自尊、自立、自重、自强的独立精神，公平、公正、守约、诚信的道德精神，注入到校园的每一个角落，营造书香校园、创新校园、创业校园，让学生在科学和人文的氛围中，不断完善自己的人格。

②教学改革是“灰领”培养的关键。专业是高职人才培养模式的载体，

高职专业的设置，既具有一定的学科标准，又充分体现了社会的要求，不受学科的限制。“灰领”是服务于制造业和创意产业的高级技术型人才，其培养不但与一定地区的经济发展、人才市场需求紧密相联，而且必须跟随科学技术发展的脚步，专业方向具有较强的职业定向性和针对性。因此，高职要培养“灰领”，就要面向市场需求，针对职业特点，跟随技术发展来设置专业。

培养灰领人才要面向区域经济建设主战场，面向生产、服务与管理第一线设置专业，将当地产业结构和社会人才需要的变化趋势作为确定专业主体框架的依据。如苏州工业园区职业技术学院为满足园区的外企对灰领人才的需求，开设了现代通信、计算机网络、微电子、工业电子、光电技术、机电一体化、精密工程、模具设计与制造、现代物流技术、外企商务管理、外企文秘、动画制作12个专业，办学5年来，毕业生全部被园区、苏州高新区、上海浦东的外资企业争相聘用。

培养灰领人才，要针对一个企业岗位或针对一组相关的职业岗位来设置专业。如深圳职业技术学院针对深圳市的大中型商场较多，但缺乏既懂软件管理又懂硬件管理的商场管理人才的现状，开设了“商场管理”专业，而没有像普通高校那样去设置“商业管理”专业。

培养灰领人才，专业设置要考虑到技术的发展和技术的含量。专业设置必须要考虑技术的含量包含两层意思：一是指有些专业的设置不完全是针对某个特定的职业岗位或岗位群的，其中有部分专业是按某一应用技术领域的需要来设置的，如计算机应用专业、电子信息技术专业等。二是指即使是针对职业岗位群设置的专业，也要考虑其是否具有一定的、较高的技术含量。技术含量较低的专业应由中等职业技术学校去开设，或由短期培养去解决。高职的专业设置有一定的职业定向性，但在具体的专业设置中，也要注意：高职的专业方向与职业方向关系更密切，但不等于职业方向；高职课程要拓宽专业基础，尽可能避免过窄的专业定向。

总之，培养“灰领”的专业口径应该宽窄并举：具有快速反应能力，能够较快适应社会职业需求热点的转换；反映技术的发展变化，满足产业或行业对人才在职业技能上的要求。

课程模式:理论和实践并重。课程是一种培养人的总体设计方案。它是教育机构为实现教育目的和培养目标而要实施的一切活动及其安排的总体规划,其表现形式主要是根据各种客观要求(社会与个体的需求)而制定的一系列方案和文件。

我国现阶段高职的课程设置,实际上存在着三种主要模式:第一种是以学科为中心的从传统教育发展而来的课程模式;第二种是从国外借鉴来的以专业实践活动为中心的课程模式;第三种是介于传统的学科中心模式与借鉴国外模式之间的"探索型"课程模式。由于各地经济、文化发展与办学形式不同,呈现出各自的特点。高职的课程类型总体上分为三种,即基础理论课、专业理论课和职业实践课。灰领作为既具有深厚的专业理论基础,又具有实际操作能力的高级技术型人才,具有不同于白领和蓝领的独特的知识和能力结构,就要求高职在人才培养过程中打破学科界限,采用整合的能力观,根据"灰领"的知识结构、能力结构来设计、开发课程,强调职业能力系统的完整性和复合性。"灰领"要求具备相当的专业和技术基础理论,这种理论体系不是学科性的,而是技术应用性的。其理论课程一般包括基础理论、专业理论和专业技术几部分,其专业教学应该是一种横向为主的模块式课程体系,其核心是以职业岗位技能的专项性和操作性为依据,以培养学生扎实的职业技能、专深的职业岗位技术理论知识、较强的技术再现能力为目标。因此,在高职灰领人才的培养中,理论与实践应该是并重的,理论主要是为培养综合和专项的职业技能服务的,实践课程有相对独立的体系。在具体编排课程内容时,应根据职教特点,按照工作逻辑来组织课程内容。

技术知识是高职教育重要的课程内容。技术知识是关于依据对自然物质客体的一定程度的认识,借助于一定的物质手段,有效地改造、变革自然物质客体,使之成为能满足人的需要的物质形式的知识。技术知识具有实践性、综合性、功利性的特征。课程内容的组织方式是职业技术教育课程研究中的一个核心问题。课程内容的组织顺序可以从心理学顺序、学科逻辑顺序、学生的学习背景与兴趣等不同角度进行。目前,职业技术教育课程内容的组织获得支持比较多的是关注活动的自然顺序以及学科的逻辑顺序。

技术知识具有实践性的特征,技术知识是根据技术实践的需要有选择地组织起来的,是扎根于实践的。技术知识是与实践紧密相联的,是在实践中形成并获得发展的,学习技术知识的过程必须遵循技术知识的工作逻辑。而且,无论在技术活动中,还是在个体认知识结构中,技术知识都是以工作任务为中心而组织的,那么,在编制职业教育课程时,就应当以工作任务为核心来组织技术知识。也只有按照这一模式来组织课程内容,才能通过对课程的学习有效地发展学生的技术实践能力。同时,从灰领的知识结构看,工作过程知识是其重要的组成部分,工作过程知识是与实际工作有着紧密联系的带有“经验”和“主观”性质的知识。职教课程内容按工作逻辑来组织,学生很容易从中学习工作过程知识。

教学设计:以职业能力和综合素质培养为核心。高职要培养学生能够在制造业和创意产业进行生产、设计、管理等职业能力,就要设计以培养学生职业能力和综合素质为核心的专业教学模式。职业能力是学生职业竞争力的核心,是职业素质的外化。“灰领”的职业能力包括实际操作能力、管理能力及创新能力。要培养学生的职业能力,就要从灰领人才的社会需求分析调查和职业岗位(群)分析入手,从理论教学到技能教学,从内部条件到外部环境,从教学软件到教学硬件,对专业教学进行全面系统的规划。

实践教学是培养学生掌握专业技术应用能力和提高学生解决实际问题能力的重要教学环节。在高职教学中,要打破实践教学依附于理论教学体系的传统,构建独立的实践教学体系,切实保障实践教学课时占较大比重。应加强实践环节,建立实验、实训、生产实习相结合,通用职业技能与专业职能相衔接,校内校外相结合的实践教学体系。在实践教学中注重理论与实践的结合,培养学生基本操作技能:在实训教学中组织学生到实训基地进行实地操作、训练;实习教学要组织学生到生产一线、应用一线去,置身于本行业大环境,在校外进行产学结合的生产与社会实践。采用理论教学与实验实习相结合、学校教育与社会实践相结合、分散实习与集中实训相结合、专兼职教师相结合的办法,使专业课程教学直接进入生产前沿,教学过程与企业生产过程直接相连。这不仅大大增强了高职教育教学的有效性,为毕业生顺利进入社会岗位就业架起了桥梁，而且也为高职院校直接向社会企业提供智能服务，为学生参与社会实践、培养创造性才能开辟了道路。

同时也要进行教学方法和教学手段的改革。教学方法是为完成教学任务而采用的方法，它包括教师教的方法和学生学的方法，是教师引导学生掌握知识、技能，获得身心发展而共同活动的方法。对于灰领的知识结构和能力结构而言，"灰领"不但要有在现场操作的能力和知识，而且要有发现问题、解决问题的能力，从而能确定某种规则会成功或有效地实现程序。因此，在教学上，应改变惯常的教学方法，教学方法要注重试错和演绎。采用试错和演绎的方法，使学生通过试错，找到最优的办法；在演绎的过程中，掌握所学知识。这种学习方式，也是对今后实践工作的预演，有利于培养学生的实践能力和现场解决问题的能力。

采用现代教学手段。高职学生的智能特点是偏向于形象思维的，同时，由于高职专业定向性及岗位定向性的特点，决定了高职的教学内容特别是专业课程多以程序性知识、操作性知识呈现，这就要求在教学中，采用现代教学手段，可用多媒体辅助教学，以计算机为媒体，把投影仪、录放机、语音设备功能融为一体，使教学内容呈现形象化和多样化，提高教学效果；同时，还可以结合课堂实物演示、现场参观讲解等多种教学手段提高教学质量。

师资队伍：以"双师型"为骨干。随着社会对高职培养的人才的要求不断提高，对培养"灰领"的高职师资要求也相应提高。高职教师要有较宽厚的理论知识基础、较深的专业知识和较强的实践动手能力，具有从事教育教学工作和掌握现代教育理论的能力，同时还要具有较高的综合素质和较强的适应能力。因此，这就决定了"双师型"教师要在教师队伍中占有合理比例，高职师资的骨干应是"双师型"教师。"双师型"教师有两层含义。一方面，从教师个体来说，主要是指教师的基本素质要求，"双师型"教师要既有良好的职业道德、较强的教育教学能力，能传授专业理论知识，又有丰富的实践经验、较高的专业操作示范技能和较强的科研能力，具有教师和工程师的双重知识与能力结构。另一方面，从整个教师队伍来说，既有专职教师，又有兼职教师；既有来自高校的，又有来自企业的；既有侧重于专业理论教学的，又有侧重于专业技能教学的。即教师队伍整体上具备“双师”能力，在“理论型”和“技能型”教师的结构上保持合理的比例。“双师”概念的核心在于“双素质”。“双师型”教师不是只具有了“双证”就达到了要求，也不是教师与技师的叠加。“双师型”教师必须将生产、管理、服务知识和能力吸收内化，并能有效地再现、传授给学生；“双师型”教师要不但熟悉操作过程，而且精通其原理，并能组织学生学会。

教师仅仅有专业技能而没有教学技巧是不能上好课的。教师掌握教育理论和教学规律，对促进学生技能的形成具有至关重要的作用。对于高职师资队伍的建设，必须注意提高教师的教育理论水平和教学技巧，能用现代教育技术进行教学。通过培训及教研活动，提高教师教学能力。

解决高职师资短缺的问题，必须考虑灰领人才以能力和素质为培养基础的特点，构建起独特的师资引进机制。一方面，按照目前高职院校教师实际需求较大的特点，广开师资引进渠道，通过补充优秀硕士、博士，吸引优秀留学回国人员，向社会公开招聘高水平的教师来充实高职师资队伍。另一方面，更为重要的是，在师资引进过程中要突出教师的“专业能力”这一重点，注重从企业、产业部门引进一些有实践经验的技术骨干，经过教师资格培训，取得任教资格。这部分教师既可以担任实践课的教学，也可以担任专业理论课的教学。

实训基地：以多功能、多层次，多类型为特征。高职要培养灰领人才，必须建立稳定、优质的实训基地，实训基地是培养职业实践能力的核心条件。我国高职在发展过程中，由于经费问题，存在实训基地缺乏，设备陈旧、老化等缺点，基地情况不能适应灰领人才培养的实践教学需求。实习、实训基地的建设，要按专业大类进行组建，建成基本技能、专业技能、技术应用能力训练有机结合的实践教学体系，要形成教学、科研生产、培养相结合的多功能实践基地，构建多层次、多类型的实训基地网。

首先，要加强校内基础实验、实训基地建设。这类实验、实训基地是通过让学生操作某种设备或计算机软件模拟，而达到培养其基本职业技能的目的。

其次，在互利互惠的基础上，促使合作办学的企业积极参与实践教学环节，开展实训基地建设，建立一批相对稳定的校外实习、实训基地。总之，为培养灰领人才，高职应本着以校内为主、企业为辅、校企结合的原则在校内外通过多种形式、多种渠道筹措资金，创造条件建立较为先进的实训基地，将高科技成果引进教学实训基地，不断更新设备水平以适应技术迅猛发展对人才培养的需求。

（5）制度创新是“灰领”培养的保障。高职要培养灰领，练好内功，搞好教学是其核心、重心；同时，高职在投资体制以及学制上，也必须做相应的调整及改革，以确保灰领人才的培养质量。

①深化投资体制，扩大“灰领”教育资源。我国高职教育起步较晚，多数学校由于先天投入不足，导致后天发展失调，必须通过完善投入体制，加大投入水平，保证灰领人才的培养质量。按照《职业教育法》的规定，我国职业教育已形成了一种多元办学的格局，办学主体主要有各级人民政府、政府主管部门及行业组织、企业、事业单位和其他社会力量等。应当说，这一规定是符合市场经济体制下我国职业教育的投资需求的。但问题是，这只是一个纲要性的、笼统的规定，在实践中存在着许多实际的问题。就我国企业来说，多数以中小企业为主，实力还很薄弱，尚处于积累资本、扩充实力的阶段，不愿意参与和投资职业教育，而只希望从劳动力市场招聘可立即上岗的熟练工人、技术员。就政府来说，由于教育经费非常紧张，除对下岗工人的培训外，政府希望个体和企业在职业教育中承担更多的经费，这便造成高职的收费普遍较高，而这无疑会挫伤学生接受职业教育的积极性。

在这种情况下，政府应加大对高职教育的扶持力度，加大投入。据研究，在普通教育与职业教育的投入上，职业教育与普通教育投入之比应为4∶1，因为职业教育需要大量的设备与技术的投入，否则，职业教育就难以取得质量保证。在一些经济欠发达地区，社会筹资能力较弱的地区，高职要培养灰领，更需要政府的大力扶持。

改革投资体制，在投入主体上，高职要改变投入主体单一的现状，调动社会、家庭、个人的办学积极性，争取政府、企业、社会和自筹办学经费的投入。

②稳定学制年限，保证“灰领”培养规格。在我国，办好高职必须有两个条件：一是按照高职的特点、规律、办出特色；二是保证一定的有效学时，力争培养合格的高级技术型人才。2004 年 6 月，在南京召开的全国职业教育工作会议上，教育部部长周济宣布我国高等职业教育基本学制将逐步由三年制为主体过渡为二年制，实训时间为半年。

灰领是高级技术型人才，高职应用几年的时间培养，才能保证其人才培养质量呢？按照国际教科文组织制订的《国际教育标准分类法》（ISCED），我国培养技术型人才的高职应属于 5B 范畴，在 5B 的教学计划中，必须保证 2 年或 3 年的理论学习时间，在根据累计学分授予学位的体制中，需要有类似的时间和强度。严雪怡在《再论高职教育学制问题》一文中认为，培养高级技术型人才（高级技术员、技术师）所学专业课程时间，至少累计学习三年，他认为，我国高职目前三年制专科除去文化课约占 0.7 年外，专业技术课约占 2、3 年，也不满 3 年，但这种学制周期较长。有可能通过改革使有效学时再增加 0.7 年，达到培养高级技术型人才的要求。因此，笔者认为，两年制的高职很难培养灰领人才。其一，高职学生文化基础差，1 年半的理论学习时间，很难达到高等教育的基本水平，很难保证作为高级技术人才培养的高职学生的层次的“高级”。其二，生源为普通高中毕业生的高职生入学时的职业基础知识、职业技能完全空白，在两年的时间里很难塑造其为“灰领”；其三，高职生在两年的时间只能掌握一定的专业基础知识、操作技能外，不会有太多的发展后劲。因此，高职学制改革应联系我国实际，从实际出发，从保证人才培养质量的角度出发，不能仅为人才数量的一时之需而忽略了人才培养的提高。

③提高办学层次，培养高层次灰领人才。为了使高职培养出灰领人才，除了在现有高职院校内部进行一系列改革外，笔者认为还可以对高职办学层次进行合理高延，发展较长学制的高等职业教育——技术本科，来培养高层次的灰领精英。

从国际上看，发达国家的高等技术教育（即我国所称的“高等职业教育”)与学术教育、工程教育享有同等的地位，虽以专科层次的较短学制为主，但也有不少本科层次的较长学制，甚至还有硕士、博士层次的技术教育。据一项对上海大众汽车有限公司、上海柴油机股份有限公司同等高新技术企业的调查发现，专科层次技术型人才的理论功底不足与复合能力不强，已经制约了其自身的发展；而且普通高校学术型、工程型的本科毕业生则因为职业心理准备不足，难以胜任并安心于技术应用性岗位的工作。为此，迫切需要为专科层次高职毕业生提供接受更高层次技术教育的机会，以满足企业关键岗位与综合技术岗位的需求。杨金土先生认为，培养技术型人才可以在三个层次的教育中实施：高中阶段、专科层次、本科层次，在本科层次培养技术应用型人才是高等技术教育的应有之义。可在部分经济发达地区先选择一些较为成熟的高职专业，依托普通本科高校举办高职的二级学院进行“专升本”的试点，即招收现有高职院校相应专业毕业生的二年制技术本科模式，高中后四年制的技术本科模式可视需要和条件决定。同时，从专业类型和毕业生从事的工作分析，我国相当多的本科专业属于高等技术教育，我国本科层次的高等技术教育实质上早已存在。如清华大学成立“应用技术学院”，培养以第二学士学位为主的现代技术应用和管理人才；中国农业大学设立了农业推广硕士学位。

接受职业教育和接受普通教育的人员一样，均有接受继续教育的权利；所有选择职业教育和选择普通教育的人，应该得到相同的身心和潜能发展的考虑及安排。高职是为培养技术型人才的一种类型的教育，它必然是多层次的，就我国目前的现实情况而言，高职教育的发展主体虽是专科层次，但也可适当发展技术本科，培养灰领精英。

附　件　灰领商标注册证书

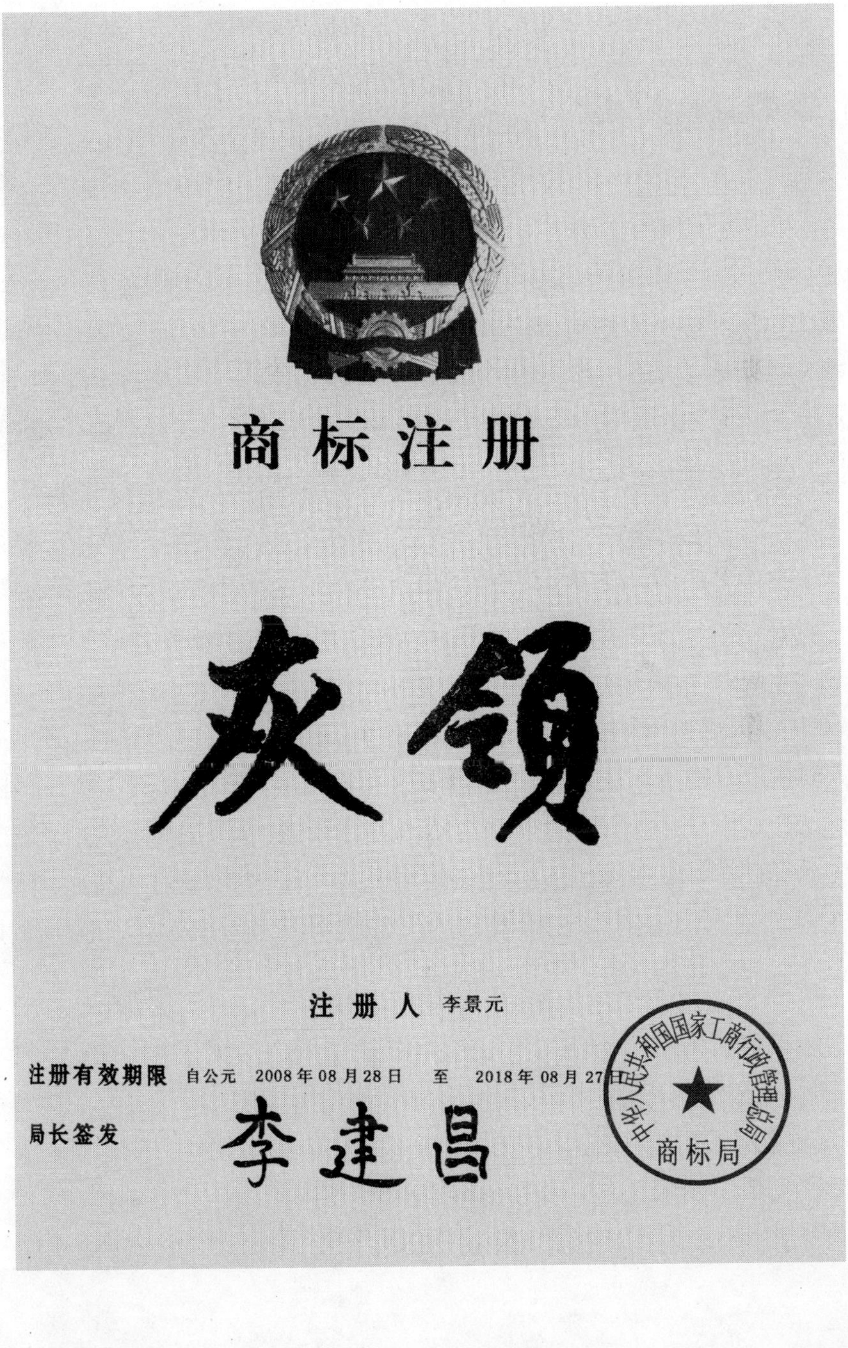

商标注册

灰领

注册人 李景元

注册有效期限 自公元 2008年08月28日 至 2018年08月27日

局长签发 李建昌

中华人民共和国国家工商行政管理总局 商标局

ZC4840544 ZC

第 4840544 号

商标注册证

灰领

GRAY COLLAR

核定使用商品(第41类)

教育；安排和组织会议；收费图书馆；书籍出版；录像带发行；节目制作；娱乐；健身俱乐部；培训；就业指导（教育或培训顾问）（截止）

注 册 人 李景元

注册地址 河北省廊坊市广阳区管道局9-2-2-602

注册有效期限 10年

局长签发 李建昌

中华人民共和国国家工商行政管理总局 商标局

后 记

新版即第二个版本《中国灰领——高职教育定位:动脑与动手技能人才》一书,在热心的师长与朋友的关怀下与读者见面了。本书提出灰领概念及其理论体系的形成,为高职教育的定位提供了科学的理论基础。这一理论的形成及其逐步完善,为高职教育目标定位于“灰领”提供了可操作的运行方法。其作用就是为全面建设小康社会服务,加快培养社会紧缺的高技能操作与现场专业管理人才,即知识型、技能型、应用型中国灰领阶层。进而,确立了我国高等职业院校乃至于中等职业学校培养人才定位的理论基础。

2006 年,本书的第一版,在国内外第一次把高等职业教育发展目标定位于培养具有动脑与动手技能特征的灰领职业技能人才 。运用现代管理 、人力资源管理 、职业教育与高技能开发等相关理论 ,密切结合我国高等职业教育发展的现状,借鉴发达国家经验,从理论与实践相结合的角度,深刻的表述了我国高等职业教育的培养目标是定位于“灰领”,即动脑与动手技能型人才 。并且揭示了高等职业院校培养的人才,应具有理论与实践 、知识与技能、动手与动脑、管理与操作的职业属性 。全书从灰领理论、国家战略、专家评述 、社会聚焦 、职场呼唤 、延伸研究等环节逐层深刻表述理论,表述界定确切 ,职业教育应用性强 ,不仅具有中国职业教育理论特色,又具有现实职业教育的应用需求。对各类高等 、中等职业教育院校管理者与师生具有重要的借鉴作用。

本书再版,结合我国高等职业教育的现状,在理论与实践的结合上不断地补充与完善,研究过程中参考了大量的文献资料,得到了不同学科领域的专家学者的关心帮助，河北省社科联曹宝刚主席、廊坊市政协郑广富主席给予全程指导，我尊敬的老师徐寿波院士在我多年的研究和著述过程中给予支持和鞭策并欣然为本书作序，在此一并致谢。

作者于河北廊坊
2012 年 12 月